基于财政的基本公共服务均等化实现路径研究

李素枝 ◎ 著

吉林科学技术出版社

图书在版编目（CIP）数据

基于财政的基本公共服务均等化实现路径研究 ／ 李素枝著 . -- 长春：吉林科学技术出版社，2021.6
　　ISBN 978-7-5578-8146-7

　Ⅰ．①基… Ⅱ．①李… Ⅲ．①公共服务－财政支出－研究－中国 Ⅳ．① F812.455

中国版本图书馆 CIP 数据核字（2021）第 102676 号

基于财政的基本公共服务均等化实现路径研究
JIYU CAIZHENG DE JIBEN GONGGONG FUWU JUNDENG HUA SHIXIAN LUJING YANJIU

著	李素枝
出 版 人	宛　霞
责任编辑	孟　盟
封面设计	舒小波
制　　版	舒小波
幅面尺寸	185 mm×260 mm
开　　本	16
印　　张	10.5
字　　数	220 千字
页　　数	168
印　　数	1-1500 册
版　　次	2021 年 6 月第 1 版
印　　次	2022 年 1 月第 2 次印刷
出　　版	吉林科学技术出版社
发　　行	吉林科学技术出版社
地　　址	长春市净月区福祉大路 5788 号
邮　　编	130118
发行部电话／传真	0431-81629529　81629530　81629531
	81629532　81629533　81629534
储运部电话	0431-86059116
编辑部电话	0431-81629518
印　　刷	保定市铭泰达印刷有限公司
书　　号	ISBN 978-7-5578-8146-7
定　　价	45.00 元

版权所有　翻印必究　举报电话：0431-81629508

前言
PREFACE

　　市场建设速度的不断加快，又赖于社会主义的全面建设，与此同时，促进了经济内容的完善，为体制的优化奠定基础，从而使得基本公共服务方面的工作实施逐渐成为财政工作展开的重要节点，针对该问题的存在，为保证财政的合理化使用，需要加大对其深入的研究，提高对课题的重视度，确保公共服务为大众提供更好的工作便利性。推进基本公共服务均等化，已经成为实践科学发展观的重要内容，是理论与实践界的重大命题。围绕这个命题，本书进行了相关领域的研究。

　　在大多数的经济学家认知中，其通过对我国现阶段经济形势的全面分析，形成了一个共识，即中国为保证财政的稳定性与工作实施的顺利，需要借助分权管理形式，提高体制改革效益，促进各个政府部门之间的深入竞争，以此激发经济动力，提高发展力，强化地方经济能力，为公共服务的有效性创造展示机会，以此成为近年来，如何保证经济的稳定发展，实现经济的快速提升，实现人均财产的均衡提高做出巨大贡献。"分税制"成为中央明确与地方之间形成财政分权的主要管理形式，其体制管理方法帮助地方能够更加具有针对性地促进全方位管理工作的有效实施；此外，各个部分机构受"分税制"的影响，对其认知深化，为思想的全面形成构建支撑，成为经济支柱，保证财政基础的稳定性，促进部门之间工作的合理分配，科学实施公共服务，创建稳定的财政制度。但就实际落实的情况而言，财政分权作为贯穿经济中心的管理体制，对于各级政府、各地方管理机构而言，在事、权两方面没有形成明确的界限，导致省级、市级、县级政府在经济获取方面产生巨大差异，特别是对于县级政府而言，收入来源较少，且经济获取效益具有较大的变动，导致移动支付等新式的经济制度没有完善的体质支撑，工作实施效果无法全面衡量，使县级政府在加速经济发展，以增加财政收入获得晋升机会的激励下，缺乏供给农村基本公共服务的动力与能力。但是一个国家实力的增强，不仅意味着经济的发展，更重要地体现于社会公平的增进与贫苦的消除，而公共服务的供给能力与均等化水平则是一个国家社会发展与福利水平提升的直接体现。

　　公共服务具有基本效用，在保证均等化效果实现过程中，其所体现出的重要价值不言而喻，此外因为在财政方面，其承担了最为重要的主导性，基于以往所作出的相关研究，本书立足于财政制度应该如何实现创新这一方面，针对基本公共构建均等化的服务效果展开深入研究，以求能够构建完善的框架提供理论支撑，为系统应用制定针对性的解决方案，综合所有理论知识内容形成全面的体系架构为政策提供引导帮助，实现社会主义科学化建设，贯彻党的执政理念，在确保公众利益的同时实现公众效益最大化，力求能够解决公共服务在落实中所面临的财政紧张等问题，实现对供求关系的有效地解决，促进服务均等化这一核心目标的实现。

受多方因素的影响，结合本人自身能力有限，在本书编写过程中可能会有一定的疏漏，敬请专业人士的指摘，悉心接纳读者建议。

目录
CONTENTS

第一章　基本公共服务均等化 ... 1
第一节　基本公共服务均等化的内涵 ... 1
第二节　基本公共服务均等化的范围与水平 ... 5
第三节　基本公共服务均等化的指标体系 ... 9
第四节　基本公共服务均等化的目标与实现 ... 11

第二章　基本公共服务均等化的内容范围 ... 17
第一节　就业服务与劳动权益保障 ... 17
第二节　社会保障权与基本养老保障 ... 19
第三节　受教育权与基础教育保障 ... 22
第四节　健康权与基本医疗卫生 ... 26
第五节　住房权与住房保障制度 ... 28
第六节　文化权与公共文化服务 ... 31

第三章　基本公共服务均等化的内涵、价值与思路 ... 34
第一节　基本公共服务均等化的基本内涵 ... 34
第二节　基本公共服务均等化的价值取向 ... 38
第三节　基本公共服务均等化的推进思路 ... 45

第四章　财政均衡：基本公共服务均等化的推动力量 ... 51
第一节　公共财政与基本公共服务均等化 ... 51
第二节　当前中国政府间财政关系对基本公共服务均等化的影响 ... 59
第三节　实现基本公共服务均等化的财政政策选择 ... 61

第五章 基本公共服务均等化的实践路向 ················ 66
第一节 国家转型：走向包容性发展 ················ 66
第二节 政府发展：走向服务型政府 ················ 70
第三节 体制转型：走向公共财政 ················ 75
第四节 模式构建：走向"合作治理" ················ 77

第六章 统筹兼顾：基本公共服务均等化的重要路径 ················ 83
第一节 统筹城乡发展实现基本公共服务均等化 ················ 83
第二节 实现区域发展实现基本公共服务均等化 ················ 88
第三节 兼顾流动人口基本公共服务均等化 ················ 93

第七章 基于财政的基本公共服务均等化实现路径研究 ················ 99
第一节 建立城乡统一的教育体制的路径 ················ 99
第二节 建立覆盖城乡居民的医疗卫生保障体系的路径 ················ 102
第三节 建立城乡衔接的社会保障体系的路径 ················ 105
第四节 完善公共安全保障制度体系的路径 ················ 107

第八章 区域基本公共服务均等化与财政体制的关联机制 ················ 110
第一节 区域基本公共服务均等化的基础性分析 ················ 110
第二节 财政体制的经济学分析 ················ 116
第三节 区域基本公共服务均等化与财政体制的关联性 ················ 118

第九章 公共服务财政支持体制 ················ 120
第一节 公共服务导向的财政体制 ················ 120
第二节 事权财权配置的结构失衡 ················ 123
第三节 事权财权重置的改革策略 ················ 126
第四节 政府间转移支付制度的完善 ················ 132

第十章 公共服务监督机制 ················ 139
第一节 公共服务监督机制存在的问题 ················ 139
第二节 权力制约理论与公共服务监督机制的构建 ················ 145
第三节 完善公共服务问责机制 ················ 151

参考文献 ················ 160

第一章 基本公共服务均等化

第一节 基本公共服务均等化的内涵

一、基本公共服务的内涵

基本公共服务具有以下几个方面的特征。

1. 最低层次性

所谓基本公共服务是与居民最低层次的需求相对应的。按照马斯洛的需求层次论，生理、安全作为民众实现生存这一基本目标所产生的最低层级需求，稳定的社会建设，和谐的社会发展，是需求得到基础满足的核心。鉴于此，政府作为居民管理者，对居民需求的满足，对其基础条件的完善是必要工作内容，基础服务作为公共性内容，政府所提供的需求满足服务则是基本公共服务之一，其所包含的公共内容较多、如卫生、社会建设、环境保护以及安全等方面。

2. 需求同质性

该方面的解析应该立足于服务本质，即服务对象，作为消费者的民众应该对其内容根据需求作出明确区分。换言之，基本公共服务作为消费种类之一，其提供对象应该属于无差别民众。具体操作下属于一种无差异类别的消费品，对全社会公众而言，需求本质具有相同性，即不会因为个人的特征等不同产生差异对待。

3. 权利相关性

这一点主要是从公民的基本权利出发，对基本公共服务进行界定。就字面意思而言，所谓的基本公共服务，是在基础条件上为大众提供公共性的服务，即人人都有权利享受该服务，服务本身受到公民所具有的基本权利制约。在唐均所提出的认知中，公共服务涉及领域较为广泛，在常规方面代表了社会领域的另一种存在形式，其中6项内容与公民权利息息相关，是国家作为对公民权益保护所必须提供相关保障措施，权利内容主要围绕"人权"所诞生、体现在方方面面的基本需求之中，生存、健康、接受教育、居住、工作与资产。针对以上所提及的基本人权内容，在基本公共服务中均有一一对应的需求保障措施，生存需要通过公共安全所提供保护，教育与工作需要接受基础教育所实现，居住则需要基础设施，而这些权利的保障是以社会保障体系的完善为基础，服务的诞生来源于各种需求的产生，客观因素影响下存在的差异并不会对其产生作用，并不会有权利丧失或是服务罢免等情况。基本公共服务所体现出的均等化是其所独有的特性，结合政府财政方面所承担的责任，相关课题组产生的理论认知是，基本公共服务是为全体公民提供需求的满足，针对公民在社会中所需求公共资源的想法产生，设计方方面面，基本权益的保障是以公共共同承担为核心，通过政府承担相应责任保证公民之间的公平与公益，实现服务的普惠性。

关于基本公共服务的外延，不同学者有不同的认识，具体概括为广义的基本公共服务和狭义的基本公共服务。宏观角度下对基本公共服务所提出的概念性内容所包含方面十分广泛，与之相反的基层服务认知下，应该是以现阶段社会情况对公共性的需求展开深入调查以此作为范围界定的依据，主要是在保证基础医疗之上提高卫生标准，促进义务教育的全面实施，强化社会性救助效果，提供更多的就业服务，确保养老保险等民生问题的有效解决。

二、关于"均等化"的相关解析

1. 均等化是与公平紧密相关的一个概念

为保证社会运行下民众需求，获得极大地公平保证公平的相对性，避免绝对公平情况的出现，其应该做到对基本公共服务努力实现均等化，这是工作实施下的基本支撑。均等化作为工作实现下的基本目标，为保证实现的落实性落地有效，应该以社会运转下所坚持的公平为原则基础，确保对民生相关问题的有效解决，在最大程度上对民生进行有效改善实现贫富差距的缩短合理把控贫富差距，避免区域之间发展差距较大，推动城乡经济的更好发展与协调互助，确保不同层级下的社会效益均衡，以此实现人人平等，对经济成果进行共同分享，确保居民权利获得。保障以此避免社会运转下不和谐因素的产生针对我国发展下改革阶段的重要问题进行有效解决促进社会发展的核心。

2. 均等化涵盖了机会均等、过程均等和结果均等

为保证均等化实现的价值，需要对其相关内涵作出全面的研究，在相关经济学家的认知中，所谓的均等化不仅是受益均等，更是所受方方面面待遇的平等，机会的平等，过程的相同，以及结果认可等。首先是针对公平的机会，则社会每一位公民都拥有基本权利，对公共服务进行享受，虽然我国作为社会主义性质的国家，民众具有基本的自由权，但不同公民所具有的个性特征各不相同，对资源的占有与需求各有差异，但其机会享受以及机会的获取应该是处于相等状态。其次则是过程的相同在该方面所谓的均等式服务提供过程，不应该针对不同性出现差异性，确保对社会成员的个性尊重，保证自由性。均等化并非是计划经济所提出的配给制度。方法是结合社会发展状态融合，社会发展情况，基于社会发展需求所提出的公平，确保公民对服务权利享有的平等化。最后是结果的认可，所谓

的均等化，不是口头表达以及思想认知应是每位公民心理认可以及对结果的接纳。

3. 均等化具有层次性、相对性和地域性等特点

所谓的层次性是指均等化的标准有高中低之分，故而均等化应具有层次性。均等化作为工作目标的设定，在落实中需要设定相关标准，所谓的标准是针对不同公民需求的满足核定，最低需求满足应该是对国家权力的全面享受，能够对最低水准国家服务供给的获取。均等化的实施标准是以社会发展状态为基准所裁定，公众的建设是提高服务享受能力，实现均衡水准的整体提高。相对性主要指所谓均等化并不是完全平均化，而是具有相对公平的特性，即确保相同条件的人享受相等的基本公共服务。

三、基本公共服务均等化的内涵、含义

1. 基本公共服务均等化的内涵

基本公共服务均等化一般是指全体人民在基本的公共服务领域应该享有同样的权力。

随着社会经济建设能力的提升，针对服务需求愈加剧烈的产生，相关学者就我国目前的社会情况关于如何实现基本服务公共效果，提高均等化做出了相关的理论研究，并认为工作的实施应该立足于不同的角度所展开。常修泽作为课题的主要研讨人，针对该方面的内容相关讨论主持了课题会议，针对基本公共服务在均等化目标的实现中，政府财政所承担的责任以及所具有的职能效应分析主要分为以下三方面的内容：①我国基本公民在基础权利的享受中，机会享用、原则一致、服务统一；②全体公民的基本权利这一核心服务要求对服务结构的享受基本类似；③则是社会作为服务的提供者，需要保证内容的相似性，在过程中需要提高对服务的优化，尊重对公众需求的基本满足与基础条件的强化，换言之，是对自由权利的保障。在胡均民与艾洪山二人的认知中，基本公共服务作为政府工作实施公共效益的基本内容，均等化的实现是政策落实下的核心目标，更是促进全人类发展的基础支撑，也会成为政府推动工作进步的责任要求。

准确把握基本公共服务的内涵——最低层次性、需求同质性、权利相关性是深入理解基本公共服务均等化内涵的前提和基础。

2. 基本公共服务均等化的含义

基于基本公共服务的内涵视角，本书按照各自包含的内容的差别，将各种观点总结为以下四种，即基于公民基本需求的基本公共服务均等化、基于公共服务的"基本均等化"、基于公民基本权利的基本公共服务均等化、基于层次性、同质性、权利性相结合的基本公共服务均等化。

（1）基于公民基本需求的基本公共服务均等化

基于公民最低层次需要的基本公共服务均等化主要从基本公共服务最低层次性的内涵出发进行定义。有学者以两个角度入手，作为对其进行解释的根据，以此试图通过简单易

懂的方式向大众讲解基本公共服务的基础含义，帮助大众更为清晰的对其掌握。第一角度是以消费者作为出发点，就其所产生的需求而言，与低层级需求之间具有密切联系，则是基本公共服务，与马斯洛所提出的需求理论具有相类似性，政府作为民众的服务型机构，对民众基本需求需要做到基础满足。当满足了公众的基本需求之后，低层次需求则会转化为对高层及的需求产生，但该方面的内容已经超出政府的责任范围内。第二角度同样是以消费者作为切入点，当是以消费需求所具有的同理性而言，群体中不同个人所产生的消费内容具有重合部分，则属于无差异的消费内容，则是基本公共服务。由此可知，大众在社会中产生的低层次需求能够通过政府责任的履行所被满足，则属于基本公共服务实现了均等化的操作目标，以及相同服务部分同样属于其中一种。

（2）基于公共服务的"基本均等化"

如果"基本"修饰的是"均等化"，那么，均等化就具有相对均等的意思了。基本内容实现均等化，就简单解释是对需求的准线进行均衡配比，以此保证对最低标准实现满足，整体上保证所提供的内容相似或是没有较大的差异性。在贾康的理解中，基本公共服务所谓的均等化目标实现，是政府责任履行过程中的最低底线，政府应该确保将最低准入线之内的所有公共事务全部提供保障。

（3）基于公民基本权利的基本公共服务均等化

为了保障公民能够获得基本的权利，政府通过积极转变职能，制定合理的财政措施，确保公民相对公平地享有基本公共服务。基本公共服务均等化应该是指国家或公共部门以保障公民基本权利为出发点，通过相对公平的提供公共服务或者公共产品，以保障公民生存和发展的行为。

（4）基于层次性、同质性和权利性相结合的基本公共服务均等化

有人提出，那些由经济条件所决定的、人民必需的、直接关系基本人权的公共服务，即基本公共服务，应该要平等地供给，使一个国的公民不管在哪个地方生活，都拥有无差别地享受到最基本公共服务的权利。可见，该观点认为基本公共服务均等化应该是所有人都能拥有平等享受到最低水平的公共服务的权利。周明海认为基本公共服务均等化是指政府要为社会公众提供最基本的、在不同阶段具有不同标准的、最终大致均等的公共物品或者公共服务。

第二节　基本公共服务均等化的范围与水平

一、基本公共服务均等化范围的研究视角

本文主要是基于基本公共服务对其均等化的实现展开深入的研究，包含实施范围与落实水平能力，在研究中通过以下角度所展开。

1. 基于公民权利的视角

西方启蒙思想家曾提出"天赋人权"、"人生而平等"等观点，他们认为每个人都有天赋的人权，都有平等追求幸福的权利，人们"订立契约"形成法律的目的是为了更好地保障每个人的公民权。故而政府有义务也有责任为公民有效实现公民权提供相关条件，如保障公民相对公平地享有基本的生存权、财产权、受教育权等。根据政府提出服务的性质和类型来看，基本公共服务有四大领域：①底线生存服务，包括就业服务、社会保障、社会福利和社会救助；②公众发展服务，包括义务教育、公共卫生和基本医疗、公共文化体育；③基本环境服务，包括居住服务、公共通信、公用设施和环境保护；④基本安全服务，包括公共安全、消费安全和国防安全等。

从上述分析可以得出，公民权利视角更加注重强调相对均等，并以此为前提提供确保公民生存权和发展权得以有效实现的基本公共服务。

2. 基于政府职能的视角

公共服务型政府与统治型政府的区别就在政府重视依据职能范围确定工作范围，放权揽责，鼓励各类组织和个人提供公共物品或服务。公共服务型政府更加重视公民的生存和发展，以提供更多、更优、更高效、更平等的基本公共服务为政府责任。综上，基于政府公共服务职能，基本公共服务均等化的范围可以包括就业和社会保障、教育、医疗卫生、基础设施、公共安全、环境保护、国防外交等领域。

3. 基于需求理论的视角

根据需求的层次性将基本公共服务分为三个层次：第一层次包括基础教育、公共卫生和社会保障三类，主要确保人的基本生存权和发展权得到满足；第二层次主要包括公共安全、基础设施和环境保护三类，主要为了改善人们生存的软硬环境；第三层次主要包括一般公共服务、科学技术和文化体育类，主要为了确保政府有效地履行职能和更高层次的公共利益的实现。因此，在各种约束条件下，在这九类公共服务均等化地推进过程中，优先顺序也应该按照需求层次排列。还有部分研究者认为，最低生活保障、社会救助、基础卫生医疗、义务教育、基础设施建设等基本公共服务，无论一国财力如何，国家在预算时都

会逐项依次提供，以满足公民最基本的生存和发展需要。这种预算的依次性所遵循就是需求的层次性，需求的层次性也在一定程度上决定了基本公共服务均等化的范围。

二、基本公共服务均等化的范围和水平

1. 基本公共教育

教育承载着民族振兴和培育人才的重任。完善基本公共教育制度，推进基本公共教育资源均等化，保障所有适龄儿童、少年享有平等受教育的权利，对全面提高公民的基本文化素质，实现伟大复兴的中国梦具有重要的意义。

改革开放以来，随着人才强国战略的提出，优先发展教育，促进教育公平成为了党和政府工作的重心。虽然近年来党和政府对教育越来越重视，但从总体上来看，相比发达国家，我国基本公共教育水平仍然不高，离人民群众的期望还是有一定的差距。自1978年恢复高考制度以来，教育改革在我国也只是开展了四十二个年头，基本公共教育领域的问题还是比较突出。加之长期以来推行的城乡二元制、"城市中心"、"办好重点"等体制机制，造成我国城乡之间、区域之间、校际之间、不同群体之间教育资源的配置不合理，导致基本公共教育的非均衡发展。同时，由于近几年，我国大力推进城镇化建设，教育"城镇化"的趋势也不断凸显，越来越多的优势教育资源向城镇聚集，向重点学校集中。同时伴随着大量外来务工人员向城镇涌入，一方面留守儿童数量增多，农村学校生源锐减，部分农村学校荒废；另一面又导致城市外来户籍生源增多，可供外来务工子弟入学的学校严重不足，导致生源分布结构恶化，造成部分农村地区"有校无生"，而城镇学校"有生无校"，加剧了上学难、择校难等问题。深入探究，隐藏在这些问题背后的深层次原因不在于城镇化，而在于我国城乡基本公共教育的非均等化。因此，要重视对教育资源的合理分配，加大对教育的投入，尤其是对欠发达地区、农区地区的教育投入，更加注重教育公平，确保我国基本公共教育均等化目标的顺利实现。

当前，推进基本公共教育均等化，政府部门首先要转变观念，形成城乡一体化发展的教育投资理念，加大对老少边穷地区教育支出力度，打破城乡分割和政策城市偏好，强化以均等化为目标的基本公共教育支出导向。其次，政府部门应重视优化教育结构，取消所谓的"城市中心校"、"重点校"，鼓励和发展优质民办学校，适当控制办学规模，实现学生、家长对教育的多向选择，减轻单向选择优质公立教育资源所造成的"上学难"、"择校难"问题。再次，优化基本公共教育布局，制定城乡统一的学校建设标准，提高教育资源使用效能。最后，要完善教师队伍建设，并做好教育经费保障，建立师资城乡双向流动机制，统一城乡教师工资，并给予偏远地区教师适当的优惠补助，鼓励优秀人才走出城市、走向农村、扎根农村，提升农村地区教育水平。

2. 劳动就业服务

劳动就业作为就业服务的一种，领域中的相关具体表现为以下几点：①劳动就业信息

发布制度不健全，劳动者无法及时准确获取相关就业政策、职位需求、职业培训等方面的信息；②就业保障制度不完善，零就业家庭和就业困难人员不能及时获得政府财政补助或者补助金额过少，同时在城乡之间、区域之间、不同群体之间，补助金额存在较大差异；③就业方面仍旧有较为严重的歧视情况存在，主要是性别、学历、户籍等，造成大多数毕业生会有"毕业即失业"情况的存在，导致我国每年的失业人口高居不下，就业困难的问题难以有效解决；④再就业技能培训机构数量有限，许多失业人员无法及时参加职业培训，错失再就业良机。

3. 社会保险

社会保险是指国家为了有效预防年老、疾病、失业及死亡等社会风险，保障社会安全，而强制多数社会成员参加的，具有所得重新分配功能的非营利性社会安全制度。在我国，国家建立的基本社会保险主要包括基本养老保险、基本医疗保险、工伤保险、失业保险、生育保险等，其目的是为了保障公民在年老、疾病、工伤、失业、生育等情况下依法从国家和社会获得物质帮助的权利。

社会保险法的制定和出台，为我国公民人人公平享有社会保障，缩小贫富差距，提供了强有力的支撑。社会保险体系形成的六十几年来，逐步打破城乡二元格局，缩小城乡差距，增大了覆盖范围，使公民尤其是低收入群体也能更好地保障生活，享受经济社会发展的成果。但与此同时，我们也必须看到，我国社会保险体系也存在一定的问题。①社会保险的制度设计存在"缺陷"。社会保险制度社会设立的目标是能够实现全覆盖，让每个公民都能平等享有社会保险。社会保险的覆盖率是衡量社会保险制度是否成功的重要指标之一。而影响覆盖率的一个重要因素是参保率，如何更好地引导和保证公民参保是提高覆盖率的重要手段。然而现实的制度设计中，社会保险的缴费方式不仅降低了参保率，而且还损害了社会公平。例如从制度设计上看，城镇的社会保险是由企业和个人共同分担的，个人承担工资总额的10%，企业承担30%，按照最低的社会保险缴费基数计算，个人每年缴费2014元，而单位则约为6048元每年。对于没有单位的灵活就业者来说，他们也可以参加社会保险，但每年至少要缴纳6000元，而且还要连续缴纳15年，这6000元实际暗含个人缴费部分以及单位缴费部分。这个数额对于低收入群体或者无收入来源群体来说压力极大。按照社会保险的初衷，这一部分人恰恰又是最需要社会保险，是需要社会保障起到兜底的作用，以便通过第二次分配保障其基本生活权利的，然而实际上他们中相当一部分人无力参保。②社会保险管理的不可持续性。主要表现在社会保险征缴金额不能实现长期平衡。如果以女性寿命为80岁计算，考虑到男性人均寿命少于女性5岁，这样支付给女性的养老金的时间和总金额大大超过男性，而女性缴费年数又常常少于男性，就极易导致社会保障基金长期平衡遭到破坏，养老金难以持续，需要政府大量投入。③制度设计不合理性造成社会保险公平性缺失。由于当前企业和事业单位社会保险采取的双轨制，事业单位和机关单位的退休费远远高于企业，这在一定程度上影响到社会保险公平作用的发挥。

4. 基本医疗卫生

政府有义务为城乡居民提供安全、方便、有效、廉价的医疗卫生服务，保障人民群众的身体健康。

基本医疗卫生服务包括两个方面：①公共卫生服务范围，包括疾病预防控制、计划免疫、健康教育、卫生监督、妇幼保健、精神卫生、卫生应急、急救、采血服务以及食品安全、职业病防治和安全饮水等12个领域；②基本医疗，即采用基本药物、使用适宜技术，按照规范诊疗程序提供的急慢性疾病的诊断、治疗和康复的医疗服务。推进基本医疗卫生公共服务均等化的目标就是确保人人享有基本医疗卫生服务。医疗卫生资源过度向城市倾斜，向东部地区倾斜，城市集中了最好的医疗设备和医疗技术人员，而农村地区、西部贫困地区医疗卫生资源相对匮乏。

鉴于当前基本医疗卫生服务领域存在的非均等化现象，政府部门必须高度重视，并采取切实措施逐步缩小在医药卫生资源配置、服务利用和健康结果等方面存在的比较明显的城乡之间、地区之间和不同群体之间的差异。各级政府在实现人人享有基本医疗卫生服务方面负有重要责任。要实现人人享有，就必须充分发挥政府的动员、领导、投入、服务和监管职能，通过加强法制建设，完善公共财政体系，加大医疗卫生投入，充分调动中央、地方以及社会各方面的积极性，增强公共医疗卫生服务供给能力，加强监管，保证服务安全和质量，不断满足人民群众日益增长的基本医疗卫生服务需要。

5. 基本社会服务

要将"基本社会服务"作为国家基本公共服务的一个重要领域，目标是人不分老幼、地不分东西、居不分城乡，从制度层面让人人享有基本社会服务。

民政部政策研究中心课题组认为，基本社会服务体系主要包括社会救助服务体系、社会福利服务体系和社会事务服务体系。基本社会事务则主要包括婚姻登记服务和殡葬服务。当前基本社会服务领域存在较大问题主要有两个方面。①资金投入不足，造成社会救助资金短缺，困难人群领域的社会救助资金额度低，虽然农村需要救助的人数远高于城市地区，但农村的社会救助金却相对城市较低。此外资金不足还造成基本社会服务基础设施供给不能满足社会需求，比如残疾人专用道、孤儿院、养老院、流浪人员救助站等社会服务设施的供给就严重不足。②社会服务组织发展不健全，不能有效为政府分担一定的社会救助和社会保障工作，造成政府民政部门工作量大，工作效率低，保障和救助能力有限。

因此，政府部门应加大对基本社会服务的投入，完善社会救助体系。一方面要建立低收入家庭认定体系，健全收入核查制度。加强城乡低保与最低工资、失业保险和扶贫开发等政策的衔接。将专项救助逐步延伸至低保边缘家庭，重点解决其医疗、教育、住房等方面的困难。努力缩小城乡之间社会救济金差异，逐步实行城乡统一的救助制度。另一方面要加强社会服务基础设施建设，方便残疾人出行，建设福利机构，如养老院、孤儿院，增强福利的机构的收养能力，保障孤儿健康成长，老人安享晚年。此外，政府部门应重视非营利社会组织的作用，借鉴国外经验，大力培育和发展社会组织，鼓励和引导社会组织参与社会慈善事业，成为政府管理社会，提升社会治理能力的合作者。

第三节　基本公共服务均等化的指标体系

评价指标如果制定得过细，则会导致测量难度加大，测量效率低；如果制定得过于简单，则又无法进行准确的评价。

一、关于评价指标的确立

1. 确定指标的内容

从国际操作看，基本公共服务均等化的测度应该从长期角度考察投入指标，同时规定严格的程序控制。但从21世纪发展趋势看，各国特别是发达国家，越来越重视对产出和结构的指标构建，并且逐步形成一系列测度各类基本公共服务产出和结果的核心指标。结合国际经验，考虑到当前中国的现实，我国短期内应将均等化指标的重点放在投入类指标上，随着公共财政投入的逐步完善，评价指标逐渐向"产出"和"效果"转变。

2. 确立指标的方法

从确立指标的方法上看，当前主要有平均水平法和基准法两种。王伟同结合自己的研究实际，设定了一个"标准人需求"，作为我国应该实现的基本公共服务均等化的标准。它是从国家整体和全体公民的层面出发确定的用于计算实际公共需求总量的计算单位，可能高于某个居民个体的公共需求，也可能低于某个居民个体的实际需求。在此基础上，各地区的实际公共服务需求总量就是各地区的标准人数乘以单位人需求，这一需求就是政府应该提供的基本公共服务总量。公共服务均等化水平应该从主观和客观两个方面进行判断和检测：①对基本公共服务的设施和条件进行测量，如对基本公共服务的类型和内容、基本设施的数量和质量、服务的便利性和可以性等客观条件进行测量和评价；②对基本公共服务公平性的满意度的主观测量，主要是人们对于基本公共服务的可以性、满意度及公平性进行调查和测量。在基本公共服务指标的确定上，要重视以公民需求为参考，制定确立指标的标准，参照综合评价法，以获取主观感受和客观数据相结合，制定较为合理可行的基本公共服务均等化指标体系。

3. 具体指标体系

（1）基于具体客观数据而形成的评价指标体系

基于具体客观数据而形成的评价指标体系主要指指标体系的确立是通过获得相关具体

数据,如公共财政投入数据、获得相关基本公共服务人数、基本公共服务设施数等,以及对这些数据的处理形成的权重指数,并将这些指数作为衡量基本公共服务均等化的重要指标。这部分内容主要采用定量分析的方法描述基本公共服务均等化的程度,即根据基本公共服务的内涵构建评价指标体系,用基本公共服务均等化的综合指数描述和判断我国基本公共服务均等化状态的变化情况。

(2)基于对基本公共服务均等化满意度等主观评价所构成指标体系

通过积极开展基本公共服务社会满意度调查,构建基本公共服务均等化满意度调查指标体系,对改善和提高基本公共服务供给水平具有重要意义。城市基本公共服务满意度是广大城市居民对政府所提供的基本公共服务满意的程度。城市基本公共服务满意度以广大城市居民的主观感受和心理状态呈现出来,是公共服务需求被满足后的愉悦感和满意度。"群众比较满意"的内涵就是城乡居民基本公共服务需求表达机制有效确立,服务成本个人负担比率合理下降,绩效评价和行政问责制度比较健全,社会满意度不断提高。基本公共服务的客观投入及其结果对公共服务满意度具有决定性作用。一般来说,政府在基本公共服务方面的投入规模和效率与满意度是正相关的,满意度高表明投入规模或投入效率高。反之,则或可说明投入规模不够大或效率不高。

二、基本公共服务均等化的指标体系

从上文的论述中可以看出,当前比较流行的关于基本公共服务均等化的指标体系主要都是围绕着基于具体客观数据而形成的评价指标体系和基于对基本公共服务均等化的满意度等主观评价所构成的评价指标体系进行相关的拓展和变形。但其本质上还是任选其中一种作为拓展对象。如果只是基于客观数据定量分析而形成的指标体系,在现实评价中就会有面临数据堆砌的可能,加之数据来源基本也是根据各地统计年鉴形成,而统计年鉴里的数据不一定能充分包含基本公共服务的各个方面,在一定程度上可能造成分析评价的片面性。同时,依托定量数据形成的评价体系,只能客观展现基本公共服务的"量",而这些"量"是否能满足公众的主观需求就难判断了。而基本公共服务均等化的评价不仅应该只是针对基本公共服务供给的"量",还应该考虑公民享受基本公共服务的主观感受,这种主观感受在某种程度上反映了基本公共服务均等化的"质"。只有"质"与"量"完美契合的评价指标才能真正体现基本公共服务均等化的内涵。另一方面,如果仅仅是基于基本公共服务均等化满意度等主观评价进行定性分析,在一定程度上会使基本公共服务均等化缺乏客观标准,无法实现区域之间、城乡之间、不同群体之间的比较,因为不同人对同一种服务的需求往往是存在一定差别。基于此,本书认为,在构建基本公共服务均等化指标体系的过程中,应该将基于客观数据而形成的定量指标体系与基于主观感受而形成的定性指标体系相结合,制定相对客观全面的基本公共服务均等化指标体系。

第四节 基本公共服务均等化的目标与实现

一、基本公共服务均等化的目标

1. 供给有效扩大

供给有效扩大是基本公共服务均等化的前提。从字面上理解，供给有效扩大包含两个方面的内容，①增加基本公共服务的供给，②注重基本公共服务供给的有效性或者效率性。增加基本公共服务的供给，需要政府更加重视基本公共服务领域的财政投入，扩大供给量，确保城乡之间、区域之间和不同群体之间都能平等享有基本公共服务。供给有效扩大这一目标体现了现代政府的责任性，即以回应和更好地满足社会公众多元需求作为政府工作的目标。由于当前社会发展日趋成熟，社会问题也日益复杂，公民需求也日益多元化，在这样一个背景下，政府部门唯有充分了解社会公众需求，制定更加人性化的社会管理政策，提供更多、更优的基本公共服务才能有效满足公众需求。此外，为实现基本公共物品的有效供给，政府部门在产品和服务的供给方面可以充分利用各种现代市场机制，培育各类社会组织，实现政府、社会组织、私营企业、公民个人等多元主体通过多种途径实现基本公共的多元化供给，不仅增加基本公共服务供给的量，在一定程度了也提供基本公共物品供给的效率。

2. 发展较为均衡

发展较为均衡是基本公共服务均等化的基本要求。均衡发展的结果就是确保基本公共服务相对公平地满足公众需要，而这种相对公平正是"均等化"的客观要求。通过深化基本公共服务领域改革，建立较为完善的教育、社会保险、劳动就业、医疗卫生等领域的公共服务机制，通过具有普遍可接受的或可容忍的基本公共服务结果和机会均等来限制社会上存在的一些不平等。从宏观层面来看，发展较为均衡是指在全国范围内合理布局人、财、物等各种资源，各地建立资源共享机制，实现基本公共服务的供给在总量和结构上与经济、社会发展的需求达到相对均衡。从中观层面来看，发展较为均衡是指要基本实现城乡间、地区间在基本公共教育、劳动就业、卫生医疗、养老服务等各种公共资源配置的均衡，尤其要实现各县域内基本公共服务的均衡发展。从微观层面来看，发展较为均衡包括服务领域内资源配置的均衡、服务结果的均衡以及服务评价的均衡，尤其要明显地提高农村和老少边穷地区的公共服务供给能力、公正平等分配能力以及服务评价能力，以解决公众的住房难、上学难、看病难、就业难等问题，使全体社会成员都有均等地享有住房、教育、医疗、劳动的权利与机会。

3. 服务方便可以

服务方便可以是基本公共服务均等化的具体方向。服务方便可以主要指基本公共服务随时随地都能为公众获得或者享受到，并且在通常情况下，公民可以免费享受这种服务或者只是支付少量成本。服务方便可以是衡量公众对基本公共服务满意度的重要指标，也是国家基本公共服务均等化标准得以有效落实的重要衡量因素。当前，我国正在大力推进服务型政府建设，服务型政府建设的立足点就是服务公众，并且公众也能方便、有效地享受这种服务。推进基本公共服务均等化是建设服务型政府的要求，因此政府部门要高度重视，制定和完善相关措施，确保基本公共服务的服务性、方便性和可以性。

4. 群众比较满意

群众比较满意是基本公共服务均等化追求的结果。党中央提出了权为民所用、情为民所系、利为民所谋，其本质就是要求党和政府要深入群众，服务群众，让群众满意。推进基本公共服务均等化，其本质就是为群众营造良好的生产、生活条件，平等享受改革开放、国家发展的成果。群众既是政府服务的对象，也是协助政府管理社会的重要主体。政府只有了解群众需求，才能避免因基本公共服务供给的盲目性而导致供给的低效率甚至无效率，才能更好地服务群众。只有重视群众作用，才能充分发挥群众参与基本公共服务供给的积极性，提高基本公共服务供给水平，满足群众需求。首先，政府部门要拓宽民意收集渠道，积极主动聆听群众诉求，以制定和完善较为可行的公共服务政策，提供多元优质服务，满足群众偏好。其次，政府部门要积极培育群众的政治参与意识和自主治理意识，引导社会合作共担基本公共服务供给，并且要降低服务成本中个人负担的比率。同时要鼓励其他社会团体共同分担，这是一个动态推进的过程。在国家财政不足以完全满足基本公共服务需求的背景下，政府要把基本公共服务供给作为绩效评价的指标之一，据此来推进行政问责，并有效聚合社会资金共同提供服务，这要基于政府构建的信任与合作秩序。

二、我国基本公共服务非均等化现状及原因分析

改革开放以来，我国加快了推进基本公共服务均等化的力度，基本公共服务均等化体系已经初步形成，人均享受基本公共服务的水平显著提高。

1. 我国基本公共服务非均等化现状分析

（1）基本公共服务的区域失衡和城乡失衡

基本公共服务的区域失衡：改革开放以来，我国推行"先富带动后富"的区域发展战略。为了加快东部地区率先发展，进而带动整个国民经济发展。中央政府给予了东部沿海地区全方位的优惠政策，包括区域发展政策、区域财政政策、区域投资政策以及转移支付制度等。这种政策优惠虽在整体上推动了我国国民经济的发展，但同时也拉大东西部经济发展的差距。

基本公共服务的城乡失衡：在我国，基本公共服务的供给存在着严重的城乡失衡。农村居民，尤其是农村贫困群体获得政府提供的相关的基本公共服务较少。目前，城乡的差距不仅仅表现在经济发展水平上，更是反映在基本公共服务水平上。

（2）基本公共服务投入占公共财政支出的比例较低

一直来，我国政府提倡以经济建设为中心，大力发展经济，并认为只有经济总量上去了，国家才有更多的经费投入基本公共服务领域。这种模式并不是没有问题，过度重视经济发展的结果往往是对基本公共服务等民生问题的忽视。政府将大量的财政支出转向经济领域，造成整个社会的基本公共服务制度建设相对滞后，导致基本公共服务发展的非均等化。

（3）基本公共服务权利的非均等化

公共服务作为公众基础享有权利的一种，其主要分为三方面的权利内容：健康权、生存权、发展权。这三种权利都应该是基本公共服务服务和保障的对象，但在现实中却存在一定的程度的非均等化。

基本生存权方面的非均等化：公民基本的生存权主要包括最低生活保障、基本的养老服务、社会救济等方面。由于自然灾害、城市流浪乞讨人员救济和法律援助等社会救济的对象具有特殊性和偶然性，且不分城乡和地域，因而总体而言还是比较均等的。但最低生活保障和基本养老服务还是存在较大的非均衡性。首先，在最低生活保障方面的基本公共服务，城市居民所享受的服务无论在覆盖范围，还是资金保障等方面，都要远远好于农村地区，城乡之间在最低生活保障上存在严重的非均等化。其次，在基本养老服务方面，城市基本上已经拥有了较为完善的基本养老保险体系，而农村的新型农村养老保险制度还不够完善，加之一些农民对新农保的认识不够，或者无法承担保费，仍然依靠土地养老和家庭养老。同时城市地区的社会养老机构也较农村地区多、较农村地区好，故而城市的基本养老服务也要好于农村地区。

基本发展权方面的非均等化：基本发展权主要指人们追求自身更好发展的权利。基本发展权方面的非均等化主要指包含教育的非均等化和劳动就业的非均等化。首先，在教育方面，由于传统的义务教育采取的是"地方负责，分级管理"的财政负担体制，加之1994年分税制改革的推行，使中央和省级政府集中了主要财力，但只负担了小部分义务教育财政投入，而县乡财力薄弱，却承担了大部分的农村义务教育投入，"这突出表现为农村基础教育事权、财权的不对称，造成'小马拉大车，大马拉小车'的局面。"这种财政负担体制，加重了基层政府和农民负担，客观上延缓了农村义务教育的发展，造成城乡之间义务教育机会不平等的延续乃至扩大。此外，城乡之间的义务教育经费投入不均衡，城市集中了大量的优势教育资源，而广大农村地区却面临教育资金不足、校舍破旧、师资力量薄弱等，这些也进一步加剧了城乡间基本公共教育的非均等化。其次，在劳动就业方面，由于现有的城乡二元体制,在城市催生了大量的外来务工人员,而这些"外来者"在城市生活就业过程中却遭受大量限制和歧视,往往无法享受与城市户籍人员同等的待遇。比如外来务工人员工资低,就业岗位多为脏、差、苦的岗位,子女入学受到多重限制,加入城市户籍条件复杂,不能享受当地的社会保障和福利等。

城乡之间、区域之间医疗卫生水平差距也在不断加大,卫生医疗领域的公平问题也逐渐成为社会的热点问题。

2. 我国基本公共服务非均等化的原因分析

国家是基本公共服务供给的主体,社会基本公共服务的水平主要是由国家统筹协调、提供与分配的,社会基本公共服务的均等化与否与国家的政策和制度安排具有极大的关联。

(1) 东西部为实现均衡法发展,区域经济无法实现均等化

我国地域广阔,东西部地区的发展却很不平衡。由于地区间经济社会发展的不平衡,在客观上就造成了东西部地区政府基本公共服务供给能力的不平衡,这种不平衡就是导致地区间基本公共服务非均等化的主要原因。区域间经济社会发展不平衡对区域基本公共服务均等化供给的影响主要体现在以下几个方面:①区域发展战略强化了区域间的发展不平衡。改革开放以来,我国推行"先富带动后富"的区域发展战略,造成东部地区的经济社会发展水平远远高于西部地区,伴随经济发展而不断提高的东部地区基本公共服务水平也远高于西部地区。②区域政策优惠加剧了区域间基本公共服务的非均等化。由于长期以来,中央在经济社会发展政策的制定上向东部地区倾斜,给予东部地区全方位的优惠政策,包括区域财政政策、区域投资政策以及转移支付政策等,极大地推动了东部地区经济社会等各个方面的快速发展。但是由于西部地区没有这种政策优势,故而发展缓慢。这种政策上的非均衡安排加剧了区域间发展不平衡,是强化区域之间基本公共服务供给能力非均等化的重要原因。③无法保证外界因素对服务提供的影响,换言之,不同区域所具有的自然条件与发展水平各有差异,从而造成服务的提供有所不同。这主要表现在区域自然条件的差异增加了基本公共服务供给成本以及历史发展的不平衡造成的基本公共服务供给能力弱化。由于西部地区自然气候条件相对东部差,海拔高,地形复杂,导致交通不便、人居分散,这在一定程度上增加了基本公共服务供给成本。同时由于西部地区历史起点较东部地区低,造成东西部地区面临不同的发展基础,这也在一定程度上制约着西部地区基本公共服务的供给能力。

(2) 城乡二元结构造成城乡基本公共服务的非均等化

城乡二元结构主要是国家根据属地原则,把城镇居民和农村居民划分为城镇和农村户口,以户籍管理限制人口的盲目流动。由于严格限制农业人口转为非农业人口,使广大农民被束缚在土地上,终生贴上农民的标签。并且这种户籍身份随着发展竟成为了分配种种

权利义务的标准,非农业人口享受固定的工资收入、福利分房、公费医疗、退现养老等福利待遇,而农业人口却无法享受。这就造成了城乡基本公共服务的非均等化供给。同时,由于二元户籍制度将城乡居民一分为二,国家在政策和利益分配上往往又向城镇地区倾斜,就在一定程度上形成了事实上的户口等级、户籍世袭的制度,使公民在无形之中就具有了不同的价值与不同等级的社会身份,架空了宪法赋予公民的平等权利,造成了城乡居民的严重不平等。这种不平等主要体现在公民基本公共服务权利上,即基本受教育权方面的不平等、基本发展权上的不平等以及基本健康权上的不平等。如教育资源基本上向城市地区、重点学校倾斜,农民工子女在城市入学难、转校难的问题就非常突出。在社会基本公共服务供给方面,农村基础设施建设也远不如城市,农村人均低保费用还不及城市人均低保费用的一半等。

（3）基层政府缺乏足够的供给支撑,服务的提供无法实现均等化

基层政府地处政府管理的一线,直接面对群众,发挥着"上情下达"和"下情上达"的作用,是连接中央政府与群众的桥梁和纽带,是维护国家政权稳定的基础。基层群众对需求的产生是最为基础民生问题,政府没有足够的供给支撑力,导致在以下方面会有较弱的能力体现：财政没有足够的保障,大多数村镇没有足够的财政运转支撑,严重情况下,部分地区的基础运转需要通过举债实现；社会整合与控制力弱化,基础政府威信降低,许多农村基层矛盾无法化解,造成许多越级上访现象；社会动员能力弱,政府号召力不断降低；提供基本公共服务能力的弱化,由于财政能力有限,许多基层政府在提供义务教育、医疗卫生服务、基本社会服务等基本公共服务的能力较弱。综上而言,在基本服务提供方面,政府无法保证公共性,以及需求供给没有足够的支撑,导致整体工作能力较低,影响因素分为两种情况。①农业税等税费改革客观上造成许多基层政府陷入财政困境,导致供给能力不足。2006年1月1日起,国家废除了在中国延续2000多年的农业税,减轻了农民负担,增加了农民收入。但与此同时,因为这一税费改革,使得许多乡镇基层政府税收收入减小,财政负担增加,对基层的基本公共服务的供给就相对减少了。而在城市地区,农业税改革对其影响不大,故而对基本公共服务供给能力仍能根据经济发展水平不断提高。该现实的存在具有客观性,受到城乡等大部分地区的发展经济限制,使得基础服务的供给在某些方面无法实现均等化供给。②政府缺少足够的财权掌控,以及对事权的运转不合理,导致能力略显不足,以及服务需求无法满足。此外,因为政府是公共服务的基础核心保障与直接供给人,在我国财政工作的实施中,是以纵向结构为主要支撑,导致财政核心把控、事权管理较松,二者无法匹配等管理情况普遍存在,使得中央和省市的财政支出主要投入城市建设,而基层财政收入来源少,承担基本公共服务供给任务繁重,这种财权与事权的不平等造成了其供给能力的弱化。此外,自实行分税制改革以来,中央通过转移支付职能来分配政府支出,然而省级政府和市级政府作为基层政府的上级,在转移支付中

提高了财政分配比重，而基层财政所获得的转移支付收入有限。在这种情况下，仅仅依靠基层财政自行解决基本公共服务的结果就是进一步加剧了城乡之间基本公共服务的非均衡化发展。

第二章　基本公共服务均等化的内容范围

第一节　就业服务与劳动权益保障

一、劳动与劳动权

劳动是人类生存的基本样式，是人获取生活资料、维持基本生计的方式。自古以来，中国就有着对劳动的深刻描写。唐代诗人李绅"锄禾日当午，汗滴禾下土"的诗句，描绘出农民劳作的现实场景。宋代诗人范成大"笑歌声里轻雷动，一夜连枷响到明"的诗句，则描绘出农民愉悦的劳动场景。明代冯梦龙"富贵本无根，尽从勤里得"的诗句，揭示出劳动的社会意义。劳动是人类生活的凭借，美好生活依靠劳动创造。"劳动是财富之父"，也是实现人社会化的重要途径。只有通过人的劳动实践，才能创造出人赖以生存的社会资料，并在此过程中确证人的本质。工业化背景下，劳动需要通过"就业"的形式来实现，就业成为劳动的具体表现，担负着保障民生、稳定社会的重任。就业是指一个人具有且正在工作岗位的状态，充分就业则意味着整个社会基本实现了"壮有所用"。人的一切活动都与利益有关。人的利益需求的满足，与就业状况直接相关。普遍而充分的就业，是社会利益协调与均衡的前提，是社会有机团结的基础。普遍失业，意味着人们的利益需求失去基本依托，社会将陷入利益纷争引发的混乱状态。对一个社会来说，就业状况与国民幸福息息相关。在"国民幸福总值""国民快乐总值"等概念框架中，充分就业具有重要的社会意义。可以说，充分就业是民生之本、安国之策和幸福之源。

在公民的权利谱系中，劳动权具有主体普遍性、逻辑优越性、功能基础性、运行综合性等特点。劳动权的内涵结构是相对稳定的，但社会经济的发展，也会为劳动权的意涵注入新的内容，使劳动权的内容保持时代的文明特性。现代社会，劳动权是一项复合性的权利，它是自由、资格与利益的复合体，至少包括劳动自由权、就业服务权和劳动收益权等基本要素。

二、就业服务与政府责任

就业服务权作为劳动权的基本要素，意味着提供就业服务是国家的基本义务，也是现代政府的责任所在。在世界范围内，公共就业服务在进入20世纪以来得到了快速发展。

我国公共就业服务是随着新中国成立而逐步形成的。20世纪50年代初，出于消除社会失业现象和巩固新生政权的需要，国家举办了劳动介绍所，开展就业公共服务。在此期间，形成了"低工资、高就业"的政策，建立起以固定用工、统一调配和行政安置为特征的统包统配的就业制度。这种单一计划性的就业制度，是计划经济体制的产物，国家统一提供就业岗位，劳动者按照指定计划就业，因而不存在失业问题。改革开放以来，这种就业制度因存在自主择业的权利缺失、劳动者创造力的抑制、就业的城乡二元体制、普遍的"在职失业"等问题而面临着"合法性危机"。而随着知识青年的返城归乡，城市失业人口开始出现并逐渐增多。在此背景下，1980年于北京召开了全国劳动工作会议，提出了"三结合"的就业方针，开启了就业的"三扇门"，为就业机制转换奠定了制度基础。20世纪80年代中期以来，我国就业制度的改革目标日渐清晰，主要围绕培育劳动力市场、完善就业服务体系展开。

目前，我国已建立起由政府劳动就业服务机构、政府人才交流服务机构、毕业生就业指导机构、残疾人就业服务机构等构成的公共就业服务网络，服务内容集中在职业介绍、职业指导、职业培训和就业援助等方面。

①区域间经济发展水平和财政能力的差异、政府公共服务意识与能力的不同、财政转移支付目标的歧异，使我国地区间公共就业服务呈现东—中—西的阶梯式分布。②城乡地区结合发展所形成的经济结构是以社会形态为主，二元形态决定了地区体系发展的二元化。城乡有别的户籍制度，使城市人口享有更多的就业服务机会和"就业保护"；而农村流动人口就业服务的"外部性"，抑制了基层政府就业服务的动力，农村就业公共服务发展滞后。③弱势群体对就业服务的需求强烈，但因其组织化程度低而处于需求表达的"失语"状态，很难有效表达其就业服务需求；而信息获取能力弱又使其对"春风行动""平安计划""阳光工程"等特别服务的利用不足，就业公共服务的群体差距拉大。需要政府有效履行其就业服务的供给责任、加强就业服务的信息化建设、构建就业需求的表达机制、探索多元化的就业服务模式，促进就业服务机会的平等共享、就业服务资源的均衡配置。

三、"劳有所得"与劳动权益保障

保障公民劳动权，包含着维护劳动者合法权益的内容。"劳有所得"，是劳动收益权的应然诉求，是分配正义的基本要求，也是保障和改善民生发展的前提和基础。社会主义市场经济条件下，资本的追利性和排他性，使劳动者通常处于一种相对的弱势地位。工人因组织化程度较低、工会的独立性缺乏，其合法权益维护"举步维艰"；农民长期游离于体制之外，处于弱势群体中的弱者。相对于强大的资本，劳动者处于实力、信息、机会等方面的劣势，缺乏讨价还价的能力和自由选择的余地。源于此，劳动者的合法权益经常受到侵犯，诸如任意辞退、克扣工资、无偿加班、劳动环境恶化等现象较为普遍。

回首改革开放40多年，中国经济总量持续增加，国民收入水平不断提高，但分配不公、贫富差距等问题也日渐突出：劳动在国民收入中所占的比重不升反降，呈现"老总收入跑着涨，员工收入爬着涨"的态势；城乡、地区、行业的收入差距扩大了"收入鸿沟"。

公民通过诚实劳动和合法经营取得的收入，不论多寡，都必须受到法律保护；而对获取非法收入的各种行为，必须严厉打击并依法取缔。电力、电信、烟草、银行、保险、证券等行业，不仅工资、奖金、补贴等项收入很高，而且住房公积金、社会保障金的缴存额度也较高，应当依据公平合理原则加以调节和规范。对过低收入，应通过完善社会保障体系、公共服务制度来加以适当"补偿"。唯有如此，才能彻底改变"哑铃形"的分配结构，逐步建立"橄榄形"分配格局；才能使全国人民共享经济发展的成果，促进基本民生的根本改善；才能消除中国社会的潜在隐患，促进中国社会走向繁荣稳定。

第二节 社会保障权与基本养老保障

一、生存与社会保障权

自古以来，人类在面临危难和风险时，便形成了"守望相助"的传统，期望通过自助、互助或公助以摆脱生活困境。早在春秋战国时期，中国就出现了社会救助的思想。西方世界也有着"扶危济困"的传统，只是它更多的与宗教事务有关。不同宗教派别各有其教义教规，但都将都将乐善好施、救苦救难作为信徒的宗教义务，社会善举多以宗教形式表现出来，宗教机构和场所在扶危济困中发挥着重要作用。人类早期的社会保障实践，多出自人仁慈悲悯的情怀，更多的是一种道义上行为，社会保障更多地被视为一种"恩惠"而非"权利"，因而未能形成理性化的制度安排。即便如此，人类所具有的"扶危济困""守望相助"的良好愿望和普遍需要。

近代以来，随着人权理论与实践的发展，社会保障实现了从恩惠向权利的根本转变，成为现代人权的重要组成部分。

人的生存欲求和人格尊严，要求人远离生活困苦、满足基本需求并实现自我价值，这正是社会保障权的核心价值所在。这样，社会的公平与正义在社会保障权的框架下也有了实现的可能。因为，国家承认并实现人的社会保障权的过程，即是对现实社会中分配不公一定程度的修正，它不仅体现着权利平等的人权原则，而且包含着补偿正义的实质内容。

二、社会保障与政府责任

社会保障制度作为一种社会保障权的制度安排，是全社会范围内普遍的权利意识觉醒的产物，是权利政治、公益政治的集中反映，也是民主政府不可推卸的责任。从全球范围来看，现代意义上的社会保障最早发端于17世纪的英国，以新旧《济贫法》为标志。这一时期的社会保障，主要是针对穷困阶层的救助或救济，社会救助得以成为社会保障的最初内容。社会保障获得了"公民权"的普遍意义。受《贝弗里奇报告》的深远影响，世界各国先后通过社会立法，确认社会保障权为公民的基本权利，并创设了相应的社会政策和社会保障制度。20世纪70年代以来，社会保障制度改革虽然浪潮迭起，但社会保障权却"基本经受住了新保守主义及其政策导向的考验"，并将在漫长的调整与完善中得到保障。

国家总揽型的保障方式，在新中国成立初期曾发挥了积极作用，但也存在过度依赖单位、城乡板块分割、社会化程度低等问题。特别是，这种建立在"身份"、地域基础上的社会保障，使大量的农村人口、流动人口和城镇非就业人口处于"裸保"状态，偏离了"普遍保障""平等对待"等原则。郑功成认为，中国二元社会结构形成了以单位和地区为划分标准的保障体系，这种"单位福利型制度"造成了社会保障体系的城乡分裂和地区分割。改革开放以来，城镇单位制度和农村集体经济的解体，使大量依靠单位和集体享受社会保障的群体失去依靠，而农民工群体的壮大，更体现出"二元中国"向"三元中国"的转变。

农民、农民工、城镇非从业居民等弱势群体被纳入社会保障体系，其基本医疗、工伤、养老等问题得到制度保障。至此，我国社会保障制度实现了从"城镇偏向"向覆盖城乡、从单位福利向统筹互济的转变，普遍性的社会福利制度基本成型。

需要指出的是，《贝弗里奇报告》提出"3U"原则，被认为是建立社会保障制度的基本准则，也是衡量一国社会保障制度成熟与否的重要标尺。普遍性原则要求社会保障权由全体公民普遍享有；统一性原则要求社会政策和制度安排的一体化；均等化原则强调实质意义上的机会均等，意味着对"最小受惠者"的适当补偿。社会保障"人人公平享有"，是"3U"原则在中国的政策性话语表达。事实上，政府是否通过有效的政策设计和制度安排，促进"人人公平享有"目标的实现，可以通过"3U"原则来度量：农村人口、城镇非从业人口、农民工等弱势群体被纳入社会保障范围，表明我国社会保障覆盖面的扩大，反映出社会保障的普遍性正在趋于实现。然而，社会保障享有的城乡差距、地区差距和行业差距的普遍存在，反映出建立统一的社会保障制度依然"任重道远"；而社会财富的"逆向再分配"产生的"马太效应"，使社会保障的均等化如同海市蜃楼。因此，实现真正意义上的"人人公平享有"，我国社会保障需要在全覆盖的基础上，保证全体国民都能公平地享有社会保障服务，而不因身份、职业、地域差异受到区别对待。

三、"老有所养"与基本养老保障

基本医疗是健康权的应然诉求，将纳入"病有所医"的范围来论述，因而这里重点分析关涉"老有所养"的城乡养老保障问题。现阶段，中国正在步入老年化社会，中国社会的人口老龄化问题日益突出。涉及老年人的权益保护和社会保障,成为中国社会面对的重大难题。一方面,受计划生育政策影响,我国城市"421"(即四个老人、一对夫妇及一个未成年子女)家庭模式日趋增加,家庭养老因负担沉重正在衰落;另一方面,随着农村青壮年人口向城市的大量流动,越来越多的家庭出现子女与父母在地域上的分离,"留守老人"的养老失去依靠。

改革开放以来,我国经济体制发生了深刻变化,计划体制下的养老保障制度已不合时宜,其弊端也显露无遗:城市中,由国家统揽的单位福利制,因企业或单位承担过多的社会保障职能已不堪重负;农村中,家庭承包责任制的建立使原有的集体社会保障解体。这样,社会保障制度的改革便伴随改革的深化而处于不断的改革探索中。基本养老保险是一种强制性的养老保险制度,城镇职工基本养老保险资金来源于企业缴纳、个人缴纳和财政补贴。对享受城镇低保、重点优抚对象等缴费困难群体,由财政缴纳最低标准的养老保险费。

我国城乡养老保障制度的确立,为社会养老保障提供了制度框架,但这并不意味着全社会的养老保障问题就得到了根本解决。实际落地工作中,可以发现我国受人口老龄化等众多民生问题的存在影响,导致城乡地区采取社会养老无法做到全面的保障,工作实施依然会有较多的问题限制。

①社会养老没有实现全面化保险实施,实际覆盖范围内的人口参保比例有限。我国经济结构的多元化,引发社会就业结构的重大变化,越来越多的人从事自由职业、亦工亦农或临时工作,必然产生较高的参保成本,其中有很多人不愿参加养老保险;而人口的老龄化,使中国社会虽尚未完成工业化,但却提前进入老年化社会。在"未富先老"的压力下,我国社会养老保障体制面临着普遍的保障资金短缺。多方因素影响,导致社会在提供养老保障的同时,实际考察工作不到位,导致覆盖面较小,范围扩充不足,保障涵盖层次没有全面考虑。

②城乡结构是以经济结构为主要发展依据,二元化是保障体系的决定因素。社会养老在构建相应的保障体系同时,我国加强对社会养老的深入宣传,促进大众对其认知,从而保证"社会养老"在城镇居民中获得了较大的支持,整体工作情况获得了一定程度上的成功,但是就农村地区而言,农民的养老依旧是以家庭为核心,同时依赖于政策的付出,该养老方式的采取依旧十分常见。受计划生育政策、家庭结构缩小及农村人口流动的影响,"家庭养老"的功能正在衰退;而城镇化的推进,也使"土地养老"的保障功能在减退,农村老人的养老问题令人堪忧。

③城区"空巢老人"面临"退休综合征",农村"五保老人"难以做到应保尽保。社会养老保险制度虽能解决老年人的物质需要问题,但对精神需要和生活照料无能为力,城市"空巢老人"面临"退休综合征"的困扰;农村税费改革后"村提留、乡提留"的取消,使"五保老人"面临养老保险资金筹集的困难,部分地方的"五保"老人主要依靠救

济款和捐赠物来维持生计，供养标准有所下降。这些问题，使公民平等的社会保障权难以充分实现。实现"老有所养"，促进"老有所为""老有所乐"，需要坚持权利平等、机会均等的正义原则，科学设计社会政策，不断完善养老制度，实现基本养老保障的全面覆盖，推进社会养老全面化的保障工作实施，构建健全的管理体系，合理配置资源，实现均衡效益的享受，注重社区养老工作进展，解决我国老龄化的民生困扰，促进服务老龄化展开。

第三节　受教育权与基础教育保障

一、教育与受教育权

教育是促使人实现社会化的基本活动方式，是人获得价值观念、文化规则、社会秩序的重要形式。通过接受教育，人获取了生存与发展的知识与技能，获得了社会生活的秩序与规则，实现了人类文明和社会文化的传承与发展。教育的重要性在于，它不仅是实现个人成长的必要条件，而且是促进社会发展的重要前提。社会发展是以人的发展为基础的，教育形成人力资本的基本形式，关乎"国计民生"：教育是一切有益于人类的事业中最有益于人自身生存和发展的事业，既直接影响国家的繁荣富强，也直接关系个人的命运和幸福。人的自由成长并不能凭空产生，必须经由不断的学习来充实、丰富和发展自身的性情、知识和技能，促进人全面而自由的发展。教育之于社会的重要性，我国古代就有"建国君民，教学为先""化民成俗，其必由学"（《礼记·学记》）的论述；法国剧作家巴尔扎克在《人间喜剧·序》中说，"教育是民族最伟大的生活原则"。百年大计，教育为本。教育对于一个国家的重要性，已远非"致天下之治者在人才，成天下之至者在教化，教化之本者在学校（《松滋县学记》）"所能涵括，教育已成为国政之基，成为国家富强、民族振兴、社会发展的基石。

在前资本主义时期，教育是少数人享有的一种权利，教育的目的不是实现人的自由发展，而在于培养服从权威的"顺民"，"教育"成为国家而非国民的"权利"。近现代以来，随着人权运动的发展，教育获得了普遍的社会意义，成为普通民众的一项基本人权。现代社会，几乎所有国家都将"受教育权"纳入宪法的保护范围，使其获得了国家法律的确认，从而获得了公民权的地位。

萨托利说，"平等对待并不能排除差别"，人在出身、天赋等方面的"不平等起点"，意味着"平等进入"的不公平现象。缺少了受教育的自由，人只能沦为外在的工具，而不能成为自身的目的。实质意义上教育公平，需要以教育机会的平等开放、教育资源的均衡配置、教育制度的实质正义为依托。唯有这样，才能保障个人成长过程中受教育权的实现，也才能为个人过有尊严的生活提供公平的人生起点。在平等规则上，人人享有的基本权利应该坚持完全平等原则，它依据的是人性上的绝对平等因素；而享有的非基本权利则应该坚持比例平等（差异性平等）原则，它依据的是个人的潜在贡献因素。将教育权利区分为基本权利与非基本权利，是个人特质在权利层面的分层表现，在总体上是符合社会发展的现实需要的。

二、基础教育与政府责任

在人类社会的历史进程中，受教育经历了国家自由放任状态到国家主导景象，直到要求国家提供教育条件与机会的教育自由阶段；受教育的性质也从义务过渡到权利，从私权发展到公权。在二十世纪以来的福利国家语境下，受教比例平等原则，尽管因其依据的潜在贡献因素（现实表现为学业成绩）的可靠性（即能否真实反映受教育者的能力差异）而受到质疑，甚至被视为掩盖教育不平等的"凭藉"；但不可否认，它仍然是一项有效的平等原则。迄今为止，世界上没有一个国家在教育制度设置、教育资源配置能都做到完全平等，只是在关乎基本教育权利、社会公共需要的"保底教育"上才适用于完全平等原则；在教育的非基本权利方面，由于受教育者的资质、能力、"未来"贡献的方面的差异，可以按照比例平等原则来实现差异平等。

教育权被归于社会基本权利。我国教育法学家劳凯声认为，受教育权"属于公民的基本人权这一范畴，是公民为自身利益，要求国家一定行为的权利，是公民从国家那里获得均等的受教育条件和机会的权利"。在福利国家语境下，国家对受教育权的保护，从消极义务转向积极义务，突出了公民通过受教育权实现人格完善及能力提升的普遍需要，明确了国家在公民受教育权实现中的责任担当。

在政策实践上，将教育服务划分为不同层次，依其内容特性确定相应的平等准则，是世界上主要国家的普遍做法。义务教育是一种普遍性的教育制度，全球已有185个国家和地区建立了义务教育制度，义务教育制度的普遍确立，表明受教育行为从受教育者的义务到受教育者的权利的根本转变。在民主宪政制度下，公民的权利相应的构成国家的义务。受教育权在国家法律上的确认，意味着国家需要承担必要的给付责任，基础教育阶段尤其如此。就基础教育来说，公平是极其重要的，是不可移易的基本价值。人们在基础教育，特别是义务教育阶段不应该受到差别对待。也就是说，基础教育不仅要保证教育机会的平等开放，而且要保证教育过程、教育结果的公平。教育机会的公平性关注的是接受教育的资格问题，要求接受教育的机会应无差别地适用于一切适宜人口；教育过程的公平性关注的是接受教育的条件问题，要求公共教育资源的均衡分布。基础教育的公平性，不是依靠自发机制所能实现的，需要政府的政策干预来促进。

我国的教育体系大体涵盖了基础教育、高等教育和成人教育三个层面，包括学校教育、职业教育和成人教育三种形式。其中，学校教育是我国教育体系的核心部分，包括学前、初等、中等和高等教育等阶段，关乎国家教育事业发展的兴衰成败。在我国，基础教育包括从小学到高中阶段的学校教育，是国民教育系列的基础性构成。我国对基础教育阶段的小学教育和初中教育实行九年义务教育制度。义务教育是一种具有公益性特征的教育制度，是一种基于"平等"权利、面向学龄人口的"普及性"国民教育。对于九年义务教育，国家承担着法律上的强制性义务，政府有责任对所有适龄儿童接受基础教育提供所需的资金、设施和师资，以确保每个孩子都能获得接受教育的平等机会和条件。在我国，义务教育是国民教育体系的基础，应适用于完全平等原则，政府负有资源供给、促进共享的义务，教育资源的配置和布局应力求实现城乡、区域上的均衡分布。而对基础教育阶段的高中教育，应根据国家发展状况和社会文明程度"相机抉择"，即在坚持机会平等的前提下，采取适度的补偿性公平。

三、"学有所教"与基础教育保障

本体性因素一般是宏观层面的，具有相对稳定性，涉及社会基本结构、经济与社会发展水平、教育权利的分配、教育资源的配置等方面；条件性因素一般是中微观层面的，反映的是个体或群体的差异，涉及民族、性别等内在差异及文化背景、社会地位、职业状况等外在差异。就教育公平状况的形成而言，本体性因素的影响是普遍性、前提性的，在制度建构层面决定着一国教育公平的基本取向。法律权利的平等首先指权利主体的平等，体现在性别平等、民族平等、阶层平等诸多方面。现阶段，我国区域发展差距、城乡二元体制及户籍管理制度的存在，使"弱势群体"的子女很难真正享受到平等的受教育机会；而教育资源的非均衡配置，又造成受教育条件的不平等状态，基础教育的公平性面临消解的危险。

立足于宏观整体，我国在教育方面各有优缺点，其不足的主要是没有实现教育公平，所谓的不公在以下问题中体现十分明确。①我国没有实现经济均衡的发展状态，从而在教育方面产生连锁影响，导致教育的投入会受到地区禅ços从而产生高低区分。教育经费的短缺，必然导致校舍、设施、师资、信息建设等方面全面落后，欠发达地区、偏远农村地区的教育条件很难满足基础教育的需要。②教育权利分配不公，在基础教育阶段突出的表现为"就近入学"和"以钱择校"等问题。"就近入学"的本意是要"合理设置学校"，但各校办学条件、教学质量的差异，促使政府通过"划片"来解决择校问题，事实上造成了对学生入学选择权的限制。在这种情况下，教育质量高的学校以拥有优势教育资源作为"筹码"，通过收取所谓的"赞助费""借读费"等，重新分配教育资源以实现谋利，这严重损害了义务教育的公益性本质和基本教育权利的平等性，义务教育因此而沾上了"铜臭味"。③教育资源的分配失衡，在基础教育阶段主要体现在城市地区、重点学校在教育资源配置上的优先权。相对于农村地区，城市拥有优越的教育设施、教学条件和师资队伍；重点学校、重点班级的设置，也使它拥有相对于普通学校在生源选择、资源配置和师资力量上优先性，从而全社会教育资源的配置合理设置小学、初级中等学校，使儿童、少年就近入学。④阶层差异对教育机会的影响是客观存在的，家长的社会地位、经济条件、文化程度与子女享有的教育机会之间是正相关的，从而使他们更有可能享有优势教育资源。教育机会的性别差异、族群差异的存在，更多地与文化传统、宗教信仰等因素相关。

教育是民生之基。基础教育，尤其是义务教育的公共服务性质，决定了它应该主要由政府组织提供并负责调节，应尽可能向全民提供基本同质的基础教育，消除地区间、城乡间、阶层间的显著差异。平均化可以消除发展差异，但追求结果的完全一致，只会导致稀缺性资源的低效配置，因而是不可行的。均等化是一种渐进的趋向公平的手段，它追求机会的完全平等，并不盲目的排斥差异；均等化强调教育制度的公平设置、教育资源的均衡配置，通过"衡平"而非"平均"的方式达到全社会的教育公平。基础教育的均等化可以从权利、制度、投入、配置等方面来实现：①立法层面赋予全体公民享有接受教育的平等权利，消除权利歧视；②建立全社会统一的公共教育制度，保障基础教育的公益性、普惠性和平等性；③在资金中实现教育经济的合理配置，整体的资源投入保证均等化管理，保证教育基础需求的满足，提高对教育财政的全面优化；④在教育资源配置上保证全社会能够享有大致相同的教育内容，实现教育结果的适度均等化。基础教育的均等化，不仅仅是要达到法制上的"公平对待"，更要达到实践中的"公平状态"，是机会公平、过程公平和结果公平的"复合体"。只有从根本上消除教育机会上"资格"限制，消除教育设施、教学设备、师资力量等办学条件上的显著差异，消除办学质量的阶梯式差异，才能逐步缩小地区间、城乡间、学校与学校间的教育差距，才能消除"权贵阶层""利益集团"潜在的谋利空间，促进基础教育。

基础教育是国家教育体制的基石，它所具有的公共物品属性和外部效应性，意味着国家在该领域发挥着不可替代的作用，国家应当通过公共政策设计和公共资源调配，促进基础教育服务对象的全体性、服务准则的公平性和运作机制的公共性。在教育发展的政策实践中，国家应当在基础教育发展中采取差别化策略，在推进"普九"教育内涵发展的同时，允许部分省份将义务教育年限延长至高中阶段或幼儿教育阶段。教育是形成人力资本的主要途径，而人力资本的迁移性和增值性，意味着在市场体制"双向选择"机制下，"孔雀东南飞"的现象比比皆是。这表明，欠发达地区在教育领域的投资，面临着"人才流失"与"成本沉没"的双重"损失"，从而产生与"平衡之道"相悖的"马太效应"，这需要中央政策从宏观层面加以调控，以保证教育工作的展开落地均衡目标，以此推动地区发展，缩短城乡差距，拉平经济距离。

第四节 健康权与基本医疗卫生

一、健康与健康权

健康是人全面发展的基础。早在 2000 多年前，古希腊思想家德谟克利特和赫拉克利特就曾论证到：如果没有健康，则金钱和其他任何东西都是没有意义的。法国哲学家笛卡尔将健康称为"最高物品"，是生活中所有其他物品的基础健康之所以具有首位性和根本性，是因为健康不仅为人的发展提供了根本的生理性基础，是家庭稳定与幸福的根本保证；还因为人一旦失去健康，将会在根本上限制他参加其他方面活动的能力，且这种限制无法通过替代性途径获得满足，同时还会面临一些社会性剥夺。一般地，健康状况的变化具有一定的隐蔽性，处于亚健康状态的人往往意识不到自身健康状况的下降。现代社会，人们生活方式的变化对身心健康造成潜在威胁，如果不采取有效的健康保护与促进措施，就会诱发产生各种疾病。自 1990 年以来，联合国发展署（UNDP）采用人类发展指数来衡量各国的发展状况与生活质量，健康状况与预期寿命是该指数的三个关键项目之一。健康是人类的一种"可行能力"，是人类的一种"基本的自由"发展公共卫生事业，保障国民健康水平，是社会良性运行的重要任务。医疗卫生服务不仅是民生福利的重要内容，也承载着一定的社会关系与文化隐喻。

健康是人最重要的"资本"，也是人最基本的"利益"。"享受最高而能获致之健康标准为人人享有的基本权利"，这是健康权在人权意义上的明确表述。健康关乎人的生命安全与社会尊严，是基本人权的基础性要素。健康权的实质在于"享受最高而能获致之健康标准"，这意味着政府必须创造条件，提供必要的医疗卫生设施、物品和服务，使人人都能够尽可能的健康。健康权作为一种基本人权，世界部分国家已将之纳入宪法加以确认。

二、公共卫生与政府责任

维持和促进健康是一项系统工程，是个人的生活方式、生理遗传、职业风险以及社会卫生保健、生活环境等多种因素共同作用的结果。保障公民健康权益，有赖于公共卫生事业的持续发展，需要建立以卫生、医疗、医药、医保等为核心要素的健康支持体系，形成"大卫生"服务框架。现阶段，"中国版本"的公共卫生概念，也是围绕这四个方面展开的，突出了公共卫生事业发展中的公民权利和政府责任。事实上，保障和实现公民的健康权益，防范并降低全社会的健康风险，已然成为现代国家的基本职能，成为政府公共服务的重要领域。发达国家普遍建立起较为完善的医疗卫生体系，并形成了"英国模式""瑞典模式""德国模式"等制度典范。医疗卫生体制改革的根本目的，就是要通过相关变量的调整与重构，确立公共卫生事业的制度框架，保障和促进国民的健康水平。在此过程中，政府担负着保障和实现公民健康权益的职责，发挥着"医改"的规划设计、组织实施等作用。

计划经济时代，我国初步建立起了覆盖农村和城市的医疗卫生服务网络，医疗服务、预防保健的可以性明显增强，国民的健康状况有所改善。然而，"政事一体化"的计划体制结构，制约着公共卫生事业的持续发展，医疗卫生领域的改革因应体制转轨而发生。美国是世界上卫生保健开支最大的国家，但却未能建立全面的医疗保险制度，至今仍有4000多万人没有任何健康保险。事实上，人口老龄化、成本控制、筹资模式、供方诱导需求等方面的问题，对西方国家的医疗卫生体系带来了普遍冲击。我国20多年的医疗体制改革，基本上是围绕着市场化问题展开的，是否需要市场化、怎样实现市场化、政府与市场究竟是怎样的关系等一系列问题，始终伴随着"医改"的政策议题而沉浮。对转型期的中国来说，医疗卫生体制改革是一个具有特殊性的难题，它不仅关系到国民的卫生保健和健康公平的实现，也考验着政府公共服务和改善民生的能力。医疗卫生体制改革关乎"国计民生"，需要政府把握好改革的目标与进度、时机与策略，协调好相关主体间的利益关系，既要防止卫生保障不足，也要谨防陷入"福利陷阱"。

三、"病有所医"与医疗卫生服务

从服务宗旨看，基本医疗卫生服务是对全体国民健康权益的保障，具有平等开放性、非排他性、非歧视性等特征；从服务内容来看，基本医疗卫生项目强调的是"雪中送炭"，主要关注的是与国民健康普遍相关的最基础、最现实的公共卫生问题；从服务方式来看，基本医疗卫生服务中的多数项目主要由政府"买单"，即便有一些项目收费，也要体现"个人消费的最低化"原则；就服务实施的可行性而言，医疗卫生作为基本服务值，对相关机构采取规范化管理，实施标准化建设等工作，是基于民众需求，应该注重机构价值发挥与群众之间的响应，同时能够为群众提供更为便捷的价值效果，以此保证基本医疗作为公共性服务的一种，能够在运转中体现出其公平性。在我国，基本医疗卫生是在国家公共卫生事业的基础，是保障公民健康权益的基准底线，应当置于发展的优先位置，通过公共财政持续支持、公共医疗资源的均衡配置，确保医疗卫生服务的可以性和公平性。

考察我国基本医疗卫生事业的发展现状，"看病难、看病贵"是一个普遍性问题，"小病拖、大病扛"是现实写照。展开来说，包括相互影响、相互关联的两个方面。①公共投入的短缺。政府的财政投入水平，是影响医疗卫生资源总量配置的关键因素，在很大程度上决定着国民享有卫生保健的可以性。在医疗卫生支出结构中，私人性支出与公共性支出严重失调，政府支出占比偏小。这种状况，不仅加重了个人的医疗负担和经济风险，影响到家庭幸福和社会安全；而且容易削弱医疗卫生的公益性，基层医疗机构因资源短缺面临功能衰退，分级就医的制度设计成为"空中楼阁"。②资源不足导致分配不均。失衡的分配管理方式无法是因为我国目前在医疗卫生领域中实际所拥有的资源较少，在大型医疗问题方面没有足够的资源支撑，且城乡地区之间没有实现合理分配，导致群体资源享受不合理，城市发展促进了资源的扩充，同时能够保证资源的优质，但是对于农村等较为落后的地区而言，整体医疗水平发展较低，且城市医疗重视度的提升，并没有很好地推动社区卫生获取同步的发展支撑。资源分配的不均衡，导致基础卫生服务机构的医疗设施落后、医护能力偏弱，基层群众很难享受到便捷的卫生保健服务，医疗分层服务的制度设计因此难以有效实施。

保障公民的健康权益、实现"病有所医"，需要进行整体性的制度设计，重点做好医疗卫生体系的综合布局、公共卫生服务与医疗保障制度的匹配设计；明确基本医疗卫生服务的公共物品属性，突出基本医疗卫生服务的普惠性、保障性、基础性和基层性；强化政府在规划、投入、监管等方面的主导责任，促进基本医疗卫生的持续与均衡发展。根据我国经济社会发展水平、国民医疗卫生需要和政府财政支付能力，现阶段我国基本医疗卫生服务的重点领域为：公共卫生服务领域，抓好重大疾病防控、传染病防治、职业病防治、妇幼保健服务、食品安全监测、卫生应急管理等；医疗服务领域，加强农村三级卫生服务网络和城市医疗卫生服务体系建设，优化医疗资源均衡配置；医疗保障服务领域，完善城镇职工和居民医保制度、新型农村合作医疗制度，探索建立特大疾病保障机制；药品供应保障领域，建立国家基本药物制度，规范药品安全监管和流通秩序，有效控制药品价格。

第五节　住房权与住房保障制度

一、住房与住房权

衣食住行，是人的基本生活之必需，又与社会发展水平相联系。所谓"安居乐业""安身立命"，即表明人的生存与发展与居住状况息息相关。无论是定居还是流动，人们都需要解决居住问题。伴随着社会的文明进步，居住的功能在悄然发生变化：居住不仅具有满足人生理需要的物理功能，而且具有满足人社会需要的社会意义。

在公法视域中，"居住权"是从基本人权的意义上提出的，见诸国际公约对人权的表述中。国际公约中的居住权是要求缔约国承认和保护的基本人权，其适用的主体是国家；宪法作为公民权利的保障书，其中的居住权主要是调整国家和公民之间的住房财产关系，以保护公民的居住权利，防止遭受公权和他人的侵害。与此不同，物权法中的居住权则是指非所有人因居住而使用他人住房及其附属设施的权利，是他物权中的用益物权的一种，用于调整平等民事主体之间的房屋用益关系。

二、住房保障与政府责任

住房权是一个总括性的概念，包括一系列与住房有关的权利，人权保障意义上的住房权应该是其中最低核心部分，这是住房权国家义务的底线标准。尊重意味着国家维护公民基本的住房权利与自由；保护意味着国家保障公民住房权免受任意侵犯；促进意味着国家为公民住房权的实现提供便利；实施意味着国家保障人人拥有适足可居住房，消除"无家可归"的问题。在人权的意义上，公民的住房权是指人人拥有"住房"的权利，而非人人拥有"房产"的权利。现代意义上的"居者有其屋"应该是居者有住房，并不必然意味着居者有私房。如果人人都拥有属于自己的房产，也就无所谓居住权的实现问题。公民住房权的普遍实现，需要国家履行尊重、保护、促进和实施的义务，但国家的资源和能力总是有限的，这就需要确立住房权利的"基准点"，据以承担"最低限度的核心义务"，保障公民"最低限度绝对应得权利"。这种"最低限度的核心义务"，表明不论是否面临资源可获得性及其他任何困难，国家都应无条件地承担的义务。简言之，国家在住房权方面的义务，意味着国家不仅要为国民住房权的实现提供公平的机会和便利条件，而且要通过"补偿公平"为住房困难者提供必要的"住房保障"，以实现全社会成员在基本住房权上的底线公平。

住房与人的生存条件、生活质量、社会地位等有着密切联系，是满足人的生理需要和心理需要的重要因素，构成人追求财富、获得地位、实现自我价值的基础性条件，同时也构成社会有序、团结与稳定的重要基础。一个国家的国民是否普遍拥有社会认可的居住条件，常常影响到该社会的道德水准、社会规范乃至国家认同。一个普遍富庶的社会，公民住房权的实现程度相对较高，居无定所者将会得到国家的救助。住房问题，既是一个经济社会问题，也是一个重要的政治问题。"安居乐业"蕴含着深刻的社会学意义和政治学意义。现代国家把获得必要的住房视为每个公民最基本的权利之一，并将之纳入社会政策之中加以保障。在全球范围内，德国较早推行了"福利住房"政策。新加坡的公共住房政策，有效地保障了公民平等的住房权，解决了社会各阶层普遍的住房问题；而计划与市场相结合的混合体制，也满足了不同阶层的差异化住房需要。

三、"住有所居"与住房保障制度

住房问题关系到国计民生，通过住房保障制度实现"住有所居"，不仅仅是对公民居住权的有效尊重，更关系到社会公平秩序的维护。我国针对住房所提供的保障而建立的制度是以住房市场作为实施依据，通过分析市场发展状态进行适当的改革。在计划经济社会发展中，我国针对城镇实施的住房保障是以对产权的掌控，采取共有形式，通过分配房屋等实物形式或是以低租金对其享受使用权利作为主要的管理制度。这种行政性的福利分房制度，因经济、管理上的粗放性以及财政约束而缺乏可持续性，住房制度改革开始启动。

住房作为居民基本民生，对其权利的保障需要建设完善的制度作为工作落实支撑，住房所保障的公平权利以及均等资源同样十分重要。考察我国住房保障建设过程与分配过程，我国住房保障发展中存在着非均等化问题。①住房没有实现全面的保障的扩充，整体覆盖区域较小，群体权利的享受具有针对性。我国自采取户籍管理之后，便成为了对住房实施保障的基础依据，主要保障城市户籍人口中的中低收入群体的住房问题，住房保障供给相对于城镇居民的住房需求、外来人口的住房保障均有很大差距，住房没有全面获得保障，整体的覆盖较小，与发达国家的权益保障比例相较而言，整体管理效果与工作经验具有较大的差距。②住房权利的保障会有水平差异，主要是因为区域发展导致经济建设能力，最终造成我国当前针对住房所采取的保障措施仍旧没有明确的财政支撑，导致公共管理权益价值效果无法发挥，住房保障具有"属地化"特征，这使得住房保障直接受制于地方经济实力、财政汲取能力、城市发展水平等因素，为保证权利的应该享有，需要保证权益规模与权益范围二者的对等性，避免在住房方面会因为地区的差异产生保障能力不足等情况。相对于东部地区，中、西部地区财政能力弱，政府可调用的资源有限，保障性住房存量规模小，实现地区间住房保障的相对均等化，需要中央投资给予重点支持。③住房保障城乡统筹未能形成。在现有的住房保障体系中，保障房在很大程度上是一个城市概念，覆盖人群局限于城市低收入群体。农村虽然有宅基地和自有房屋，但农村居住条件仍处于较低水平，钢混结构房屋面积比重不高。就城乡公共服务机会均等化而言，农村居民获取的政府住房保障效用低下，缺乏针对农村安居问题的政府扶助与救援机制，仅有的农村危房改造工程举步维艰。④寻租与腐败加剧资源分配不公平。保障性住房是由政府来供给和分配的，政府通过公权力来调整住房保障中的公共利益的配置，以此达到实现当事人之间的利益平衡。在缺乏有效的法律制度规约的条件下，政府及其官员掌握的公权力会产生寻租腐败，购买能力和寻租能力较强的群体往往从住房保障中获取更多的利益，这加剧了不同群体保障性住房的非均等化趋势。此外，我国住房政策的价值偏移，使商品房与保障房开发建设比例失调，住房保障让位于市场利润，保障性住房建设进展缓慢，商品房价格不断攀升，住房保障经受公平性的价值拷问。

  保障收入底层民众实现"住有其所"、改善中等偏低收入群体的居住条件、普遍改善大众的居住环境，是住房保障的核心内容和逻辑序列。通过公积金制度、购房补贴与保障房建设，分层次逐步实现"居者有其屋"并改善居住条件，是实现住房保障均等化的现实路径。住房保障的均等化，是以住房权的公平性为导向、以公共财政资源为基础、以保障性住房建设为依托，旨在确保住房困难群体享有住房保障的机会均等，并逐步缩小享受住房保障服务质量上的差距、住房保障的均等化意味着：各地应基于本地区的人口规模、财政实力、资源条件等因素，确保住房保障投入的动态均衡；不同收入层次群体享有住房保障权利应当是一致的；各地区住房保障的覆盖面、进程应大体一致；城乡住房保障应统筹兼顾，保障房应延伸到农村、流动人口应享有"同城待遇"。住房保障作为社会问题，更是民生大事，关系到国家的稳定发展，与经济建设具有密切关联，为此，在基本公共服务的提供中,"住有所居"成为国家建设基础目标,制度的完善关系到住房保障是否能够得到足够的保障,多层次的管理体系是针对不同情况构建针对的管理措施,提高资源分配合理性的有效方法,加大对权益保障标准的合理化构建力度,优化保障性住房的投资、建设与运营模式,逐步实现住房保障的法治化。

第六节 文化权与公共文化服务

一、文化与文化权

文化具有对人类活动的引导、规范、约束等功能,有助于建立并维系正常的社会秩序。在文化的形成过程中,文化主体间会形成价值"互识"或"共识",从而确定社会的规则和秩序;在文化传承过程中,文化特质在传统与现代的荡涤中凝结出内在的同一性并保留着文化密码;文化的传播是社会发展过程的映射,人们对文化的掌握来自文化的扩散,产生于群体彼此之间的交流互动,过程中产生的思想与观点成为价值观念的体现,以此实现对文化自信,获取文化认同感,加强文化之间的整合。人的行为是靠人自己曾获得的文化来支配的文化提供着人类社会发展的目的意义和根本动力,兰德曼的论断或许是对"文以化人"的最好注脚。

文化权在本质上是公民自由参与文化生活的权利。在权能构成上,文化权利并非单一性的权利,而是复合性的权利,包括享受文化成果的权利、参与文化活动的权利、开展文化创造的权利,以及对文化成果享有保护的权利。将文化权利确认为现代社会公民权的重要方面,着力促进"文化民主"和"文化民生"建设,是现代政府义不容辞的责任,因为政府的目的"只是为了公众的福利和安全"。

二、公共文化与政府责任

我们正在走向更加全面理解进步的时代。文化需要是人的一种内在的普遍需要,是民生的重要内容,是人幸福快乐的重要标志。文化由生活在特定时代中的人所创造,也必须服务于特定时代的人。文化生活虽然具有"自身自发"的性质,但国家对于文化权的形成、保护会帮助建构"客观法"意义上的文化权法律秩序。并以不同的方式扩展了个人之行动能力,从而实质上促进了文化权的实现。在某种意义上,国家的文化建设,就是要促进公民文化权利的充分实现,重建现代国民的精神家园和公共生活的空间。

公共文化是"工具"与"价值"的统一体,它确立了文化发展的价值标尺,重新发掘公共文化对深层意义的检讨和公共价值的建构,从而避免使文化蜕变感性化、娱乐化、平面化的为文化形式。公共文化是一种以公共理性为基础的文化形态,它关注公民文化权利、国家文化利益的维护，具有"核心价值引领"和"公共需求导向"的功能，从而在社会规范建构、社会秩序维系等方面发挥着润物无声的作用。

在市场经济条件下，绝大多数文化产品都可以通过市场化经营来生产供给，并通过有偿的服务的方式为社会公众提供。但一些事关公民文化权利实现、公众普遍精神需要满足、社会根本利益维护的文化产品和服务，必须由政府及相关公共部门来提供。公民的文化权利不再是民主政府的恩赐，不再是国家纯粹的道德义务，政府对文化权利负有尊重、保护和促进实现的义务。公共文化建设，要从"以人为本"的角度来进行制度创设和政策设计，以实现人的文化需求、保障人的文化权利、维护社会的文化秩序。实现这一目标，需要政府将公民的文化权利确认为现代社会公民权利的重要方面，赋予公民在文化发展中的表达权、选择权、知情权和监督权，着力促进"文化民主"和"文化民生"建设。

中国从生存型、温饱型社会向发展型、小康型社会的全面转型，使人的文化需求得到全面释放；而伴随着社会民主的进步和公民权利意识的觉醒，文化权益也受到人们空前的重视。能不能保障好、实现好人的文化权益，让人民共享文化建设的成果，成为政府文化自觉、责任担当的重要方面。在消极义务上，国家应通过立法和司法，提供公民文化权在法律上的平等保护；在积极义务上，国家应通过政府主导的公共文化服务，满足国民的基本文化需求。

三、"文有所惠"与公共文化服务

公共文化服务是一种通过财政投入和政策执行所实现的对于社会文化生活的全方位介入，既包含了文化内容的提供，又包括了对文化生活结构的建构或调整，甚至包含了对于原有社会文化秩序的规制和审查，是典型的公权力行为。公共财政来源的"公众性"决定了以它为基础投资形成的公共文化设施、公共文化资源必然具有公有性，理应为全体公民所共有。二是价值取向的公益性。公共文化服务以普遍实现公民文化权利为准则、以"核心价值引领"为功能，关系到社会成员的文化利益和文化福利，关乎社会共同的道德规范和价值体系建构，具有普遍的公益性。三是服务主体的公众性。公共文化服务在服务对象上是针对全体社会成员的，任何人都不能因为种族、民族、阶层的身份差异而被排除在外；在服务内容上应当具有一定程度的同质性，以保障公民在基本文化享受上的平等；在服务模式上应当是开放的，所有的公共文化设施和场馆，都应当向全社会普遍开放，保障公众的文化参与权。四是提供服务时保证公平。文化的公共性具有明显的共享特性，由此决定了在提供公共文化时，作为共享性的服务与公民的利益息息相关，是公共性的公益事业一种。公共文化服务要面向全体民众，通过均等化的服务平台、供给机制和发展模式，缩小文化发展的地域差异、城乡差异和阶层差异，维护公民基本文化权益的平等性。

公共文化服务更有可能、也更应该实现特定的目标——保障底线的文化产品提供、消除区域间的文化发展差距、保护濒危文化形态等。公共文化服务均等化的内容可以从制度、投入、参与、配置四个方面来界定：①从制度架构上确保全体公民在享有文化公共服务方面权利均等；②从财政体制上确保全体公民在享有公共文化服务方面资源均等；③从决策参与上确保全体公民在享有公共文化服务方面机会均等；④从资源配置上确保全体公民在享有公共文化服务方面效果均等。公共文化服务均等化，是公共文化政策的逻辑起点，是"五位一体"统筹协调的重要内容，彰显出社会"公平正义"的价值诉求。当代中国，公共文化蕴含着和谐社会的总体认知和核心理念。

公共文化事业是政府主导的社会公益性事业，其发展取向就是要推动公民文化权益的充分实现、公共文化资源的均衡分布、公共文化服务的均等发展。近年来，财政对东部地区文化投入占全国将近一半、对中西部地区文化投入之和仅占到全国一半的格局基本未发生变化。人均文化事业费也呈现明显的地域差距。二是公共文化的城乡差异。就城乡发展差异来看，我国长期实行城乡二元体制，"重城市、轻农村"的发展方式，使农村文化发展相对滞后，农村公共文化服务衰弱。三是公共文化服务的阶层差序。就阶层发展差异来看，因社会分层造成的阶层差别是客观存在的，不同社会阶层的文化享受存在差异，不同阶层享受公共文化资源的权利亦受到影响，贫富阶层之间的文化不公平程度较高。一方面，不同社会阶层实现文化需求的"话语权"存在差异，富裕阶层与贫困阶层的文化诉求对政策的影响程度不同，因而他们实现需求的机会存在差异。另一方面，社会经济地位的差异使家庭占有文化资源的数量和质量有所不同，贫困阶层绝大多数没有条件享受高质量文化资源、高品位的文化产品。

总体来看，我国文化建设相对滞后，公共文化发展差距明显。就文化事业费占国家财政支出来看，我国长期徘徊在 0.4% 左右，明显低于国际上中等发达国家 1% 以上的经验值。这种状况，直接导致公民文化权利的实现程度低下，公共文化服务的"公共性"价值——资源配置的公有性、价值取向的公益性、服务主体的公众性、服务供给的公平性——面临着消解甚至蜕变的风险，公民基本文化权益的平等性无法有效保障。公共文化服务作为政府主导的"文化民生"工程，需要在"区域协调发展"和"城乡统筹发展"的战略方针下，致力于使全体国民——不论其身居何处、社会身份与经济地位如何，具体来说，公共文化服务及其均等化发展，就是要着力推动文化产品与文化活动在"量"上获得持续增长、在"质"上获得不断提升；保障不同区域、不同群体的居民都能够获得文化享受机会、文化参与权利、文化创作能力；促进国民素质的提升、公民人格的塑造、国家精神的培育；增强中华文化的传承与创新意识，增强国家文化软实力，保障国家文化主权与文化安全。公共文化服务均等化蕴含着"文化公平"的诉求，这要求政府在公共文化建设中，要以实现公民平等的文化权利、公平的文化机会为指向，通过合理的制度设置与政策设计，实现文化资源的均衡配置、文化供给的均衡发布，着力解决公共文化服务中的区域差距、城乡差异、阶层差序，确保全社会底线的文化公平。

第三章　基本公共服务均等化的内涵、价值与思路

第一节　基本公共服务均等化的基本内涵

一、什么是"基本公共服务"

"基本公共服务"与"公共服务"是两个不同层次的概念：公共服务作为母概念，包含了基本公共服务和非基本公共服务的全部内容；而基本公共服务是从公共服务延伸出的子概念，所指涉的是公共服务中特定的内容部分。一般而言，公共服务大致等同于广义上的"公共产品"，是指由政府提供或生产的，用于满足社会偏好、保障个人福祉的有形或无形的公共物品。

相对而言，基本公共服务的范围则有限得多。国内学术界对于基本公共服务这一概念的阐释尽管角度不同、具体提法不同，各有侧重，但大致遵循了三条路径，即基本权利、基本需求和基本内容。

（1）从基本权利的路径界定基本公共服务的学者，一般认为"基本"一词指向的是人权中最基础、最核心的部分，即生存权和发展权，这主要包括：公民权、健康权、居住权、受教育权、工作权等社会成员安身立命的必备资格。让全体公民普遍而平等地共享这些基本权利，既是基本公共服务的内在属性和本质特征，在某种意义上也是国家和政府存在的理由。

（2）从基本需求的路径界定基本公共服务的学者，普遍主张根据需求层次理论、并结合一定时期内国家经济水平和政府财政能力状况对"基本"的范围做出界定。在满足某一社会的普遍成员最为根本的自然需求和社会需求，使其获得最为基本的物质生活保障、社会安全保障和生活意义保障等方面的服务，具有基础性、公共性、现实性和历史性几个特点。

（3）从基本内容的路径界定基本公共服务的学者，则一般主张直接通过划定基本公共

服务所包含的内容来进行概念界定。基本公共服务分为四个部分，即基本民生性服务，主要包括就业服务和社会保障；公共事业性服务，主要包括基本医疗、公共卫生、义务教育和公共文化；公共基础性服务，主要包括公益性基础设施和生态环境保护；公共安全性服务，包括生产、消费、社会和国防等内容的安全性服务。

二、如何理解"均等化"

基本公共服务的均等化，不仅有利于保障个人的生存权与发展权，让每个人体面且有尊严地活着，而且是实现国家长治久安、社会和谐稳定的重要途径。目前学界对"均等化"的理解形成了较为一致的观点，即无论居住在城市的居民还是居住在乡村的居民，每个人所享受到的基本公共服务在数量和质量上都应大体相同或相近。

在"相对均等"的基本公共服务配置中，各主体所能享用的基本公共服务是存在差别的。然而这种差别必须处在一个可控的范围之内，至少在一些与人们生存权利息息相关的方面要做到大体均等，也就是"底线相等"。在这个意义上，均等化就包含了三个层面的含义：①最低限度的一致性，②有条件的均等化，③不均等的逐渐消除。在对均等化标准的探讨过程中，还有学者基于罗尔斯公平的正义理论，提出了基本公共服务均等化的三原则，其中受益均等原则对应平等自由原则，意味着结果的公平分配；主体广泛原则对应机会均等原则，意味着一视同仁的公正分配；优惠合理原则对应差别原则，意指公开的分配方式。特别值得注意的是，如果缺乏传达民意的渠道，公民的这种自由选择权无法有效发挥，就可能出现民众偏好被政府偏好所代替的情形。

还有一些学者提出了基本公共服务的能力均等原则，也就是要根据具体的地区发展程度和当地居民的现实条件，使他们享受与之相符合、相对称的基本公共服务。这种标准虽然充分考虑到了不同地区和个体的具体特征，但是这种均等化原则实际上使基本公共服务的分配形成了阶梯化和分级化的模式，存在着放任和扩大不均等的可能。因此，在承认差异的均等分配中，基本公共服务均等化不但不应采取与能力相对应的配置模式，反而要向弱势群体倾斜，通过给予某些特权和优惠待遇的方式来保护这些群体的利益，这是毋庸置疑的。然而，这些优惠和特权也并不是无条件、无限度的，这种差异性的对待必须处在一个可控的范围内，以至于不会影响全局的协调发展。因此，一些学者试图结合地区差异和个体需求差异，寻找一种平衡的均等化标准。例如，有的学者注意到了民族地区基本公共服务的特殊性，将民族地区的基本公共服务均等化细化为了三个过程，并提出了均等化的多元评价体系。也有学者通过考量公共服务的本质，认为在强调公平与效率时，还必须考虑在特定时间和特定空间的可以性问题，关注、体现、反映既有传统和民族特点，更大限度地缩小政策目标和实践后果的反差。

三、基本公共服务均等化的内涵

作为一个具有鲜明实践属性的概念，源自公共政策层面的概念界定，对于问题的研究也许更为重要。

从公共政策层面对基本公共服务均等化给出了具有原则指导性和法律权威性的解释。理解这一概念，应该把握以下几点。

（1）注重"基本"。基本公共服务均等化的前提是"基本"，即均等化的对象所针对的范围并不是所有公共服务，而是公共服务中具有"基本"性质的那一部分。明确了"基本"，才能以此为前提建立相应的体系来均等化地供给相关服务。一般而言，基本公共服务是指满足社会成员生存与发展最低限度的需要、事关社会成员生存与发展最基本的权利的服务，否则就会影响到社会成员的生存质量与发展机会。当然，基本公共服务无论内容还是标准都具有动态性，随着经济社会的发展其覆盖的范围会不断扩大、标准会不断提升，社会成员的全面发展才能得到越来越有效的保障。

（2）注重"政府"。基本公共服务是由政府主导提供的，基本公共服务均等化则主要是由政府主导推动的，这其实与当下讨论的服务型政府建设是高度契合的。"服务型政府就是以提供公共服务为主要职能的政府。它能够比较自如地处理国家的阶级职能与社会职能的辩证关系。"所以，政府在基本公共服务领域的行政模式也应由注重管制向注重服务转变，通过公平合理的政策输出去创建公民生活的福祉。综观当前中国基本公共服务领域的主要问题，特别需要明确以下几点：①政府不是基本公共服务的唯一提供者，但它是最为重要的提供者。尽管在界定基本公共服务时常常用公共物品来类比，但两者的含义并非完全相同，前者在很多方面并不一定具备后者的非排他性和非竞争性，亦即除了公共物品之外，基本公共服务还包括一些具有正外部性的私人物品，这在某种意义上也是国家治理现代化的过程中，强调公共服务供给多元主体参与的原因之一。但必须强调的是，基本公共服务的特殊性在于它更多地位于市场失灵或效率机制难以合理配置的基本社会资源关键领域，具有公共管理职能的政府无疑应该成为推进基本公共服务均等化最为重要的主体。②政府应该保持公共性，要防止与民争利。垄断经营产生垄断利润是市场经济生活中的基本常识。由于政府所具有的权威与强力，其一旦涉足市场就容易垄断相关领域的经营，从而剥夺人们选择的权利，使他人丧失在该领域中获利的可能性。公共性是一个正义的政府必须具有的属性，但这并不代表具有公共性的政府就能够消除基于自身利益去计算得失的逐利倾向。如果政府不能抵抗垄断利润的吸引而放纵自身的逐利倾向，就会将政府的公共性淹没在贪欲之中，最终走向正义的对立面。政府面临的公利与私利的紧张关系在基本公共服务领域尤为突出。毋庸讳言，中国当前在土地、住房、交通、通信、能源等领域普遍存在"公共利益部门化、部门利益合法化"的现象，一些央企、国企混淆为民谋利和与民争利之间的界限去获取超额利润，公民所应享有的基本公共服务需要花费高昂的代价方能获得，公民利益、甚至公共利益的空间被政府及其组成部门所挤压。这些与民争利的行为都与"服务"的要求相差甚远。③推进公共财政，完善财政收支制度，加大在基本公共服务领域的投入。改革开放推动了我国的经济发展，但"改革在偏好选择上更倾向于经济和效率层面，对传统的'大锅饭'性质的公共服务投入偏好不强，对市场条件下的公共服务缺乏认识和动力，从而相对忽视或不够重视公共服务的保障和投入，而更多地将政府资源投入了经济建设领域。"但是，构建均等化的中国基本公共服务体系，其本质要求与推崇经济高速增长的偏好并不完全一致。政府想要推进基本公共服务均等化，就必须加大在这方面的投入，使基本公共服务的支出在国家财政中占据较大比重。为此，一方面需要政府逐渐减少不必要的财政投入，例如，对竞争性国有企业的亏损补贴可以根据具体情况进行减少；另一方面需要政府降低行政成本，例如，控制财政供养人员的编制与费用，在此基础上，应该不断提高在医疗、养老、就业等基本公共服务领域的支出比例。

（3）注重"均等"。基本公共服务均等化的"均等"，不是简单的平均化或无差异化，核心是促进机会均等，重点是保障人民群众得到基本公共服务的机会。这里的关键是要反对平均主义。所谓平均主义是一定经济关系基础上的产物，它将对于平等的理解推向极端，主张绝对的平均，对任何差别都予以反对，显然不是当下中国推进基本公共服务均等化所应主张的。如果将均等化与平均主义等同，将差距完全抹杀，不仅在技术上难以操作和实现，最终无法实现基本公共服务范围的扩大和质量的提升，而只能是较低层次上、较低水平上的基本公共服务均等化。当然，一定的差异并不是任由差距扩大，如果差距扩大不能合理地反映社会劳动与市场分配，就会与社会公正背道而驰，也就谈不上真正的基本公共服务均等化。比较西方福利国家的兴起与实践，在累年维持高福利水平的同时，"鞭打快牛""慢马吃好草"的社会积弊已经显现，促使他们积极寻求福利制度改革的可能路径。我国的人口数量众多、地区差异大、生产力水平和财政能力有限，发展中国家的现实国情决定了我国不可能提供如西方国家水平的高福利。因此，与国家的综合国力相结合，更重要的是推进社会公平正义，在教育、就业、医疗、保障等方面提供更多更好的基本公共服务，即保证基本公共服务的均衡和平等。

（4）注重"共享"。改革发展成果共享是基本公共服务均等化的价值指引和原则遵循、也是基本公共服务均等化的根本任务和重要目标；基本公共服务均等化则是改革发展成果共享得以实现的实践举措，也是改革发展成果共享的具体实现路径和主要制度支撑。在此意义上，基本公共服务均等化成为改革发展成果共享的重要衡量指标，蕴含着改革开放成果共享的价值理念和实践诉求。从实践诉求的角度看，改革发展成果共享取得的成效以及存在的矛盾与问题，是推进基本公共服务均等化的现实背景；改革发展进程中成果共享的成绩与问题并存是推进基本公共服务均等化命题的现实背景。

第二节 基本公共服务均等化的价值取向

一、保障公民权利

如果过于狭隘地理解"基本",就会给公共服务主要供给者——政府留出无所事事、规避作为的空间;如果过于宽泛地理解"基本",又会使政府陷入不敷出、捉襟见肘的境地。界定"基本"的范畴,不仅要尊重人们生存发展的基本需要,也要符合一国既存的基本国情。地区间、城乡间、行业间存在较大差距,这表明中国基本公共服务体系的标准线应当"就低不就高",否则就可能因为"眼高手低、嘴大肚小"而导致整个基本公共服务体系难以为继。但是,基本公共服务体系的建构者也不能将公民的合理需要定义为"奢求"。中国经济的"蛋糕"已经越做越大,这种辉煌需要照耀在每一个中国公民的生活之中,这种增长应该改善每一个中国公民的基本境遇,否则经济发展对于人民而言就仅仅是符号游戏,而不具有任何实际意义。因此,从"基本"出发,基本公共服务均等化对公民权利的保障至少包含以下两个方面。

(1)基本公共服务体系要保障公民生存发展的基本权利。公民生存发展的基本权利主要包括公民权、健康权、居住权、受教育权、工作权等社会成员安身立命的必备资格。从逻辑上讲,公民生存发展的基本权利不是由基本公共服务体系而产生的,甚至不是由国家或政府而产生的,它在某种意义上先验地自我存在,是国家、政府、公共服务体系存在的理由:由政府主导的基本公共服务体系的价值之一就在于保障公民生存发展的基本权利不受侵犯。当下中国的情形并没有完全符合这样的要求。一方面,存在公权力侵入私人领域的事件,国家公务人员野蛮执法、非法行政的现象时有发生;另一方面,公民生存发展的基本权利也并没有得到有力保障,尤其是在食品安全、生产安全、交通安全等领域。这些失当的情形亟须得到政府的矫正:对公民生存发展的基本权利加强保护,对侵犯行为加以制止与惩罚,对受损公民进行保护与补偿,对面临威胁的公民基本权利施以全方位的保障。只有这样,才能确保中国基本公共服务体系的正当性,才能彰显中国基本公共服务体系建构的宗旨。

(2)基本公共服务体系要满足公民生存发展的基本需要。公民生存发展的基本需要是指社会成员加入社会分工与合作所不可或缺的生活基础,是人们物质文化需求的最低层次,在当前中国主要涉及医疗、教育、住房、就业、社会保障等领域。如此界定的原因是:①由于中国的经济社会发展水平还比较有限,中国在总体上仍然是发展中国家,这一现实国情决定了中国的基本公共服务体系不可能做到面面俱到、事事涵盖。②由于人们的普遍性情中总是怀有不断提升需求层次的欲望，我们无法制止，也不能无视。如果将基本公共服务的标准界定得较高，不仅不能满足人们过高的需求，反而可能滋长贪婪、懒惰的生活思维，从而使社会缺乏活力，裹足不前。③由于现代政治所强调的有限政府价值理念拒斥政府将触角伸向社会的所有领域，全能型政府、无限型政府所能带来的收益要远远小于它所具备的风险。人们对于公共服务的需求呈梯次结构，政府只能着眼于基本公共服务，对于更高梯级的公共服务需求可以在政府的监管下由市场与社会去完成。即便如此，建构中国基本公共服务体系所要面对的题目仍然很多，在医疗、教育、住房、就业等领域均存在不同程度的政府缺位、市场取代的现象。这些领域本来是无可争议地属于政府所应提供的基本公共服务范畴，市场机制可以在其中发挥积极作用，但只应提供额外服务，不能提供基本服务。一旦政府撤出这些领域而交由市场机制来完成，就会出现本应向所有公民开放的基本公共服务体系只能由"有钱"人出入的现象，这显然不符合社会正义的基本要求。

二、促进社会公正

推进基本公共服务均等化不同于一般意义上的提供公共服务和公共物品，它在享有服务的广泛性、满足需求的根本性以及覆盖范围的完整性上，往往更多地涉及全体社会公众生存和发展的"根本权益"和"底线需求"。应该指出的是，推行基本公共服务均等化并不是上下拉平、强求一律，它不仅不反对社会成员拥有自由发展、自主选择的权利，相反，它还为在全社会范围内最大限度地实现这一权利提供前提性保障。这在很大程度上也意味着，基本公共服务均等化应该侧重于对基本需求的满足，着眼于对社会弱势群体的保障。正因为如此，在推行基本公共服务均等化的过程中，理应将社会公正作为具有根本性的价值导向，使对社会公正的追求成为贯穿这一过程始终的红线。

柏拉图在《理想国》中开篇即讨论公正问题，基于城邦这一共同体，他将公正理解为城邦内各个部分之间的有机结合、协调一致，也就是哲学王、卫士和工匠各安其分、各司其职。这种公正观其实是在强调社会分配要与个人禀赋或个人德性相一致，实质上是按照人们身份的分别来对社会成员作出差序式地安排。与此不同，尽管现代政治学理论对于公正内涵的探讨存在诸多复杂的分歧，但总体说来，至少可以将其归结为两个主要面向，即权利和平等。从权利的角度来看，社会公正强调每一个体都享有一些不可剥夺的基本权利。虽然不同的文化系统对基本权利的具体内容会有不尽相同的理解，但任何一个特定的政治共同体或多或少都会存在一些关于这类基本权利的共识性规范。实现这些基于共识性规范的基本权利既是每一个共同体成员的需要，也是共同体本身不可推卸的责任。"政治共同体旨在提供供给，而供给则服务于共同体，……我们相聚在一起，签订社会契约或反复申明我们签了社会契约，其目的便是满足我们的需求。我们珍视这份契约，就在于那些需要能够得到满足。"从这个意义上说，共同体成员的基本权利能否得到保障既是其组成政治共同体的先决条件，同时也在很大程度上构成了共同体内政治秩序的正当性来源。从平等的角度来看，在有关社会公正的讨论中对于平等的范围同样存在这样或那样的争议，但其中的一个基本底线是主张每一个社会成员都应当享有起码的机会平等。一个公正的社会应该通过相应的制度安排来减少偶然性因素对个人生活前景的破坏，特别是应该考虑到那些由于自身无法控制的原因而处于不利地位的人，使他们在追求其生活目标的道路上能够获得一个公平的起点。就此而言，社会公正的一个重要信念即在于，在满足生存发展所需的基本条件面前，每一个人都应该是平等的。

在对社会公正有了一个基本把握之后，还需要解决这样一个问题，即为什么要将社会公正作为当前我国推行基本公共服务均等化的根本价值导向？对此，可以从三个方面加以分析：

（1）从理念上看，将社会公正作为基本公共服务均等化的根本价值导向，既顺应人类政治文明的发展趋势，也符合中国社会主义事业的本质要求。通过前面的讨论我们不难看出，相对于古典公正观而言，现代公正理念更为关注平等地对待人们的基本权利，这是新的社会背景下公正观念的重大转变。同时，如果要将对社会公正的追求贯穿到推行基本公共服务均等化的全过程之中，在很大程度上就是要着眼于基层民众的基本需要，不断提升公共服务的质量，优化公共服务的供给方式和结构体系。这既是大势所趋，也符合每一个现代人对于文明社会的合理期待。不仅如此，中国作为一个社会主义国家，更应该充分发挥社会主义的优越性，以社会公正引导基本公共服务均等化。从这个意义上讲，以社会公正为根本价值导向，推进基本公共服务均等化，实际上也是共产党在新的历史条件下，恪守马克思主义政党的实践品格，为实现其最高纲领而不断奋斗的具体表现。对于社会公正的追求已成为当前推动我国改革发展的一个指导性思想。

（2）从必要性来看，将社会公正作为基本公共服务均等化的根本价值导向，是巩固改革成果，取得更进一步发展的客观需要。但不可否认的是，尽管最广大人民群众的根本利益从长远来看是一致的，可由于人民群众的利益差别及内部矛盾的客观存在，中国在改革发展突飞猛进的过程中，也积累了大量的社会矛盾。这些矛盾在社会公正领域表现得尤为突出。有学者将其归结为教育部哲学社会科学研究重大课题攻关项目三个主要方面，即贫富差距拉升幅度过大；社会再分配的力度较弱；以及社会成员基本权利保障的总体状况偏弱。只有妥善处理好这些问题，才能避免由于矛盾激化而引发的社会动荡，从而维持社会秩序的整体稳定。而在相关的问题当中，公民的基本权利和基本公共物品同社会公众的生存与发展关系最为密切，它们是否被人们普遍享有和切实保障也是激化或缓解社会矛盾、破坏或维系社会稳定的重要因素。以社会公正为价值导向，推进基本公共服务均等化，实际上也是主张社会成员在追求其生活目标的过程中，对利益差异所导致的矛盾进行合理、有效的调解、缓和，从而使利益冲突可以在制度化的渠道中得到排解，防止已经取得的改革成果因为社会失序而蒙受巨大损失甚至毁于一旦。从另一个方面来看，当前中国正处在经济结构升级转型的关键时期，能否顺利完成这一任务，很大程度上取决于我们的发展究竟能否做到全面、协调和可持续。建构完善的基本公共服务体系不仅是推动经济结构调整的必要条件，而且也是激活发展动力的重要手段。很难想象，如果一个现代国家吝于提供必要的基本公共服务，或者在一个人们的基本需求长期得不到满足的社会里，它如何获取长期持续的发展预期。从这个意义上说，以社会公正为根本导向，向社会成员提供均等化的基本公共服务，也是加快结构调整、促使经济又好又快发展的必然选择。

（3）从可行性来看，中国30余年的改革发展成果已经奠定了基本公共服务均等化的基础，为促进社会公正创造了有利条件。任何一个理想都不可能凭空实现，社会公正固然是一个值得去追求的崇高理想，但它的实现也需要合适的条件。可喜的是，综合考量各方面的情况，目前中国已经初步形成了一个较好的基础。

三、实现成果共享

推进基本公共服务均等化是一项系统工程，牵涉到的领域极为广泛，特别是考虑到中国人口众多、社会结构异质化程度高的特点，更是应该注意科学统筹、合理有序地推行。在这一过程中有很多问题需要考虑，但核心一点是要围绕成果共享做文章。从价值定位的角度来说，抓住了成果共享也就抓住了实现基本公共服务均等化的关键：

（1）牢固树立成果共享的价值理念，有助于理清实现基本公共服务均等化的总体思路。理念是行动的先导，行动方案的整体优化需要用正确的价值理念加以规范和指引。成果共享的理念是在改革进入新阶段的历史背景下，以对社会发展状况的通盘考虑为基础提出来的，具有很强的现实针对性和重大的理论指导意义。将成果共享的价值理念作为实现基本公共服务均等化的重要抓手，对于明确推行基本公共服务均等化的工作重点，找准制度创新的突破口具有重要意义。①就实施主体而言，政府在推行基本公共服务均等化的过程中应该发挥主导作用，切实承担起政府责任。中国的改革之所以能取得巨大成就，其中很重要的一条经验就是社会主义市场经济体制的确立能够有效调动广大人民的积极性和创造性，从而促进生产力的极大发展。换句话说，我们能够取得今天的发展成果，在很大程度与市场在资源配置中发挥基础性作用是分不开的。与此同时，我们也应该注意到，尽管市场机制在发展成果的创造方面具有独特优势，但是对于促进发展成果的共享而言，市场机制则存在固有局限。这是因为，成果共享在很大程度上要求利益格局的整体均衡，但一般说来，各个分散的市场参与者不仅缺乏这方面的能力，也往往缺乏这方面的意愿。从这个意义上说，强调政府主导是促进改革发展成果共享的内在要求。具体到提供均等化的基本公共服务上，就更是如此。②就财政支持而言，成果共享意味着优化财政支出结构，扩大用于基本公共服务的支出在整个财政支出中所占的比例。财政收入取之于民，用之于民，应该说这是成果共享在国家财政支出领域的另一种表述。与此同时，虽然不断增长的财政收入为推行基本公共服务均等化提供了重要保障，但是我们也应该看到，在现有的财政支出结构中，基本公共服务支出所占的比重还有待增加，其中一些指标甚至大幅低于国际平均水平；另一方面，财政支出并没有从一般竞争性领域真正退出，还存在"与民争利"的现象。从成果共享的理念出发，就必须消除这种"缺位"与"越位"并存的状况，合理调整财政支出结构，真正实现由"生产建设型"财政向公共财政的转变。第三，就政策取向而言，成果共享要求基本公共服务均等化要向基层、农村、欠发达地区，以及弱势群体和困难群众倾斜。毋庸讳言，成果共享主要是针对当前中国城乡之间、区域之间以及不同社会阶层之间发展不均衡、不协调的现状提出来的。共享不足突出地表现为社会基层、农村、欠发达地区、弱势群体和困难群众共享不足。因此，推行基本公共服务均等化在很大程度上也可以说是提升这些地区和群体享受基本公共服务的水平。事实上，这也是成果共享理念的现实坐标。

（2）牢固树立成果共享的价值理念，有助于破除观念障碍，减少实现基本公共服务均等化的阻力。社会不是由原子式的个人简单叠加而组成的聚合物，而是一个有其自身运动发展规律的有机体，这是讨论成果共享理念的基本前提。个人生活理想的实现离不开以社会合作为基础的个体社会性维度的充分发育，这不仅需要一个稳定的社会秩序，同时也需要社会成员之间通过团结互助以抵抗共同面临的社会风险。空前复杂化、充满了不确定性的现代社会对于社会成员之间的共享精神也提出了更高的要求。从中国的现实情况来看，树立成果共享的理念，其实也是为基本公共服务均等化的推行提供一种社会观念层面的支撑。如前所述，推行基本公共服务均等化要求在政策取向上进行一定程度的倾斜，但需要强调的是，这种倾斜不应该只是诉诸人们对于落后地区以及弱势群体的同情、怜悯等情绪化认识或个人道德。因为从某种意义上说，推行基本公共服务均等化实际上是对利益关系的一种调适，这个过程并不总是"正和博弈"，特别是在"补偿性共享"具有历史合理性的情况下，有可能也会出现类似于"零和博弈"的状况。不难想见，如果仅仅依靠个人的道德认识，利益格局的调整势必会困难重重。发展成果共享理念的提出，是在改革进入新的历史阶段的条件下，对邓小平上述谈话精神的一个积极回应。把其中的道理讲清楚，对于消除一些不合时宜的观念，争取各个方面对于基本公共服务均等化的理解和支持无疑会具有重要作用。

（3）牢固树立成果共享的价值理念，有助于正确把握实现基本公共服务均等化的条件性、动态性，以及与具体国情之间的适应性。当前，广大人民群众对基本公共服务的需求很大，对推行基本公共服务均等化的期待也很高，这不仅是完全可以理解的，也应该受到认真对待。但是，如果因此就盲目许愿，不顾实际情况地大干快上，很可能会造成适得其反的后果。从成果共享的价值理念加以审视，我们可以对于基本公共服务均等化的实现过程形成一个更加科学、更为全面的认识。其一，就条件性而言，推行基本公共服务均等化要以具体的发展水平为条件，以共享与共建之间的相互促进为条件。实现基本公共服务均等化也应该从现有的经济社会发展水平出发，不能好高骛远、急于求成。前面曾经提到，目前我们已经取得的发展成就为推行基本公共服务均等化提供了基础，但这毕竟还只是一个初步的基础。基本公共服务均等化的实施应该与这一初步基础相匹配，既要满足人民群众的合理需求，但也要避免追求不切实际的高标准。特别是在调整财政支出结构的过程中，尽管我们强调要扩大基本公共服务支出的比重，但扩大到什么程度应该以整体的经济发展水平为参照，透支财力以图一时之快的做法难以长久。另一方面，共享与共建是相互依存的，推行基本公共服务均等化要有利于把最广大的人民群众纳入到社会主义事业的建设中来。基本公共服务均等化不搞不行，搞得过头也不行，两者都不利于调动公众的积极性。当前我们主要面临的是前一问题，后一问题虽然就目前来看并不突出，但是应该要有前瞻性。一些西方福利国家的实践已经有了不少反面经验，值得我们认真研究，防患于未然。其二，就动态性而言，基本公共服务均等化的实施是一个动态过程，应该随着经济社会的全面发展而发展。这也包含两个方面：①基本公共服务的内涵是动态发展的。现在我们的基本公共服务主要侧重于基本民生服务，强调对生存发展的"底线需求"予以保障。②均等化也是动态发展的。均等化是动态发展过程中的均等化，这就意味着均等化只能是大致均衡。绝对平均既无可能也不必要，将其作为目标强制推行甚至是有害的。综合这两个方面来看，发展和共享是互利互生，也是永无止境的，因此，实现基本公共服务均等化也永远只能是在相对的意义上实现，任何时候都不能懈怠。其三，就与具体国情之间的适应性而言，实现基本公共服务均等化要立足于本国国情，探索具有中国特色的基本公共服务均等化的实现道路。改革开放以来，我们一直坚持走自己的道路，获得了巨大成功。现在提出发展成果共享，这本身就是一个创新性理念，不可能有现成的实现方案。在推进基本公共服务均等化的过程中，对于国外的先进做法和已有经验当然要虚心学习广泛借鉴，但更主要地，还是应该依靠我们自己从具体国情出发实事求是、艰苦探索。在拥有十几亿人口的发展中大国搞基本公共服务均等化，这是前无古人的事业，靠生搬硬套是没有出路的，中国人民应该做出自己的贡献。

四、维护人的尊严

把人的尊严放在至高无上的地位，是启蒙运动以来人类文明发展的一大重要成果，并且也在很大程度上为人类的社会实践设定了某种终极价值。正因为如此，对于一项特定的社会实践而言，人的尊严在多大程度上得到了实现和维护就变成了具有根本性的评判标准。

以人的尊严作为这项实践的最终归宿，不仅是一种现代意识的重要体现，也是以人为本执政理念的内在要求。尽管，在中国传统思想中，以人为本更多的是作为一种巩固统治的方法和手段出现的，这里的"人"还仅仅是一种工具，远没有上升到目的的高度。但是，"以人为本"一经成为党治国理政的基本理念，就被赋予了全新的时代内涵。根据这一理念，人民是历史的创造者，因此必须承认人在历史发展进程中的主体性和价值本位性,也就是要做到发展依靠人,发展为了人。而人的尊严恰恰是对人的主体性和价值本位性的高度概括与提炼。从这个意义上说,党的执政理念本身即体现了人的尊严的至上性,而要在推行基本公共服务均等化的过程中真正贯彻以人为本的执政理念,就必须将人的尊严作为完成这项工作的最终归宿。不仅如此,以人的尊严作为推行基本公共服务均等化的最终归宿,也为展开对这一工作的合理评价提供了具体的微观基础。我们不否认各种综合计算的量化指标对于衡量基本公共服务均等化推行状况所具有的重要意义,最终的标准还是要落实到每一个具体的人身上,要看基本公共服务均等化的推行是否真的让人们获得了更好的生活体验、更强的尊严感。

尊严的实现既需要体面也需要认同。其中前者更多地指向物质层面。生存性需求得到满足,具备在所处社会里被认为是基本的生活条件,这应该是任何一个人过上体面生活的必要前提。而这个前提同时也构成了实现尊严的起点。很难想象,一个不具备立足于社会的基本物质条件,甚至连生存都成问题的人,还能有尊严可言。当前,我国在推行基本公共服务均等化的过程中,将重点放在养老、就业、医疗等基本民生性服务的均等化上,应该说就是为每一个人的体面生活提供一个基础性的物质保障,这是完全必要的,并且也应该继续深入。但是与此同时,我们也应该注意到,从尊严的实现也需要认同的角度来看,仅仅有基础性的物质保障是不够的。认同是一个观念问题,与之相对立的是歧视与排斥。由于对认同的需求主要涉及文化心理层面,因而没有基本物质需求那么直观、易于把握,但不可否认的是,认同对于尊严的实现和维护同样是至关重要并且必不可少的。重视社会成员对于认同感的需求,注意减少歧视和排斥,特别是要防止由基本公共服务均等化推行过程本身带来的歧视和排斥。以正式程度为标准,可以将认同分为制度性认同和非制度性的社会认同。其中制度性的认同由于对社会认同具有带动和促进作用,因而更为关键。这就要求我们在推行基本公共服务均等化的过程中,必须重视体现制度设计的人文关怀。具体而言,一是要从整体上提升基本公共服务均等化的制度化水平,特别是要提升其制度层次。让每一个公民都能够享受到均等化的基本公共服务,是政府应尽的责任,这不同于封建社会的"施仁政",更不是哪一个掌权者的恩赐。要使这一观念真正得以确立,就必须使得公民享受基本公共服务的权利得到更加制度化的保障,并最终成为一种法定权利。二是在具体的制度安排上,要注意避免对社会成员造成心理伤害。上文提到,推行基本公共服务均等化要有几个"倾斜",其中就有对弱势群体和困难群众的倾斜。这类群体所面临的生存困境往往是物质和心理的双重困境。如何使他们通过享受均等化的基本公共服务,得到物质困境和心理困境的缓解,需要认真加以研究。事实上,"全面地重视物质和心理这两方面的制度性伤害不仅有助于帮助社会弱者,而且更有助于在一般人际关系中形成一种与好社会相称的社会伦理规范。"这是在推行基本公共服务均等化的过程中应该注意的。

尽管维持一个基本的体面对于人的尊严来说是不可或缺的,但尊严的实现绝不仅限于此。人的尊严之所以至高无上,是因为每一个人都是独一无二的,因而每一个人也都同等珍贵。正因为如此，实现人的尊严在很大程度上就可以转化为实现每一个人平等的独特性，而这种独特性的实现也就是人的自我价值的实现。任何一个人的生活理想以及实现其理想的能力都不是凭空产生的，而是以特定的社会历史条件为基础，并且必须借助于这些条件才能得到发展。事实上，这也正是基本公共服务均等化的根本意义所在：让每一个人都能通过享受均等化的基本公共服务来继承已有的社会发展成果，在此基础上，形成与当时的社会发展状况相适应的个人生活愿景，以及实现愿景的能力。而每一个人生活愿景的实现过程，既是其能力进一步扩展的过程，也是个人不断解放的过程。尽管就当前的发展阶段来看，这种关注是绝对必要的；但是从实现尊严的角度来考虑，则有局限。如果说尊严的实现最终有赖于自我价值的实现的话，那么自我价值的实现则必须以多种需求的满足为基础，除了生存之外，还包括知识、成就以及丰富、和谐的人际交往关系等。在此基础上，才能真正产生自我实现意义上的人的尊严。正因为如此，在推行基本公共服务均等化的过程中，即便是关注基本需求的满足，也应该着眼于每一个人的长远发展。提供均等化的基本公共服务不是为了造就均等化的人，恰恰相反，而是要促进每一个人个性的解放和自由、全面的发展。

第三节 基本公共服务均等化的推进思路

实现基本公共服务均等化，除了要在价值导向方面以公民权利、社会公正、成果共享和人的尊严加以引领之外，还应该构建科学合理的服务体系予以保障。

一、动态调适：基本公共服务均等化的目标定位

所谓供给有效扩大，主要包括三个方面，①政府加大对于基本公共服务的投入，逐步提高基本公共服务的预算支出在财政支出中的比重；②建立健全基本公共服务的国家标准体系，并随经济社会的发展对标准进行动态调整，实现相关制度的全覆盖；③着眼公共服务的供给方式，实现公共服务供给主体和供给方式的多元化。所谓发展较为均衡，主要是着眼于城乡之间、区域之间的基本公共服务的均衡，强调资源的合理布局，特别是要加快优质资源共享机制的建立健全，基本实现县（市、区）域内基本公共服务均衡发展，并明确提高农村和老少边穷地区基本公共服务水平。所谓服务方便可以，主要强调基本公共服务设施布局的科学化合理化，建立健全以基层为重点的基本公共服务网络，使城乡居民能够就近获得基本公共服务；所谓群众比较满意，主要着眼于基本公共服务要以满足城乡居民的需求为根本导向，建立健全城乡居民有效表达基本公共服务需求的机制，合理降低城乡居民享受基本公共服务的个人负担，并对政府供给基本公共服务的绩效进行评价和问

责，增强城乡居民基本公共服务的获得感和满足感，不断提高社会满意度。

二、政府主导：基本公共服务均等化的责任归依

从理性角度看，人们之所以愿意缔结或者加入某一共同体，是因为该共同体可以提供其成员生存与发展所必需的各种保障。否则，人们的行动不仅是非理性的，也是冒险的。因为按照理性人的假设，人们之所以愿意承担某种风险，一定是由于这一风险可能带来更大的收益。如果人们愿意缔结或者加入的共同体对其不能提供有效保障，那就意味着"零和博弈"，必然有某些成员获得超额收益，同时也必然有某些成员的收益为零甚至负值，而这一结果也必然会为理性的行动者们所预知。正如罗尔斯所描述的在"无知之幕"遮蔽下的理性人，总有人不能接受一无所获甚至更糟的结果，所以他们最终可以达成一致同意的分配方案将是最大地有利于最少受惠者，即最大最小值。由此可见，人们在共同体的达成意愿中，投机的个体与冒险的方案始终并行存在，但是其不能指导集体行动的逻辑，赌博式的个体理性也无法融贯为整个公共理性。因此，人们对于生存发展的普遍愿望将是保守的，而其一旦以共同意志的形式呈现出来，就成为共同体义不容辞的责任。在此意义上，作为现代政治共同体的主要形式，政府保护公民的合法权益、为公民提供基本公共服务，既是公民对于政府的合理期待，也是政府无可推卸的责任。

但在实践层面，问题的核心并不在于政府是否应当提供基本公共服务，而是政府在基本公共服务领域所应担当责任的尺度如何界定。基本公共服务与公共物品在许多相关研究中往往作为等同的概念交互使用，但事实上，基本公共服务的内容非常丰富，其涵盖范围已经大大溢出了学理意义上公共物品的概念。在基本公共服务领域中，它并不排斥具有正外部性的私人物品。换言之，如果某个人或者群体的行动有利于增进其他旁观者的福利，那么，这种行动就可以视为提供某种基本公共服务。因此，基本公共服务的判定原则就是某种行动对基本公共福利的环境具有溢出效应，而并不一定具有非排他性与非竞争性。由于市场机制的激励作用以及各市场主体所面临的竞争压力，由非政府主体提供基本公共服务的质量完全有可能超越政府所能提供的。例如，在西方国家开始出现私营的消防公司，他们通过收取会费向会员们提供消防服务，设备先进，灭火得力，补偿到位。由此引发了应当依赖于政府供给还是私人供给去实现基本公共服务均等化的争论，焦点集中围绕在究竟应当坚持政府主导机制还是引入市场机制而展开。笔者认为，基本公共服务较之一般公共服务，其关涉的领域重大、关键、敏感且往往无利可图。其中市场失灵频仍，价格杠杆、效率机制等惯常的资源配置手段也难以发挥合理的作用。前述的私营消防公司固然服务优质高效，但它必须直面的困境是：如果非会员向该公司发出灭火的紧急求救，或者该公司在执行任务后发现其他非会员的房屋失火，又或者一户是会员而另一户非会员的两户相邻房屋失火，该公司是否必须对非会员施救呢？可以设想，该公司完全有理由对非会员袖手旁观，尽管这在道义上是不被支持的，但其逻辑与保险公司当然会拒绝未参保人的

赔偿要求一样合理。在这一逻辑框架下，公民享受基本公共服务的资格在某种形式上要被资本所限定，公民生存发展的基本权利的实现要以买卖性的契约为前提，这意味着部分公民甚至绝大多数公民将被排除在基本公共服务的享受对象之外。因此，建构基本公共服务体系的基础依托于这样的逻辑是难以想象的。事实上，政府作为公共管理职能的先天拥有者与公共利益的法定维护者，应当承担起供给基本公共服务的主要责任，应当成为建构基本公共服务体系的主导者，这是人们融入共同体的基本期待和前提条件。中国在基本公共服务领域出现了一些问题，但改革开放以来的建设实践证明，我们没有放弃政府主导社会发展这一"中国经验"的可信理由，也没有这种现实可能性。更何况中国政府由全能型政府、管制型政府向服务型政府的过渡不可能一蹴而就，人民群众遇事找政府的依赖型政治心理也难以在短期内发生实质意义上的转向。因此，脱离政府的主导地位去讨论基本公共服务的体系搭建问题非但不现实，而且根本不切题。需要特别强调的是，作为责任主体，政府并不包办或直接生产所有的基本公共服务，不是要回到过去那种全能政府时代，这就需要我们确定基本公共服务的"基本"范围。

三、均衡平等：基本公共服务均等化的总体状态

一块蛋糕怎样分配才是均等的？关于这个问题，人们诉诸直觉的反应是根据吃蛋糕的人数来将蛋糕平均分成若干等份。但是，在中国基本公共服务体系的建构过程中也套用这种思路去思考"均等"就未免有失简单。平均主义是中国的传统政治思想，曾在新中国成立后的一段历史时期内投入政治实践，并以失败告终。如果政府秉持这一原则去推进基本公共服务均等化，就无异于把砸碎的"大锅饭"拾起来，再次回到实践证明无法走通的老路上去。从社会正义的视角出发，"均等"并不一定意味着无差别，也并不一定否认差别性的存在，它可以通过有差别的分配来给予人们无差别的对待。现实中，中国的执政者也在遵循着这样的均等观。"均衡"意在基本公共服务体系中实行有差别的分配，而"平等"则意在基本公共服务体系中推行无差别的对待，两者共同构成了"均等"的价值意蕴。当前，中国的利益格局已经呈现出不均衡的态势，特别是区域间、城乡间、行业间、群体间的差距日益扩大，而且这些差距也并不都是由于禀赋上的差异而导致的，它们之所以在市场角逐中渐行渐远，在相当大程度上要归因于改革开放之初政府在致富路线上的特殊安排与设计。例如，一些资源大省为国家发展提供了廉价的生产资料和能源，广大农村地区为国家发展提供了廉价的劳动力。这一部分人和地区不是不具备竞争实力，而是为改革开放作出了奉献与牺牲，他们的落后从一开始就几乎被注定。在更深层意义上说，判断某种制度安排的好坏与否在于遵守这一制度的每一个人都可能从中获利，或者说一项正义的制度应该合乎制度范围内所有人的利益。如果该制度并没有达成这样的结果，就需要对该制度进行矫正。因此，中国不均衡的利益格局需要政府在建构基本公共服务体系时予以考虑和作出倾向性的安排，从而调配利益格局中各单元间的非均衡、不协调的关系，使之逐渐走

向和谐、均衡。其次，建构中国基本公共服务体系应当以"平等"为原则。"不正义正是在于不平等"。基本公共服务是每一个中国公民都有资格、有机会享有的国民待遇。基本公共服务的供给可以按照不同的分配份额配置，但这应当在一个向所有中国公民开放的体系中进行，每一个公民的参与机会与适用原则都别无二致。身份可以有差异，但无高低贵贱之分，这已经是现代社会的基本共识，用任何理由去排列人们身份的等级都无法得到正当的辩护，更遑论在一个国家的基本公共服务体系当中。既然中国基本公共服务体系的预期是要"惠及全民"，就势必在推进基本公共服务均等化的过程中坚持平等原则，不用多重标准去区分公民身份，不使每一个中国公民在基本公共服务的体系中被"缺席"。

四、民生改善：基本公共服务均等化的目标取向

推进基本公共服务均等化的立足点在于着力改善和保障民生，在此意义上，建立民生政治新形态是推进基本公共服务均等化的目标取向。以改善民生为导向的政治也可称之为民生政治，它是一种谋求更多生活机会、摆脱各种束缚特别是物质贫困的约束的政治；是一种认同政治和选择政治，是一种旨在化解集体面临的生存挑战的政治。建立民生政治新形态，需要把握三个关键点：①准确界定政府职责范围，把民生问题纳入政府职责范围之内。总体上看，当下中国的问题是公共权力过大而公民权力过小，主要表现就是公共权力的越位，具体地看，在某些领域公共权力却不到位，出现权力真空地带。就民生问题而言，改革开放以来，政府在社会福利领域的不断退出是导致我国经济与社会发展失调的重要原因之一。因此，妥善解决民生问题，政府在观念上必须像对待经济发展一样，把解决民生问题当作自己不可推卸的职责。②健全政府绩效评估体系，把民生指数纳入指标体系。政府绩效评估指标及其体系是引导政府行为的指针。很长一段时间以来，经济增长一直是政府绩效评估的核心指标，单纯追求GDP，已经产生了诸多问题，特别是经济增长与社会事业发展、民生改善不平衡。因此，根据我国的民生状况，逐步建立和完善以人民幸福指数为政绩评价的指标体系，对于改善和保障民生具有特别重要的意义。此外，需要特别指出的是，解决民生问题并不意味着政府简单地通过再分配和社会调剂向公民提供社会保障和福利，还应该以相应的社会政策增强贫困者的经济和社会功能，培养其"造血"功能、否则仍然会陷入"因贫致贫"的循环，难以真正解决民生问题。③应当以公民的利益诉求作为保障和改善民生的依据。一方面，政府保障和改善民生的内容要以公民的利益诉求为依据，因为"民生问题不是凭空臆造的，而是由民众的委屈、牢骚、抱怨、控诉所共同组成的，解决民生问题不能靠'演绎法'，而要靠'归纳法'"。政府着力保障和改善民生，不能仅仅依靠埋头苦干，也需要与社会互动、与民众沟通。另一方面，政府保障和改善民生的顺序要以公民的利益诉求为依据。民生问题的妥善解决是一个循序渐进的过程，政府决不能"眉毛胡子一把抓"，即使广泛听取公民的利益诉求，也不能不分青红皂白"一揽子"解决。这种做法的缺陷，一是不现实，政府在民生问题上想要面面俱到，结

果必定是捉襟见肘、面面"不到";二是没立场,政府对待民众的利益诉求(其中当然会有互相冲突的)不加甄别,不加裁决,一味实现,这不仅有违一般的社会公正观念,其结果也一定违背皆大欢喜的初衷。应该明确的是,政府保障和改善民生,需要广泛地听取公民的利益诉求,这既是为了"归纳",也是为了"过滤"。因为在公民利益表达的传递过程中,一定会有无效信息、扭曲信息、矛盾信息等存在,政府需要对这些信息进行真伪善恶的甄别。同时,公民的利益诉求也有轻重缓急之分,政府还需要对公民的利益诉求进行判断与衡量,从中把握公民极为重要而迫切的利益期待,并由此来安排保障和改善民生的顺序。

五、多元谐动:基本公共服务为等化的机制保障

我们应当看到,中国所要建构的基本公共服务体系之所以谓之以"体系",是因为它处在牵一发而动全身的整体谐动态势下运行,若要它有效地发挥作用,必须依赖各个有机组成部分的紧密配合才能实现。因此,中国基本公共服务体系的建构应当奉行一种多元谐动的运行机制。所谓多元就是强调在社会各方力量的利益表达与政治参与下共同完成建构中国基本公共服务体系的工作。虽然中国基本公共服务体系的建构需要坚持政府的主导地位,但不等于政府要在其中唱"独角戏",各种社会力量是完善和补充基本公共服务体系的重要构成,不可或缺。一方面,政府的能力未必能够完成或者做好全部的基本公共服务,这就需要在政府监管的前提下,依靠相关的社会力量去代理行使服务职能,或者开放一些基本公共服务领域由非营利性社会力量发挥服务功能。另一方面,中国基本公共服务体系的建构也需要社会各方力量的建议、监督、反馈。基本公共服务体系不是空中楼阁、无所凭借,它必须建立在社会各方利益充分表达的基础之上,否则服务供给就失去"公共"属性。政府提供基本公共服务的效果也需要公众的反馈来加以评估,并在后续的政策中根据公众的反馈去调整基本公共服务的内容和方向。如果没有社会监督与反馈,公共服务的供给完全由政府自行决定,不仅脱离了现代民主政治要求制约公权力的根本命题,也有悖于一般的正义观念——最大限度地取消社会制度中的任意性因素。同时,社会各方力量所具有的多元性决定了他们的政治参与行动将采取多种可能方案,如决策型参与、有限吸纳型参与、告知型参与、校正型参与、改善型参与和合作型参与等。这些多元而有益的政治参与将使得中国的基本公共服务体系更加饱满,也会使公民的民主素养得到锻炼和提升,为进一步创新发展中国基本公共服务体系奠定基础。所谓谐动,就是强调构成中国基本公共服务体系的配套模块相互勾连、相互支撑,在默契地互动中实现和谐的状态。基本公共服务体系内部可以分解成若干配套模块,"这一体系由公共服务的投入机制、运行机制、应急机制、保障机制、评估机制、监督机制等模块构成"。在基本公共服务领域出现的任何问题都有可能是因为这些配套模块不能协作而导致的连锁反应。为了消解这些问题,我们需要对基本公共服务体系的各个模块进行排查,找出问题的真正肇端并加以解

决。相反，一味奉行"头痛医头、脚痛医脚"的解决问题方式，不可能从源头上杜绝问题的复发，最终将陷入政令频出、自相矛盾、朝令夕改的窘境。总之，推进基本公共服务均等化，建构中国的基本公共服务体系，既需要在外部发动社会的各方力量积极参与其中，使之不断丰满，也需要在内部协调各种配套模块的运动状态，使之充满张力。

第四章　财政均衡：基本公共服务均等化的推动力量

公共性是基本公共服务均等化的前提，其供给的充足程度决定了基本公共服务提升的水平，同时，公共财政的制度化设计也影响着基本公共服务均等化的推进路径。同样，基本公共服务均等化是公共财政的主要目标，基本公共服务均等化对公共财政起着塑造性的作用，均等化的发展进程进一步推进了公共财政体制的改革。分税制改革有效解决了当时中央政府财政困难的局面，提升了其宏观调控能力，但仍然存在很多缺陷，不利于基本公共服务均等化的推进。我国政府间事权与支出责任划分不够清晰，这造成了基本公共服务供给责任的模糊；地政府间事权与财权财力不匹配导致基本公共服务供给效率低下，同时其转移支付手段的不规范加剧了基本公共服务供给的不均等。

第一节　公共财政与基本公共服务均等化

一、西方公共财政理论的历史沿革

1. 古典主义的公共财政理论

亚当·斯密是在一个宏大的框架下试图对国家职能、国家、市场及社会关系做出全面探讨，但鉴于财政手段既是政府核心职能之一，又对政府履行其他必要职能具有至关重要的作用，在该方面理论的影响之下，亚当·斯密对于公共财政理论发展的另一重大贡献在于，廉价政府理念引申出了公共财政责任的边界观，公共财政应该承担什么样的责任，不能承担什么样的责任成为古典主义财政理论首先要考虑的命题。斯密在考察了意大利城市共和国衰落原因后，认为以过度发行国债为显著特征的财政权扩张，显著降低了资本积累的水平，并给国家更轻率做出战争决策和募集战争经费提供了助力。斯密对政府财政权的膨胀及滥用深具戒心，约束和限制国家的财政权力从此成为古典主义财政学说的基本精神。

在继承亚当·斯密财政理念的基础上，大卫·李嘉图、让·巴蒂斯特·萨伊以及约翰·

穆勒等古典经济学家对财政、税收、国债等经济现象做出了更为详尽的解释。李嘉图对政府职能的扩张（增税是这种扩张最为明显的表现之一）极为警惕，他承认税负虽然是必需的，但认为税负要么来自资本要么来自公众收入，如果是来自前者则可能直接挤占生产性消费的投入，如果来自后者则可能降低公众消费能力和欲望，因此总体而言税收会减少社会再生产所需资源的积累。国家与私人相比，在推动社会财富增加方面是乏善可陈的。因此，李嘉图提出，竭尽所能的减轻税负才是促进经济增长的好办法。

国家不能生产财富，但其效用存在于分配和消费环节，在这一假定基础上萨伊认为"赋税一经被政府或其官员消费，对整个社会来说，价值便消失了……最好的财政计划是尽量少花费，最好的赋税是最轻的赋税"。萨伊要求政府职能被压缩到最低限度，并相应提出了税负的五原则（最适度税率、只烦扰纳税人而不增加国库的情况达到最小程度、负担公平、在最小程度上妨碍再生产、有利于国民道德）。

约翰·穆勒对政府职能的理解比李嘉图、萨伊稍显积极，他意识到除了保护公众的最基本需要外，公共财政还应投入到那些对公众长远需要有益的公共事业当中。穆勒反对无节制的自由主义，注重必要情况下的政府干预，尽管这意味着公共财政在目标和手段层面将更广泛深入的介入到市场和社会当中。同时，他认为政府有能力善用公债等财政手段，提高吸纳国内外游资、投资生产领域；这些财政措施可能产生利国利民的结果。

2. 凯恩斯主义的发展

古典主义财政理论主张限制政府财政权力，慎用税收、国债等财政手段，总体而言反对政府对公众及市场经济行为施加干预。在他们看来，政府财政手段及能力的扩张无疑会对社会财富的积累、公民个体权利的实现构成威胁。20世纪30年代，古典财政理论受到了凯恩斯主义经济学说强有力的挑战。以《就业、利息和货币通论》的出版为起点，积极的财政观开始被其鼓吹者迅速引入政策领域，并主导了20世纪30~70年代西方各国的经济政策。凯恩斯主义学说的突破性主要体现在以下几个方面：①在社会总需要与财政政策之间建立了直接的联系，使干预型财政政策在逻辑上成为可能。凯恩斯在逻辑上颠覆了古典主义财政学为政府财政政策设置的藩篱，使政府角色的假定发生了根本性的改变。政府财政能力拓展与生产性消费积累的关系不再是零和的；反之，政府的干预具有巨大的积极作用，成为遏制市场失灵、有效需要不足、弥补改善社会总需求和国民收入的推动力量。②通过对财政赤字预算、政府投资、调整货币供应量及利率等财政手段的分析，为积极财政政策的实施及效果评估奠定基础。凯恩斯主义的不断发展，不但给传统的财政手段赋予了新的意义，更提出了许多新的干预措施和政策。包括预算、公债、政府投资在内的新政策工具的发现，在极大扩张政府的财政权力、丰富公共财政政策选项的同时，也使政府角色更加复杂。宏观经济调控使国家对市场和社会的渗透和影响更加普遍深入，公共财政在政策布局、侧重上具有了更多的可能，大量看似公共性的财政开支最终产生的经济社会效果日趋复杂和难以判断，批评者对凯恩斯主义财政理念的公共性及其效果产生了很多争议。

保罗·萨缪尔森于1954年发表的《公共支出的纯理论》以规范界定公共产品的概念为基础提出了新古典学派的综合理论。积极干预型政府已经是现代经济体系运行中的一个基本事实，主张市场经济理论与国家干预理论的中和，既要防止市场失灵，也要防止"政府失灵"，为此政府财政要承担"矫正市场失灵，对收入进行再分配，稳定经济并促进经济增长"的三个职能。

3. 后凯恩斯主义财政理论

凯恩斯主义的核心观念在于建立一个管制型和干预型的政府，积极介入市场经济的运行以抗衡资本主义体系愈演愈烈的市场失灵风险。继承凯恩斯思想传统的学者的差别在于干预的手段和程度，而非对干预本身有所质疑。但是，由于无法解释也无法解决20世纪70年代西方出现的长期"滞胀"局面，凯恩斯主义受到了广泛的批评。批评者主张各异，但总体而言他们对公共财政的理解更倾向于矫正社会初次分配、实现社会资源二次配置公平；同时，他们虽然都承认国家对经济生活的积极干预已经是难以修正的现实，但从各种角度主张对这种干预加以限制。财政支出中的民用支出具有初期、中期、成熟期的阶段之别，政府在不同阶段对基础设施、公共服务的支出比例会出现阶段性波动。马斯格雷夫认为公共部门膨胀和支出增加具有合理性，是社会福利水平增加的必然结果。

以布坎南和图洛克等学者为代表的公共选择学派，意识到政府支出和税收是在"政治市场"而非经济市场中进行的。政府的财政选择受制于具有特定偏好的程序和制度，国家财政政策和干预措施并不天然具有普遍意义上的公共性，利益集团、政府部门、不同阶层都可以通过某种程序对财政支出和税收施加影响，使制度和政策在希望达到某种公共目的时面临额外成本。一个合理的政治决策机制在财政决策方面应该反映社会各阶层的偏好与诉求；在财政管理方面应该规避寻租风险，建立符合民主原则、受到严格监督的管理体制；在财政分配领域则需要使税收与支出和国家经济增量间建立平衡关系，防止财政规模膨胀至高于经济增长水平的地步，严控赤字与货币增发行为。

以弗里德曼、拉弗和万尼斯基为代表的货币学派和供给学派认为市场应该在资源配置中占据无可争议的主导地位，大规模的政府干预会对市场起消极作用，因此应该限制国家的财政规模；供给学派认为劳动力和资本等生产要素的有效供给而非政府财政支出带来的社会需求促进了经济增长，货币学派则认为凯恩斯式的政府干预反倒会诱发和加剧经济不稳定。

二、基本公共服务均等化与公共财政的关系

回顾公共财政理论的历史沿革，我们发现对何谓"公共性"、国家财政是否"先天"就具有公共性、公共财政的边界、策略等问题，不同学者给出了不同的答案。这种区别既是学术性的，也是实践性的。公共财政的内涵具有明显的"历史时间性"，在不同语境、

不同政策环境和目标导向下有时会呈现出截然相反的特征。鉴于任何国家行为都无法回避或绕过财政措施，公共财政与不同政策语境杂糅成为现代公共行政的一个基本特征，这也要求我们在理解具体问题时，要把宏大的公共财政理念与具体的政策语境结合起来。基本公共服务均等化语境下的公共财政就具有公共产品与公共财政理念的交叉特征，在公共服务均等化的政策目标导向下，公共财政的某些特征得以凸显，另外一些特征则不被强调。需要强调的是，那些本属于公共财政范畴却在基本公共服务均等化语境下不被重视的特征，依然可能对公共服务的供给和分配产生重大影响。

1. 基本公共服务均等化与公共财政政策取向的差异

当代西方公共财政理论对公共财政的理解是建立在市场—国家二元框架内的，沃什对公共财政做出整体层面的解释，他将公共财政视为服务市场经济、矫正市场失灵的重要手段和财政安排。对于绝大多数公共财政学者而言，财政政策的主体—政府首先是作为市场经济活动中一个特殊的参与者存在的。宏观意义的公共财政承担了国家大部分经济职责，尽管自马斯格雷夫以来几乎所有学者都承认维护收入分配结构是公共财政的基本职责，但是公共财政社会职责的存在依然是为了维护市场经济制度运行而设计的。

从现有理论文献和各级党政机关的政策文本中可以发现，基本公共服务均等化的实质是强调"底线均等"，强调分配的公平正义。虽然从长期看"基本"和"均等化"的标准都要随着国民经济规模增长、公共服务供给水平和质量的提高而提高，但公共产品的生产并不构成均等化研究的中心议题。

比较基本公共服务均等化和公共财政两个概念，我们发现二者在学科谱系、研究方法、目标导向上都存在着差异。公共财政概念来自公共经济学，政府被视为一个独立的经济主体，参与到市场经济当中并承担相应的角色和责任。在公共经济学的语境下，市场经济体系的良性发展是公共财政的根本目的，国家财政配合市场经济固然可以起到（更好）供给公共服务的目的，但是这些都是市场经济发展对社会的衍射，也是市场经济有序发展的保障。基本公共服务均等化则更多包含着政治社会学的内容，其价值内核在于共享发展、公平正义。要克服普遍存在的身份差异、城乡差异、地区差异，基本公共服务均等化虽然需要借助大量的经济、财政手段，但其根本宗旨依然是利用政治手段修正市场自发运行累积的资源垄断与分配失衡问题。从概念比较中我们可以看到，公共财政强调市场稳定，均等化强调分配正义，二者虽然都以政府为实施主体，且强调身份与行为的公共性，但目标导向并不一致。也就是说，如果说弥补了市场失灵和政府失灵就等于国家财政实现了公共性的话，那么这种公共性与基本公共服务均等化语境下要求的公共性还是有距离的。

2. 公共财政是基本公共服务均等化的必要条件

（1）财政的公共性是基本公共服务均等化的前提

财政制度与政策的公共性与公共服务的均等化具有价值观层面上的契合性。区别于封建时代财政服务于少数统治者和统治集团,近代民族国家建立以来共同体意识的不断加强,使公众愿意基于认同感和平等原则共享国家资源与财富。国家通过税收、转移支付等方式对社会财富进行汲取、转移和再次分配能力的增强,并不是偶然的,而是国家治理结构日益民主化的必然结果。这一趋势反映了公共利益原则对国家财政行为影响程度的加深。正是由于这种公共性同时被国家和公众接受,社会财富的二次分配才能够顺利进行,政府才能具有进行财政制度改革、向一般公众提供大致相当的公共产品的制度动力;而公众才可以接受累进税制、转移支付、地区间横向一体化等涉及自身利益调整的敏感举措。

公共服务的生产和供给可以部分通过市场化的方式完成,但均等化本质上属于公共产品的配置过程。鉴于公共产品往往是市场无法提供或无兴趣提供的,政府需要承担公共产品的生产、供给、流通和分配职责。从公共产品的生产和供给过程来看,无论是政府直接供给,还是委托市场、第三部门生产,基本公共服务的生产成本都要由国家负担;而公共服务通过各种流通环节最终大致相当地分配到公民个体手中,所产生的流通成本也需要由各级政府承担。如果没有国家财政的公共性,那么基本公共服务均等化战略的经济基础将不复存在。

在一个真正表现出公共性的财政体系中,公共服务本身就是财政活动的目的,而不仅仅是保障市场经济运行的工具和手段。

(2)财政供给充足程度的实现是提升基本公共服务水平的前提

基本公共服务在本质上属于由国家供给的一种公共资源和产品。公众对基本公共服务的认可程度除了取决于均等化水平外,公共服务的质量和数量同样是重要的指标。一个国家的基本公共服务均等化,总是要先解决有和无的问题,然后才能谈及好和坏的问题。作为公共产品生产供给所需资金的来源,公共财政在基本公共服务均等化战略的实施过程中,既要解决公共产品的生产、购买问题,又要通过转移支付、税收体制、补贴等多种形式解决公共服务的失衡问题。公共服务供给的充足程度,对于均等化战略而言具有以下三点意义。

①供给程度决定了公共服务的"基本"标准。基本公共服务是一种兜底性的公共服务,但什么是基本,基本标准的依据是什么,却经常取决于国家财政所拥有的财力和能力。在具体的政策实践当中,国家公共服务的底线基准并不总能与经济和福利水平保持一致,过度福利和福利不足在当前各国公共服务实践当中都有所体现。各国公共服务的基本标准更多是由其既往的公共服务水平所决定,也就是说,公共服务过去供给的充足程度会直接影响当前对"何谓基本"的判断。在现代财政体系当中,财政预算在一般情况下难以出现重大波动,任何改变都是渐进式的,所以说公共服务的基本标准是取决于现有供给程度的,而不会出现骤然的改变。

②供给的充足程度决定着均等化的难易程度。在逻辑上,公共服务的均等化水平和供给的充足程度并没有直接的因果关系。一个国家可能在供给不充足的情况下实现供给公

平，也可能在供给总量很大的情况下出现供给失衡现象。但是，在绝大多数情况下，供给的充足程度与均等化效果之间存在着明显的正相关关系。相对稀缺程度的降低又会给基本公共服务均等化战略的实施争取更为余裕的空间，换句话说，充足的供给降低了基本公共服务均等化的难度，使政府有更多的策略可以选择。

③公共财政的增长预期影响着均等化战略的设计规划。基本公共服务均等化是一个国家的中长期战略部署，其目标设计需要均衡考虑地区间、城乡间、阶层间各种差异的严重程度和政策难度，更要考虑解决失衡问题可能支付的成本和代价。鉴于均等化不是一朝一夕可以实现的，均等化成本能够在一定阶段内被逐渐吸收，对公共财政供给程度的长远预期就成为各级政府追求短期利益还是立足长期的关键。在一个国家财政充足程度乐观且可预期的情况下，基本公共服务均等化往往可以获得更多的资源，进行更具根本性的政策规划。

（3）公共财政的制度设计影响基本公共服务均等化的推进路径

公共财政和基本公共服务均等化在公共性方面的共识，使二者间彼此合作成为可能。但是，公共财政和公共服务对公共性的理解还是有所区别的，这种区别主要体现在具体的制度设计和政策实践当中。

①公共财政体制中的权责分配会深刻影响均等化的发展路径。公共财政是国家体制的有机部分，其制度设计则与国家发展的历史路径息息相关。因此，不同国家的公共财政体制机制往往区别很大，这种区别对国家基本公共服务均等化战略的落实造成了深刻的影响。以权责分配为例，建立在西方联邦、邦联分权体制下的公共财政体制，其财政制度往往更注重权力下放，强调地方政府权力与责任的均衡；深受大一统政治文化影响的中国，财政权力的集中程度更高，中央政府承担的责任更为全面，地方政府依附色彩则更为浓厚。财政制度的区别落实到基本公共服务均等化领域，就表现为基本公共服务均等化实施主体和实施路径的巨大差别。西方国家更易形成中央地方各司其职的多元治理格局，权力分散有助于其他行为体（公共企业、第三部门）参与到公共服务的生产供给当中。而中国的基本公共服务均等化则更强调国家的领导地位，注重政府推动下的多元协调。财政权力的集中和统一，使地方政府成为均等化的执行部门而非设计者。

②公共财政制度的偏好差异会影响均等化的政策目标。公共财政的职能边界是模糊而具有弹性的，在不同历史阶段对财政公共性的解读也会有所区别。中国是社会主义国家，社会主义公有制占主导地位决定了国有企业的生存、发展都具有典型的公共利益属性，国家利用财政手段直接参与到国有企业的具体经营当中是具有公共性和正当性的。西方国家以私有制为基础，国家财政更强调对市场经济和财富分配的外部管理、监督职责，并不鼓励国家财政直接干预市场经济的日常运作。西方公共服务政策强调福利导向，强调分配过程中的公平正义；而中国公共服务除了以上内容外，还对国有企业的生存发展、国有企业员工的就业、福利、医疗、养老承担特殊的直接的责任。中国政府在基本公共服务均等化

中担任更多的角色，履行更多的责任，也因此享有制度设计和实施方面的更大权力。

3. 及本公共服务均等化是公共财政的主要目标

（1）基本公共服务均等化对公共财政偏好起到塑造作用

由于现代政府对社会和市场都存在着巨大的干预权，公共财政的边界也随之具有很强的模糊性和可变性。古典与后古典主义财政学对凯恩斯主义的激烈批判，正是源于对政府滥用自由裁量权及政府失灵的恐惧。公共财政的三个基本职能，即配置资源、财富分配和稳定经济，理论上都具有公共性，但是这种公共性在具体政策实践中是否能够达到好的效果，实现公共利益的最大化，却存在很多不确定性。我国政府在市场经济建设当中起到了特别重要的作用，公共财政对国民经济的直接干预也一直争议不断。我国公共服务体系历史积欠很多，建设底线性保障体系投资巨大。强调均等化是公共财政的主要目标，客观上构成了公共财政资源流的再配置，有助于公共财政减少对市场经济的过多干预，将有限资源更多投入到公共性而非经营性领域，从这一意义上，均等化强化了公共财政既有偏好的某个侧面，并对社会资源的调度起到了杠杆作用。

（2）均等化进程为公共财政体制改革提供动力

关于公共财政改革的问题，国内一直存在着观点的分歧。分歧的焦点不是要不要改，而是怎么改的问题。有些学者认为"资本主义的公共需求财政，片面强调需求的一面，忽略了需求与实现之间的可能存在的矛盾，对公共需求没有制约，这就使财政理论本身存在不完备的缺陷"。我国作为社会主义国家，公共财政要坚持政府主导下的"调节、监管、管理职能"，这意味着公共财政有改革的必要，但改革不会完全以改革需求为导向，不会动摇政府与其他经济社会主体的关系，改革要考虑政府的承受能力。还有一种观点看到，我国当前公共财政存在着"政府性收入的增长幅度大大高于居民收入的增长幅度""经济发展与改善民生关系没有理顺""城市、乡村财力与支出责任不匹配"等一系列问题。在这种情况下公共财政需要下决心对政策重点进行转移，改变政府包办一切的做法。

到底是微调还是进行结构性重组，公共财政目前并没有给出清晰的答案。这固然有我国处于经济社会转型期、政府角色复杂多元的因素，更是因为财政体制改革涉及利益过多、改革缺乏抓手和着眼点。如何找到一个能够有效地凝聚社会共识的切入点，对公共财政体制改革具有重要意义。基本公共服务均等化服务于单一的目标，但其发展却会对国家体制、社会体系进行公共性导向的改造，并产生若干重要的实质性影响。它不仅对公共财政提出若干新的标准和要求，更为公共财政改革扫除了诸多外部障碍，理顺了政府—社会—市场的利益关系，使税收、预算、转移支付、政府采购等财政行为可以在一个新的平台和环境下运行。

三、均等化语境下的公共财政均等化

1. 财政均等化的内涵

均等化语境下的公共财政,主要考虑财政均等的问题。布坎南对财政均等的定义是具有相似状况的个人能够获得相等的财政剩余(净财政剩余是指税收和教育部哲学社会科学研究重大课题攻关项目财政支出收益之间的差额)。但是,在具体的政策实践当中,考虑到当代国家普遍存在的城乡、地区和阶层差异以及行政区划,国家财政均等是以行政区划意义上的地区为基本单位,通过财政转移支付、地区税负差异等方式保障地区政府财政能力大致均等,然后依靠地区政府的公共服务实践使各地公民能够享有基本一致的公共服务。

在考察财政均等化定义的过程中,基于目标、功能和相应的制度程序的区别,人们对财政均等化的理解存在着狭义和广义的区别。狭义的财政均等化,其目标仅在于为基本公共服务均等化的实施主体(主要是各级政府)提供充足而大致相等的财力,公共财政对于公共服务过程而言只充当财力供给者的外部性角色,并不直接参与和影响公共产品的生产、供给和分配。很多学者极为关注财政手段与公共服务供给者(政府、市场、第三部门)的复杂互动关系与相互影响,希望利用财政杠杆撬动社会资源、引导公共产品的生产、供给、分配过程。这些学者与古典主义财政学持相反立场,他们往往对国家在基本公共服务中的地位和作用持积极态度,毕竟积极的财政手段往往意味着活跃而直接的政府行为。在这一意义上来说,与政府财力相比,很多学者和政策设计者更关心的是政府的"财政能力",即"政府以公共权力为基础而筹集财力、提供公共产品以满足地区内公民的公共需要、稳定地方公共经济、合理进行再分配的能力的总和"。

2. 公共财政的政策工具

无论狭义还是广义的财政均等化,在具体的均等化实践当中,都需要借用具体的制度和政策才能发挥实际作用。如何利用及重点利用哪些财政手段,成为考察国家公共财政均等化路径的基本依据。具体而言,公共财政的政策工具,包括以下几个方面。

(1)税收。公共财政的起点就是税收的公共化。征税,是政府汲取社会经济资源的最基本方式,也是社会福利走向均衡或失衡的主要原因之一。"税收政策的基本功能,①依法为国家聚集财政资金,②调节国民收入及居民收入分配。"布坎南把差异性的税率视为政府实现"财政剩余"均等目标以及提高社会福利水平的基本途径。一个符合基本公共服务均等化语境下财政要求的税收制度,首先应该是公平化的制度,税负应该建立在公众能够承担的前提之下,并实现税负公平,具有在不同阶层、地区和城乡间调节社会财富的功能;其次,税收制度应该是法制化的制度,只有杜绝权力干预、树立法律权威,才能够使纳税人的共同利益得以维护,实现财政制度的公共性与民主性。

(2)预算。财政预算是政府的基本收支计划,是政府对未来一段时间工作安排的财政规划。预算的建立一方面可以统筹安排国家财政资源,反映政府收支活动;另外一方面也起到了"规范、控制和监督政府行为"的作用。预算的双重属性使其产生了内在的紧张关系,预算制度既是政府的财政管理工具,具有明确的绩效要求;又体现了公众对政府行为的监督制约,要求财政资金的流向及使用情况公开透明。现代预算遵循"公开性、可靠性、完整性、统一性和年度性五大原则",这些原则可以被视为预算公共性的具体体现。

(3)转移支付。转移支付在本质上属于政府内部的一种补贴行为,"由社保与社会福利构成,内容有各种补贴、往来拨款、资本转移与债务利息支出"。政府内部财政收支状况都存在显著差异,这种差异限制了各级政府提高公共服务水平、拉平区域差异、阶层差异和城乡差异的能力,且无法在财政收入的初次分配中解决。

因此,财政资金的转移成为实现区域间财政分配公平与合理的基本手段。现有的转移支付方式分为一般性转移支付、专项支付。一般性转移支付是最常见的转移支付方式,也是财政转移支付制度的基础;专项转移支付往往出现在"中央—地方"制度框架内,它能够更灵活地针对各地公共服务不均衡的具体情况做出反应,但也存在着项目重复、监管困难、实施成本高等一系列问题。

(4)政府采购公共服务。政府采购既是国家财政的重要职能之一,也体现了政府角色的转变。通过向公共企业、社会组织购买各种公共服务,政府脱离了公共产品的直接生产,转向利用财政杠杆鼓励、监督市场提供更好的公共产品。政府采购实际上是一个提出公共服务标准、引导市场力量进入公共产品生产供给环节、监督公共产品质量与流通的过程;政府在采购过程中必然要建立一系列标准,这些标准涉及市场准入资格、招投标制度、公共服务质量控制标准的明确化,并将这些标准用制度化、法制化的形式固定下来。政府采购的制度化使公共服务市场得以开展有序竞争,为社会资本的进入建立可以预期的前景,并使政府对公共企业和第三部门的扶植鼓励政策规范化,通过成熟的外部性监督和鼓励机制抑制了寻租的可能。

第二节 当前中国政府间财政关系对基本公共服务均等化的影响

改革开放40多年来,我国经济增长迅速、经济总量不断攀升,同改革开放初期相比,人均GDP已经增长了十几倍。在这一背景下,我们也应看到,由于过度追求经济效益,忽视社会效益,我国的基本公共服务建设相对落后,城乡之间、区域之间以及群体之间存在明显差异。由于各级政府的职责、掌握的资源不同,在推进基本公共服务均等化这一工作中所应承担的责任也各不相同。促进改革发展成果共享、加快推进基本公共服务均等化要求进一步理顺中央政府和地方政府的关系,特别是二者间的财政关系,并进一步厘清二者在推进基本公共服务均等化过程中的不同职责。当前，在社会转型、推进基本公共服务均等化以及加强社会管理创新的背景下，我国中央政府和地方政府的"事权"与"财权"不匹配问题更加凸显，并成为制约政治社会进一步发展的障碍。

一、政府间事权与支出责任划分不清晰造成基本公共服务供给责任模糊

"各级政府间财政支出责任的合理划分，是实现财政体制规范化和通过财政体制来促进公共服务均等化的重要前提之一。"事权这一概念属于我国特殊经济体制下产生的词语，国外多将其定义为"政府支出"，指的是不同层级间政府责任的划分。一些学者认为"事权"是在财政体制的事权、财权、财力三要素中最为基础性与先导性的要素，它决定着不同层级政府间的财权和转移制度的设立和安排，因此实现财力与事权的匹配应当特别注重事权的优化配置。综上所述，事权是政府职能、权力以及权限，即不同层级政府在政治、经济发展等层面的职权，由此延伸出来的各项职能支出则称之为支出责任。

二、央地政府事权与财权财力不匹配导致基本公共服务供给效率低下

公共服务体系的完善，基本公共服务均等化的实现是建立在全国以及各地区基本公共服务财政体系均等的基础之上，即应该保证央地间财权、财力的合理化，同时促进各层级政府和横向政府间财政的均等化。在事权层层下移的同时，我国的财权却反方向上移，央地政府之间"事权"与"财权""财力"明显不匹配。首先，同中央政府相比，地方政府所享有的财权过少，而需要承担的财政支出却相对较多，事权、财权比例不协调。

实行分税制以来，中央政府所掌握的财政资源有了大幅度提升，宏观调控能力极大增强，通过一系列措施推动了落后地区的发展，促进了政府基本公共服务供给能力的提高，但这其中也存在很多问题。从财权财力的纵向分布来看，省市级的财权财力强于县级政府，县级以下的政府财政能力较弱，很多上级下派的工作都是在非常规的情况下完成的，基本公共服务供给带有强烈的应付色彩，供给水平较低，并没有形成基本公共服务供给的良性机制。另外，由于资金不足，基层政府在提供基本公共服务时执行力较弱，基本公共服务的范围以及标准出现了很大程度的偏差，要么没有按原有标准提供服务，财政收入的分配从省级政府到市、县、乡层层截流，各级政府掌握的资金存在很大差距，这导致城乡之间基本公共服务差距的进一步拉大。另外，由于地方政府财政困难，为了完成上级下派的任务，解决公共服务供给中的资金问题，滥用行政权、增加行政性收费，严重背离了政府宗旨与政策意图。

三、转移支付不规范加剧基本公共服务不均等

转移支付又被称为无偿性支出,是中央政府以不同层级政府间存在的财政能力差异为基础,为了改善不同层级政府间或地区的财政收支失衡,提升基本公共服务供给水平均等化进行的单向度的财政资金转移。从实质上来看,转移支付是为了加强国家宏观调控的能力,为保障国家内部不同区域间政府实际公共服务能力和居民享有的基本公共服务水平在相对平衡的水平线上的一种行为,广义上属于政府财政再分配。转移支付制度有两种分类方式,一种是按照资金转移的政府层级方向进行划分。横向转移支付主要指同级政府间的无条件财政资金转移是经济发达地区、财政收入较为充足的政府对较为落后地区、财政收入严重不足的政府进行的无条件资金转移。另一种分类方式是国际的通用划分方式,分为一般性转移支付和专项转移支付。转移支付具有较强的灵活性,上级政府可以根据经济、人口、社会等条件的变化,以及中央的政策转向和地方政府的发展规划对转移支付的形式、规模进行灵活性地调整,以便其更好地适应当下的状况。

第三节 实现基本公共服务均等化的财政政策选择

政府要为社会全体成员的生存和发展承担责任,基本公共服务均等化的核心在于政府为公民实现生存和发展提供最基本的公共产品和公共服务,并确保全国范围内社会成员享受到普遍均等的待遇,从而减少地区间、城乡间以及公民个体之间的差距,使改革发展成果惠及全体社会成员。做到权责统一,同时保证"事权"与"财权"相匹配,发挥财力调整机制的作用,形成事权、财权、财力三者稳定的关系,同时要完善我国的财政转移支付,建立"纵向为主、横纵交错"的财政转移支付体系,构建科学合理的转移支付结构,规范转移支付的分配办法。

一、明确政府间事权与支出责任,厘清政府间基本公共服务职能划分

政府间特别是中央政府与地方政府间事权的清晰划分主要是为了发挥地方政府在为公众提供基本公共服务过程中更贴近普通大众、获取需求信息更为便捷、管理更为高效的优势,当前,我国中央政府和地方政府"事权"与"财权"不匹配的一个重要原因就是二者之间以及地方各级政府之间事权界定过于宽泛,随意性和盲目性大。应根据我国现实状况与相关规定进一步将中央政府与地方政府的事权法定化、具体化。

二、匹配政府间事权与财权财力,提高政府公共服务供给能力

稳定可靠的财权对于保证地方政府收入以及确定预算方案有着重要作用,从而有利于地方政府事权的长期规划。因此,从长远发展看,要建立相匹配的央地间"事权"与"财权"关系,并在制度化层面对其进行规范。在当前事权层层下移、财权过度上移的情况下,中央政府应适当改变财权过度集中的现象,适度下放财权给地方政府,培育地方政府可靠稳定的税收来源。财权是政府财力的基础,是政府权力的重要组成部分。分税制改革后,中央政府将收入较多、较为稳定的税权上收,地方政府享有征收权力的税种创造的收入大幅缩水,只能依靠收费等非正规、不稳定的途径平衡本地区财政收支状况。

"由于不同国家、不同地区的社会经济发展程度不同,以及对中央宏观调控或政治意图的考虑,大多数国家在中央与地方政府事权与财权的匹配上往往采取非对称分权的方式。"我国地方政府财权的减少是一种制度上的设计,因此,对我国这种非对称性分权方式的完善不能简单地依靠政府间的对称性分权。同时,在一定时期内,各级政府的事权与财权具有一定的刚性,不能随意调整。因此,从我国当前的实际情况出发,应注重发挥财力调整机制的作用,形成事权、财权、财力的动态平衡机制。由于财力具有易转移以及弹性大等特点,对于弥补我国地方政府财权不足,促进区域之间、城乡之间的基本公共服务均等化有着重要作用。解决地方政府事权、财权不匹配,发挥财力平衡机制的作用,应注重财力对于基层政府以及欠发达地区地方政府的倾斜,从而推动基本公共服务均等化。①财力要向基层政府倾斜。地方政府是基本公在地方各级政府中,基层政府最接近群众,所需要但其所掌握的有效资金少之又少;②财力要向中西部欠发达地区倾斜。由于一些历史因素以及地理位置的劣势,中西部地区经济严重落后。如果仅靠其自身发展,很难改善财力不足、经济落后的状况。

三、完善财政转移支付制度,促进区域间基本公共服务均等化

当前在地方政府的财政收入中,财政转移支付占有相当大的比重,然而,目前财政转移支付缺乏法律依据和后期监管,财政转移支付制度本身结构不合理,分配实施办法不科学,往往造成地方政府基本公共服务供给过程偏离预期总体目标,基本公共服务供给效率下降。应根据当前我国社会和地区发展的特点,重新构建符合实际的财政转移支付制度,注意其结构的优化、管理方式的规范化以及运行的合理有序性。

完善政府间转移支付制度,应当确立法治、公平、效率的前提性原则。①应当确立财政转移支付制度的法治性原则。在依法治国理念的指导下,完善财政转移支付的立法环节,保证转移支付的每一个环节能够在法律的框架下运行,促进其规范化、透明化。②要坚持财政转移支付制度的公平性原则。我国不同地区、不同省份间经济发展程度、人口数量、社会发展程度都有较大差异,应当始终坚持公平性的原则,确保底线公平、保证机会公平,加强结果公平。确保底线公平,通过财政转移支付制度保证不同区域、各省份间具

有较为均衡的基本公共服务供给资源,保证落后地区地方性政府也享有相应的基本公共服务水平;应当保证不同地区、不同省份都享有公平的机会,调整关于地方政府提供配套机制的规定加强结果公平,对于有困难的地区、政府,要予以一定的倾斜,从而保证不同地方的政府具有大致相当的基本公共服务供给能力。③要坚持财政转移支付制度的效率原则。应建立财政转移支付的预案,对全国性、不同地区、不同类型的基本公共服务的财政转移支付进行提前规划,保证财政转移支付有据可依。避免在转移支付过程中地方政府部门对资金进行截流、挪用,也要避免政府官员为了自身政绩,利用这一部分资金进行重复性建设或需求性较弱的基本公共服务建设。

各地区、各省级单位间财力的大体均衡,使省级行政单位具有相当的基本公共服务供给能力,从而保证基本公共服务在全国范围内的均等化。二是构建省级以下政府的财政转移支付,理顺不同层级政府间的关系,确立同"条块"相适应的财政转移支付体系。我国现实的国情较为复杂,人口多、地域广,不同区域、不同省份间经济发展程度、行政区划设置、人口、资源分布等都有着明显的差异性,单一的转移支付手段并不能适应这样的现实条件。在基本公共服务供给中,省级政府主要负责本省的整体性基本公共服务目标、框架的建立和进程的推进,基层政府负责具体的基本公共服务供给。横向转移支付是在同级政府间进行横向的资金转移,同中央对地方的纵向财政转移支付相比,它更为便捷,同时在平衡政府间财力、推进地区间基本公共服务均等化的效果上更明显。我国目前的横向对口援助型转移支付基本上是关于民族事务、重大自然灾害恢复重建等内容,主要是政治发展或中央政府下发的政治性指标,并不属于经常性的转移支付形式。应当改变目前这种以行政命令为主要形式、民族事务和灾后重建为主要内容的横向对口支援,确立全国范围内合理科学的横向转移支付。一方面,在大区域划分上,实行东部经济发达地区对中西部落后地区的横向财政转移支付;在省级行政单位上,经济条件较好的省份对经济发展较为落后的省份进行横向资金支持,从而缩小各省份之间基本公共服务的供给能力。另一方面,各省份内部也可参照省级行政单位间的横向转移支付办法,本省内部的不同地市级行政单位进行对口资金转移帮扶,从而加快本省内部的基本公共服务均等化进程。采用横向转移支付手段时,应注意资金转移的管理和使用,可按照实际情况建立相应的转移标准、办法和转移支付的绩效考核,从而保证横向转移资金的使用效率。中央政府对地方政府的转移支付、省级政府以下的转移支付与同级政府间的横向转移支付相结合,构建"纵向为主、横纵交错"的财政转移支付体系,形成完善的转移支付路径。

其次,优化转移支付的结构。①适度降低税收返还在转移支付中的比重。分税制改革后,确立了中央政府按"基数法"对地方政府进行税收返还的财政转移支付,可以说,这是中央政府在为了增强其宏观调控能力而上收财权的情况下,维护地方既有利益、推进分税制改革顺利推进的过渡性措施。但它不利于现阶段的全国性基本公共服务均等化的推进,同时,税收返还所占比重过大不利于转移支付制度的优化以及使用效率的提高。应根据当前的实际状况和各地经济发展的整体状况，逐步缩小税收返还占财政转移支付的比重，减少税收返还资金的绝对值，并将其逐步并入一般性转移支付中。②优化一般性转移支付的结构，扩大一般性转移支付的规模。应侧重中央对于地方政府的一般性转移支付，这是调整政府间纵向收入不均等以及缩小区域间政府收入差距的重要方式。由于历史、地理等因素，我国区域间、各省份之间经济水平差异明显，这拉大了区域间基本公共服务的差距，中央政府通过一般性转移支付向中西部地区进行资金倾斜，一定程度上可以缓解中西部地区基本公共服务供给落后的情况，加快推进全国范围内基本公共服务均等化工程的建设。纵向上，中央向地方各级政府进行资金转移，化解了初次分配中中央政府所占比重过高、地方政府所占比重较低而导致地方政府资金短缺的局面。有必要进一步规范中央政府对地方政府的一般性转移支付，增强其透明度。某些一般性转移支付是国家在当时的经济发展情况下为了有效推进相关政策而设立的，已经无法适应当前的经济环境，对这类已完成其历史使命的一般性转移支付应当及时取消；对仍然具有功能性作用但不足以单独设立项目的一般性转移支付应当予以改革、归并，从而完善一般性转移支付的结构。③调整专项转移支付，缩小专项转移支付的比例，"只有国家鼓励、并且属于国家和地方共同负担的事项，中央才设立专项转移支付，属于地方支出责任范围内的事务，中央不安排专项。"当前，我国的专项转移支付资金规模过大，占中央对地方财政转移支付的比重过大，这不利于基本公共服务的均等化。同时，我国专项转移支付的项目条目过多，审批程序宽松，没有专门机构对其进行管理。应对现有的专项转移支付项目进行清理与整合。要厘清不同层级政府间以及同级政府不同部门间各自的职责，归并重复性的专项转移支付项目，对各项专项转移支付进行统一管理。取消不利于基本公共服务均等化的专项转移支付，同时将与地方性事务联系紧密的专项转移支付划为一般性转移支付。

最后，改进转移支付的资金分配方法。在税收返还和一般性转移支付分配时，改"基数法"为"因素法"，主要参照各地标准的财政收入、财政支出间的差额以及可用于财政转移支付的资金总额，按照统一公式计算。因素法指"根据影响地方支出的各种社会经济因素记分，按得分多少分配财力"。当前，我国的转移支付计算中，只有均衡性转移支付和民族地区性转移支付采用了"因素法"计算，其他基本上仍采用原有的"基数法"。"因素法"这一测算方法更为科学，透明度更强，减少了人为因素的干扰，从而减少区域不均和效率低下的情况，较好地进行地区间财力的科学配置。改"基数法"为"因素法"不能一蹴而就，应当根据不同的转移支付类型、各地区的不同情况渐进推行。

我国在梳理央地财政关系、改革财政体制时应充分考虑建设责任政府、服务型政府的目标，从而确保中央政府和地方政府在提供基本公共服务时，具有清晰明确的事权和支出责任划分以及与事权相匹配的财权、财力。

公共财政是基本公共服务均等化的必要性条件，完善的公共财政有利于均衡政府间基本公共服务供给能力，维持全国范围内不同地区政府、各级政府大致相当的基本公共服供给水平。基本公共服务均等化必须依托于政府间财政能力的均等化，如果没有相应财力的支持，基本公共服务均等化的政策推进就成了"无源之水"，不具备操作性和可行性。发挥财力的均衡性作用，以规范的财政转移支付手段为补充，对落后地区、亟待发展地区、改革的项目进行资金补充，并应当根据社会发展的不同阶段、基本公共服务均等化推进的不同阶段，适时调整财政政策，保证各级政府具有相应的满足公众需求的财政能力，公共服务作为基本民生需求的满足行为之一，对公众的范围进行扩充了解，为实际受益所包含的范围、人群、以及实际情况作出深入地了解，帮助实现有效均等，以此做到不同地区之间所享受服务的均等化目标实现。

第五章　基本公共服务均等化的实践路向

第一节　国家转型：走向包容性发展

一、非均衡战略的"发展悖论"

1. 非均衡发展危及社会公平

所谓后发国家是后发展国家的简称，根本意义上是在发展现代化国家目标设定基础之上，对现代化作出根本了解。在该过程中，可能对已经完成现代化建设进行国家模式借鉴或是学习其组织结构引用相关管理制度，在一定程度上会引入更多的资本经济发展，以此实现对自我国家制度的完善，优化政治体系。然而除此之外，后发国家为保证在建设现代化阶段时实现最优化目标，在现代化学习之前应该提高对自我历史了解，通过"补课"，实现国家进步现代化。在构建中不仅需要引入现代化理念，提高现代化意识，构建现代化体系，更要确保现代化与国家现实相融合。在双重压力之下，国家构建现代化应该首先以国家自身建设为主。如此一来，大多数国家在实现后发展阶段中所采取的战略以非均衡为主，这种发展具有一定的跨越性，对于中国同样如此。自新中国成立至今，中国全新的现代化建设进程已经开始。中国的半殖民历史已经成为过去，以往所遭受的惨痛经历成为了发展教训，人民受历史影响，基于积贫积弱这一难以改变的社会现状，为获取全新的政权，建立全新的社会，通过发展战略的全新研究，制定了赶超型计划，以此希望能够突出经济实现超越。在市场构建下为确保经济的全面发展，采取了"单极"，对最终目标过于注重导致活动实施，具有一定的功利性，以及人民行为工具化较为严重，最终造成政治与社会两相背离。

实际上，因为在实现均衡这一目标发展中具有较大的难度，需要借助一个中介实现发展转换，而非均衡发展作为最优选择，在实施中能够在确定目标一致的条件下，保证整体发展不再发生航向偏离的情况。自新中国成立至今已有七十余年，但中国发展历史已经上千年，作为最古老国家之一，在经济建设中仍旧保留一定的"老习俗"，造成社会经济构建鞍就会有一定的差距存在。"三大差距"已经成为难以磨灭的经济阻碍，并非是通过非自愿等因素作为环境解释一句，更深入的是因为在国家发展与建设中，对战略的制定具有密切的联系。失衡作为各个方面难以逃脱的现象，在中国大环境之下十分常见，无论是社会、经济亦或是民生都导致结构断层这一问题的出现，严重时会有结构之外的民众产生，以及发展不断落后等现象，由此证明，在我国实行非均衡这一经济战略并非是长久选择，应该突破当前的阶段限制，勇于否定改变行动，构建全新的发展，实施真正的现代化。现代化是动态化的建设过程，在发展中对战略的制定应该结合时代需求，以社会根本为核心，从本质上，对非均衡实行下所产生的社会影响进行改善，改变社会和经济二者出现的"脱嵌"情况，做到对多方领域综合发展的全面推动，实现发展协调性，保证发展和谐，提高社会稳定性。以此作为战略框架能够避免经济对目标追求力度过大，改变片面的目标实现，降低对数量的执着，更加注重对质量的关注，为结构做出更好的优化方案，在协调资源环境基础之上获取共享成果。

2. 社会公平需要"平衡差距"

经济构建下的社会出现差距是常见的世界发展情况，在发达国家中同样会有贫富现象的存在。就整体而言，多种差距出现在发展中国家最为常见，其主要是因为国家在经济建设中的社会逐渐步入了重要的转型时期，是关键阶段，与国家发展制定战略息息相关，需要格外关注对制度的安排。自我国实施改革开放发展至今，多条非均衡的经济战略线路经过社会情况的结合，在我国进行先后实验，在过程中获得了一定的成功，并取得了不菲的实绩，同时为之后经济建设提供了巨大的推动力，促进了经济增长的同时提高国民经济综合，为国家现代化做出了巨大的贡献；但在此过程中经济发展催化了差距问题的明显突出，城乡、地区、贫富成为重要的差距经济问题，随着问题程度的建设，对社会所谓的"公平"产生影响。社会公众开始对当时所采取的的利益分配形式产生不满，质疑利益不均，导致负面情绪愈加增大，造成社会情感失衡。最终发生群体事件，随着社会信息渠道的扩大，网络上的群体事件同样存在，对大众的核心需求产生直接的触碰。

随着21世纪的到来，第三次产业革命促进了经济发展的高效型，中国所构建的传统市场难以满足经济需求，社会开始发生变革，以往的"单极"模式逐渐转化为复杂结构，这是因为在各个领域中均有非均衡的经济情况出现，具体表现是：整体的改革活动难以实现与局部行为需求产生同步，导致需求无法满足，主体出现负面影响；经济的高效发展缺少足够的政体支撑，导致经济建设过程出现后续动力不足的情况；社会实施管理行为没有确保结构与体制的一致性，导致改革受到变革制约；社会经济没有足够的建设意识，整体工作无法保证面面俱到，全面化发展目标难以实现。社会在长久的发展中的沉疴日益凸显，深层次的隐患问题日益暴露，结构构建下的矛盾难以消磨，人们对公平的追求，对正义的推崇以及各个方面的价值观念等无法做到对自身利益的全面保障，为此希望在过程中能够参与其中，同时对最终所获得的的成果做到共享，由此开始，民生抓紧成为现实性的国家问题，更是国家政策制定与修缮不断提及的内容。民生作为国家长期发展的根本目标，重点是对人权的基本保障。为保证良好的生存实现长久发展创造更多可利用的条件。在各个领域中提高公众的关注重视度；以此保证民生在获得公共服务的同时实现资源的核心分配，以此体现出资源公平，该工作的实施与每一个人民具有根本关系，更是国家建设核心社会实现权力的重要途径。

二、国家战略转向：走向包容性发展

1."包容性增长"概念的形成

贫困和不公平在经济成就的映照下更加显眼，消除贫困、促进公平成为从国际社会到各国政府的共同任务。随着反贫困运动的持续推进，国际社会对贫困的内涵与致因的认知经历了从"收入贫困"—"能力贫困"—"权利贫困"的递进；与此同时，经济增长的主题逻辑也经历了从"极化涓滴增长"到"广泛基础的增长""益贫式增长"，再到"包容性增长"的演进。"包容性增长"，是一种全新的发展理念和战略议题，正在引领世界各国和地区展开新一轮的战略调整与政策制定。

"包容性增长"概念框架的形成，是与国际社会对贫困问题认识深化相联系的。"社会权利贫困"理论的形成，表明人们对贫困问题的思考已深入公民权利的保障层面。现代国家的"权利贫困"，主要表现为获取社会权利的机会缺失或不足，而这通常与个人背景的"差异性"及制度安排的"排他性"有关。"权利贫困"意味着，弱势人群经常性地处于"被歧视""被排斥"的状态，即便法律赋予他们平等的社会权利，他们也根本无法获取和享用，从而陷入"权利贫困"的恶性循环。值得一提的是，"包容性增长"基于"权利贫困"的理论认知，倡导"权利平等"的制度保障。包容性增长以倡导机会平等的增长和保障贫困者免受社会排斥为核心，致力于为贫困人口创造生产性就业的机会，通过经济政策与社会政策的协同和整合，建立起权利平等、机会公平、过程参与、结果共享一体化的制度框架，实现经济可持续增长与人的全面发展的统一。

2."包容性发展"的中国要义

在中国语境下，"增长"与"发展"是一对有差别的概念。"增长"更多的是一个"量"的概念，而"发展"更多的是一个"质"的概念。"发展"是对"增长"内容的拓展和深化—发展既包括经济总量的增长、经济结构的优化，又涉及政治、社会、文化等领域的进步，因而是一个更为"全面"的概念。改革开放以来，中国经济发展在数量和速度等方面实现了飞跃，但经济发展的质量和内涵依然不高。而经济增长与社会发展的"脱嵌"，使市场经济的资本逻辑"僭越"经济领域的边界而侵蚀着非经济领域，对社会正义秩序和伦理规范形成巨大冲击，社会不公平现象愈演愈烈。因此，包容性发展是一种全新的发展思维模式，它关注所有社会成员（包括弱势群体）的平等权利、公平机会、可行能力及利益分配，追求经济社会各领域的协调发展。只有持续推进包容性发展，社会的"权利贫困"才能得到有效解决，经济社会才能在正义的秩序下协调运转，全社会成员才能参与经济发展并共享发展成果。

作为一种新兴的发展战略，包容性发展具有道德哲学的基础，蕴含着人文关怀和正义秩序，体现出全面、协调、可持续的发展特征。汲取包容性发展的理论内核，结合中国发展的政策语境，"包容性发展"的内涵可以表述为四个方面，即发展价值的公平取向、发展过程的平等参与、发展内容的全面协调、发展成果的全民共享。

发展价值的公平取向。公平正义是人类的共同愿望和永恒追求。"不患寡而患不均"是中国文化的特质，对公平正义的追求在中国历史上从来就不曾终止过。新中国成立以来，中国在发展取向上先后经历了"平均主义""效率优先，兼顾公平""公平和效率兼顾，更加注重公平"等阶段，表现出"效率与公平"此消彼长的矛盾运动。新时期，发展中显现的"三大差距"及"上学难""看病难""住房难"等民生问题，促使我们深刻反思发展的终极意义，"以人为本""公平正义"等价值观广受重视。包容性发展是对社会实践的一种理性指导，它将发展置于道德理性的基础上，从而使其具有了"公平"内涵。包容性发展以"权利平等"为价值、以"参与""共享"为准则，旨在促进全社会成员都能获取平等的发展机会，有助于上实现社会的公平正义。

公开发展机会，提高参与积极性，实现平等建设。发展需要建设起点的支撑，在参与中的重点是包容性的体现，以逻辑循环参与的重要性，体现出共享，则是包容的核心，然而所有的信息共享与资源共享是以参与作为逻辑的设定前提，这是因为对于经济的建设需要社会的支撑，成果的分享需要过程的参与，以此保证结果获取的合理性。改革开放40多年来，市场经济的发展带来了社会利益结构的深刻变化，社会阶层出现明显分化。改革的"红利"和发展成果因发展机会、制度安排上的差异，更多为利益集团、权贵阶层所"俘获"，弱势群体、贫困阶层处于利益分配上"被歧视""被排斥"的地位，只能分享到极小份额的经济发展成果，社会分配的正义秩序受到严峻挑战，经济社会的可持续性发展动力衰弱。包容性发展对"参与""共享"的强调，使之有别于传统的社会利益调节机制，包容性发展不再只依靠再分配政策，而更多地依靠生产性就业为社会底层提供参与经济发展的机制，以促进社会利益分配的结构性调整。也就是说，通过促进经济机会的平等开放、提高弱势群体的可行能力，消除对社会底层的社会排斥，使之能真正享有公平机会参与经济贡献并共享发展成果。

科学调剂发展，协调内容资源。社会作为整体形态，具有一定的复杂性，无法将各个领域完全分割而言，需要相互连接促进整体的共同建设。在传统理念基础上，发展作为动态化行为观念的产生与模式的应用需要结合更为深入的思考，融合国家现状，逐步形成了科学的发展观念，并从中体会出"以人为本"的重要性。或者说，我国通过科学发展观的这一理念的提出，由此彰显我国的包容性，表达我国的发展态度，在根本上，所谓的人本是包容性的核心，二者内在具有高度的相似性。所谓的包容，是指社会所有领域在发展中均是以"现代化"作为改变依据，根本目的是希望能够更好的促进社会形势转变，推动人民发展条件的全面提升。包容性的发展战略制定，与以往的单一经济追求有所差别，在注重经济提高的基础之下，更加注重对社会的整体建设，实现资源协调，稳定社会态势。

3. 包容性发展的政策路径

自改革开放发展至今，我国的经济呈现持续增长已将近40多年，在过程中每一位中国人民都从中获得了一定的改变，无论是生存方式、生活条件、发展方式等，成为了中国所独有的建设，最终为中国的社会建设创造了特色化的经济道路。在过程中获得了更多的认可，"中国化"的各种认可词汇源源不断的背提及。自从决定进行改革开放之后，发展至今所获得的经济成就是大家有目共睹的，在中国的各个领域起到了难以比拟的推动价值，无论是城市化建设、现代化社会亦或者是工业化产业等都为国家创造了更大的动力，在较短的时间内，我国成为了全球经济第二结构体。然而，在核心的发展下所促进的经济增长，是以要素带动为核心，借助资金引入采取投资形式，整体的管理与发展过于粗略开放，对经济的增长过于注重，虽然经济总量与发展模式是十分突出，但是在经济质量的核心对比下，整体结构并没有得到较大的改善，主要是因为对结构的重视度不足，导致经济发展仍旧会有隐患问题并存局面。其中最为严重的情况是经济的提高，伴随着对环境的破坏最为高昂代价，以及社会消耗成本难以降低，没有足够的动力作为发展支撑，导致结构平衡难以维持，最终致使发展缺少能力保证；经济在走向持续增长的过程中没有实现与社会的同步化，导致三大方面的差距逐渐加深，这些情况的出现，不仅受到历史问题的影响，更是因为在现阶段的国家建设中对发展认知不足，战略规划不合理。换言之，没有科学的均衡思维，战略实施没有可行性，导致效率的提升难以维持公平的保证，社会无法满足经济增长需求，中国的发展体现在"量"，而没有做到对"质"的维持，最终影响社会秩序的稳定。

第二节　政府发展：走向服务型政府

一、国家转型驱动政府发展

1. 国家职能的现代性变奏

在人类政治社会中，安全、秩序和正义是普遍存在的政治价值，政治统治、社会管理也构成国家的基本职能。国家又是一种"特殊的公共权力"，"国家是人类社会中分化出来的管理机构"，国家的存在必须以履行一定的社会公共职能为依托，因而具有普遍的社会性。这就是说，国家既具有阶级意志性，又具有公共权力性。毫无疑问，任何国家既是阶级统治的机关，又是促使社会有序发展的力量。国家的社会性和阶级性是对立统一的。统治者为了有效实现政治统治，必须保持社会的稳定有序，并协调好人与社会、自然的关系。现代国家更倾向于在实现社会管理职能的过程中实现其阶级统治职能，政治统治职能趋向"隐性化"，而社会管理职能出现"扩大化"。

现代社会的文明进步和统治阶级的政治理性，促进国家阶级统治方式更加柔性化，通过在全社会确立国家目标、达成利益共识，在一定程度上实现了阶级利益的"社会化"、统治职能的"管理化"，更好地在阶级职能和社会职能间实现平衡。"成熟的统治阶级总是善于把本阶级的意志、利益表达为社会的共同意志、利益，并努力取得全社会成员的认可。"第二次世界大战以来，西方国家纷纷建立了较为完善的社会福利制度，社会保障体系的覆盖面不断扩展，贫困阶层的生活状况得到明显改善，公民的社会权利得到有效保障；而经济发展与社会政策的有效集合，促使社会结构发生深远变化，中产阶级不断壮大，传统的两大对立阶级为众多的社会阶层所"吸收"，社会结构逐渐从"哑铃形"转向"橄榄形"，这对维护政治秩序和社会稳定是有利的。与此同时，西方国家建立起了覆盖全社会的管理网络，确立了法律、制度和规则的权威性，社会成员被纳入法律法规的约束范围，国家的统治职能在很大程度上隐身于社会职能之中，统治职能呈现出隐性化、民主化的发展趋势。而作为统治职能实现基础的管理职能，伴随着社会事务的复杂化、多样化及政治行为的"社会化"处理，国家承担的社会管理职能呈现出逐渐增多且日益复杂的变化态势。可以说，政治职能的民主化、社会职能的扩大化是现代国家职能的总体性发展趋向。

2. 政府模式的历史性变迁

政府是民族国家和国家主权的法定代表。政府是一个历史性的范畴，是随着国家的出现而形成的。作为从社会中分化出来的公共的政治机构，政府的作用不是一成不变的，它需要适应社会发展的客观需求。也就是说，政府发展是普遍的政治现象。政府发展，就是为了适应社会政治经济环境的变化、政府治理能力的生长和结构功能的分化。从人类政治社会历史演进的宏大视野考察，自人类进入文明社会以来，政府发展的范式经历了"国家型政府"——"行政型政府"——"治理型政府"的转换，这种范式的转换也是政府发展所经历的三种基本形态。政府发展的范式转换，是与人类从农业社会—工业社会—后工业社会的历史过程相联系的，构成了政府发展的一般形态和基本趋势。需要指出的是，政府发展的基本范式，是人们对政府发展的"全景式"观测和"整体性"摹写，勾勒出人类政治社会中政府发展的基本样式和总体趋势。

现代政府发展于资本主义初期，受古典自由主义思想的影响，政府奉行"自由放任"的原则，坚持"管的最少的政府是最好的政府"的信条，经济活动完全由市场这只"看不见的手"调节；政府职能范围相当有限，只在国家安全、产权保护、社会秩序等方面发挥作用，扮演着市场经济的"守夜人"角色。然而，保护经济自由主义的"守夜人"政府只是历史上的一个片段。自由主义的"理性人"假设和"自由放任"原则。在凯恩斯主义的理论指引下，西方国家政府的权能结构和作用范围发生了深刻变化，政府通过增加公共投资、提供社会福利来调节经济运行，"罗斯福新政"即是政府干预的成功范例。西方发达国家政府从"守夜人"到"干预者"的转变，是政府应对环境变化而对其职能结构做出的适应性调整。"福利国家"的出现，使国家社会职能空前膨胀，政府的公共服务事务明显增多，但也在某种程度上引发了"政府失败"。公民对政府的信任危机及与日俱增的期望，要求政府更加积极地参与公共事务，更好地履行向社会服务的职能。

政府发展的进程和趋势，与国家的政治经济环境、社会发展需要和政府自觉意识等密切相关。新中国成立以来，我国政府发展因应国家建设需要及战略思维的影响，相继形成了三种不同形态的政府模式，即政治导向型、经济建设型和公共服务型。新中国成立之初，在特殊的社会历史条件和国际环境下，我国建立起一种政治导向型的政府模式，借助阶级统治的力量来巩固新生的国家政权并恢复社会经济秩序。这种政府模式在维护国家政权、动员社会资源、推动重工业建设等方面发挥了一定的积极作用，但在总体上违背了社会发展的一般规律，社会生产力遭到严重破坏，人民群众生活陷入困苦。

政府向"经济建设型"政府的转变，国家政治生活回归理性。在"经济建设型"政府的推动下，中国在40多年间实现了经济的快速崛起，实现了人民生活水平的根本性改善，实现了从计划经济向市场经济的体制转轨，实现了政府一市场一社会关系的重新定位。但这种"效率优先"的政府模式，在推动经济建设的同时忽略了社会建设，造成经济社会领域日益显著的"三大差距"，危及社会公平和正义秩序。

二、政府发展：走向服务型政府

1. 服务型政府：一个历史性的选择

全球范围内，随着经济的可持续发展和政治的民主化推进，公民的权利意识、利益诉求和参与能力明显增强，普遍表现出对核心利益的关切、对公共服务的诉求及对公共事务的参与。荣迪内利的判断无疑是准确的。保持经济活力、消除权利贫困、改善民众生活成为全球范围的重要事务，更是主权国家政府的基本任务与核心职能。这是一种包容性的发展思维，明显不同于工业社会发展中的市场预设和资本逻辑，更多地赋予发展以"人本"内涵。政府必须从价值到战略、从机构到职能、从流程到制度，做出全面改革，才能适应包容性发展的需要。事实上，英、澳等国的"新公共管理"运动，美国的"政府再造运动"，德、意的"行政现代化"，已然体现出政府治理模式的变化趋势，公共服务、治理与善治成为政府变革中的"关键词"。

现阶段，我国正面临着实现"现代化"和"后现代化"的"双重历史任务"，双重历史压力下的现代化道路自然不同于欧美国家：西方国家走的是市场主导的自发的现代化道路，而中国走的是政府主导的现代化道路。中国的现代化是在国家积贫积弱的环境下启动的，"落后就要挨打"的历史教训，严峻的战后国际局势、薄弱的国家整体实力，都需要国家快速推进现代化建设。在此背景下，国家采取了"赶超型"发展战略，注重依靠政府的主导力量来推动现代化进程。改革开放40多年来，中国的现代化建设稳步推进，国家发展成就显著，国家综合国力显著增强，人均国民收入不断提高，开始步入中等收入发展阶段。如何成功跨越"中等收入陷阱"，消解经济发展中凸显的诸多社会问题，无疑考验着政府的治国理政能力。需要通过渐进式的增量改革来妥善解决，这意味着政府的主导性作用依然不可或缺，但管制型政府模式显然已不合时宜，这样以政府变革推动国家转型就成为必然的选择。

一个时期以来，影响中国经济社会全面发展最显著问题是——经济发展的失衡与社会建设的滞后。经济发展的失衡，突出表现为区域经济阶梯式发展和城乡二元经济结构；社会建设的滞后，突出表现为社会贫富差距持续拉大、社会利益分配严重失衡，社会大众很难平等参与分享改革发展的成果。相对于经济发展的区域差距、城乡差距而言，贫富差距不断扩大并呈"两极分化"态势，影响到普通民众的社会心态，危及社会的正义秩序，并使政府陷入信任危机。这种状况的持续存在，孕育和累积了一系列深层次社会矛盾，而黏滞的体制性结构又抑制着这些矛盾的释放和解决，引发社会间歇地爆发各种群体性事件，威胁到中国社会的公平正义和和谐稳定。面对变革时期日益突出的社会问题，要求政府做出正面回应，正面推动社会建设和政府发展；面对社会发展领域诸多失衡现象，需要公共政策向强化公共服务的方向做出调整。服务型政府建设，必然会在公共服务发展中，促进发展成果为全民共享，促进社会的公平正义。

2. 服务型政府的内涵解读

"服务型政府"是中国语境下的理论创造，它根植于执政党"为人民服务"的根本宗旨，也代表着当代中国政府发展的基本方向。服务型政府，既是一个历史范畴，又是一个全新概念。作为历史范畴，马克思主义经典作家就曾论及社会主义国家政府的"人民性"。

改革开放40多年来，中国的国家性质和政府宗旨没有改变，但政府存在的社会经济和文化环境发生了重大变化，政府的主要职能需要适应这种变化做出调整。这样，服务型政府作为一个全新概念被创造出来，强调的是政府要坚持"以人为本"的科学发展观，积极回应社会公共需求快速发展的需要，引导政府管理体制、国家财政体制转向公共服务领域，强化政府在社会建设中的职责，促进实现人民群众的根本利益，促进改革发展的成果为全民平等共享。服务型政府与建设型政府有所不同，建设型政府注重的是国家经济建设，它更多遵循的是资本逻辑和效率准则；而服务型政府关注的是社会全面发展，它更多遵循的是人本逻辑和公平准则。市场经济的持续发展使我国实现了经济腾飞，但社会建设的严重滞后，使我国在进入中等收入阶段后的风险增大，这需要通过政府自身变革来引导实现发展模式转型。现阶段，最为关键的是推动以改善民生为重点的社会建设，通过实现改革成果为全民共享，削弱社会分化的张力，维护社会的有机团结。

3. 服务型政府的推进路径

现阶段，我国政府职能重心向公共服务领域的倾斜，正是在国家经济实力、政府施政能力、市场发育程度、公民趋向理性等正向力量的推动下启动的，同时也与日益显性化的诸多社会问题密切相关。服务型政府建设需要一个高度现代化的社会。在这种社会中，政府、市场、社会具有各自的行动逻辑和活动领域，但又是相互依赖、彼此制约的，并在合作共治中实现责任分担。

中国的改革具有显著的政府主导特征，渐进式改革意味着政府的主导作用将长期存在。亨廷顿在观察发展中国家经验的基础上，指出发展中国家首要的问题不是自由，而是一个合法的公共秩序……必须先存在权威，而傅高义在评论东亚发展模式时指出，中国是一个超大型的发展中国家，地域广阔、人口庞大、民族众多，经济社会发展中的区域差距、城乡失衡、阶层分化等问题日渐突出。这些全局性问题的化解，依靠自发的市场力量是无能为力的，需要一个强有力的政府来统揽全局、平衡差距、调节利益格局。

"有为政府"是以公共服务和社会管理为其职能重心的，这与现代政府职能结构的变动趋势是一致的。从政府发展的历史进程看，政府职能呈现不断扩张的趋势。事实上，政府的政治统治职能是呈"隐性化"趋势的，持续扩张的是政府的社会管理职能。即使是主张自由放任的自由主义也是重视政府社会职能的。亚当·斯密所主张的政府职能就包括建设并维持某些公益事业和公共设施。福利国家体制的兴衰更替，促使人们理性认识政府职能的边界，并达成了一些共识：政府在干预经济领域应该坚持"有所为有所不为"，而在国计民生领域却必须"有所作为"，甚至要"尽力而为"。提出有为政府，并不是要重蹈"无所不为"的全能政府模式，也不是要走向"消极无为"的"守夜人"政府模式。

民生问题的解决，需要政府发挥主导作用，但这不意味着由政府包揽；强调政府"有为"，也不意味着要否定市场的作用。有为政府需要在政府与市场间寻求平衡。民生事务是复杂的、具体的，仅仅依靠政府势必力所不逮，应当发挥政府、市场与社会的作用，寻求它们之间的相对平衡，走向合作共治。这种合作共治的状态，将改变传统的政府统治模式，形成"治理型"的秩序。合同外包、业务分担、共同生产、解除管制等市场途径，已经成为公私合作的重要政策工具。民生事务和公共服务事项，首先应由基层政府来承担；基层政府力所不及的，再交给上一级地方政府来做；各级地方政府都做不了的，才由国家一级的中央政府（或联邦政府）来承担。强调公共服务的横向合作和纵向分工，并不是要"虚化"或"转嫁"国家在公共服务的责任；正好相反，它有助于促使国家在公共服务安排中更好地扮演"总导演"的角色、担负"总负责"的重任。

第三节 体制转型：走向公共财政

一、政府发展需要财政转型

1. 财政模式的历史变迁

财政是伴随国家而产生的。任何社会，国家出于履行其职能的需要，都会凭借政权的力量集中和分配一部分社会资源。在不同的历史阶段和经济形态下，财政模式是有明显差异的：较早出现的是"家计财政"，是"朕即国家"的专制王权在财政类型上的体现，国家财政活动偏离社会公共需要，侧重满足君主的私利，因而也称"王权财政"。家计财政在资本主义否定封建主义的过程中逐渐消失，取而代之的是"公共财政"。

2. 财政体制的功能"偏移"

现阶段，我国正处于现代化进程中，公共财政要发挥满足社会公共需要的终极目标，就需要将改善基本民生与推动经济发展结合起来，既要做大"蛋糕"，也要分均"蛋糕"。受"建设型政府"执政思维的深远影响，我国财政政策"重经济建设、轻公共服务"的导向未能彻底改变。政府对经济活动的直接参与以及政绩考核中对经济发展类指标的过度关注，直接导致政府财政支出向经济类项目的明显倾斜，用于公共服务领域的支出始终保持在较低水平。这种状态，与国际上社会公共性支出在财政支出结构中的比重渐趋上升形成对照，造成我国社会建设明显滞后于经济建设，偏离了发展型社会关注民生改善的实践逻辑。这样，公共财政协调社会利益格局、促进经济稳定发展、维护社会公正秩序的功能难以发挥，"三大差距"持续拉大，民生问题层次不穷，社会矛盾不断涌现，社会转型的风险加大。

事实上，我国公共财政体制一直未能真正建立起来，服务型政府建设面临体制性困境，不仅体现在财政支出结构方面，也体现在政府间的财政体制方面。我国长期实行的非均衡发展战略，导致公共资源在区域间、城乡间的差别化配置，并逐渐固化为现实的利益分割体系，突出表现为中央政府与省级政府、省级以下政府之间在财权事权上存在着纵向的非均衡关系。财政分权体制缺乏合理的事权划分作为依托，省级以下各级政府的支出责任不明确，出现"财力向上集中、事权向下位移"的反向运动，基层政府提供基础性公共服务的能力极其脆弱。税收返还的来源地规则和基数法原理，背离了该制度意在缩小差距的功能配置，抑制了转移支付制度的补偿效应和均衡效应，基层政府对基础设施及教育、医疗、卫生、文化等基本公共服务领域的投入明显不足，城乡公共服务差距逐步扩大。

二、财政转型：走向公共财政

新中国成立以来，我国财政功能的形态，经历了"供给保障型"（建国初期）、"生产建设型"（计划经济时期）、"经营管理型"（市场经济体制转轨时期）；新时期，"社会服务型"的财政理念正在形成，财政功能的转型已是必然，财政体制向公共财政转型的轨迹日渐清晰。公共财政蕴含着公共服务导向、民主规范运行的"政治实质"内涵，构成服务型政府的重要制度载体。

"民生政治"时代，"公共财政"折射出国家发展战略的转向，反映出政府职能结构的调整。公共财政本质上是一种民主财政。公共财政体制下，财政资源的汲取和使用都是有法律依据的，需要在法律框架下规范运行，这为平衡国家财政权与公民财产权提供了制度保障，既能保护公民的财产权，又能保证国家的财政安全。

公共服务作为公共需要的物化载体和外在表现，意味着促进公共服务是公共财政的功能。基本公共服务是以保障公民的基本生存权和底线发展权为旨向的公共服务，包含着权利平等、机会公平、结果均等的实质性内容，这与公共财政的"公共性"本质具有内在的关联性。基本公共服务均等化要求全体社会成员享有大致相同的服务项目和服务活动，这就要求公共财政无论在支出、收入还是目标上都要体现"公共性"的本质，在城乡之间、区域之间和群体之间进行公共资源的相对均衡配置。

三、基本公共服务均等化的财政路径

基本公共服务尽管以社会日益增长的公共需求为驱动源，但其直接制约力量则来自政府公共财政的支持水平。

1. 优化公共财政支出结构

公共投资是政府履行经济社会管理职能的重要手段，对于提高基本公共服务供给能力具有重要作用。目前，我国的公共投资结构在传统财政制度的路径依赖下，存在结构性的不均衡问题，经济性的建设支出规模过大，而诸如科教文卫等保障类支出等则明显落后于经济发展，而且在这些支出内部也存在着结构性失衡甚至"缺位"的客观事实。尤为突出的是，省级财政用于医疗、教育、环保的支出占比偏低，基层政府更是"以三分财力干七分事情"。中央政府的公共投资的结构性调整，发挥着重要的"纠偏"和"均衡"作用，有助于民生公共服务的持续发展。

2. 规范政府间财政分配关系

基本公共服务，在供给链条上包括投入和产出两个方面，并最终体现出公共服务的供给结果。在投入上，公共财政可以通过公共预算来提供基本公共服务所需要的资金拨付；但公共财政资金的投入只是基本公共服务均等化的必要条件，而非充分条件。政府间财政关系的不同，会产生相应的财政体制，而后者从根本上影响着财政投入的产出和结果。因此，健全中央和地方财力和事权相匹配的体制，是深化公共财政体制改革的关键环节。政府间职责范围的划分，总体上遵循"市场优先"和"地方优先"的原则，主要根据公共产品的不同属性、受益范围和外溢性等来确定，并以此作为配置各级政府财权和财力的依据。这样，纵向政府间的财权财力与事权事责在总体上将达到平衡。

3. 完善财政转移支付制度

财政转移支付是平衡地区间财政收支差异的重要政策工具，是一种财政资金无偿转移的再分配制度设计，已成为市场经济国家平衡财力分配的普遍做法。比如，德国《基本法》强调"生存条件一致"原则，规定通过联邦与州之间的财政平衡以及州与州之间的财政横向转移，实现在基本生存条件方面的财政均衡保障。国际上，经济合作与发展组织（OECD）国家用于均等化的转移支付是政府间转移支付的主要部分，它成功缩小了地区间的财力差距。为此，世界银行的研究报告建议中国重新构建其转移支付制度以实现促进均衡化的目的。

从转移支付制度设计来看，税收返还属于激励性措施，转移支付属于援助性措施，需要将二者合理搭配起来，发挥转移支付制度在财力分配上的均衡功能。当前，重点要改变财政转移支付模式，优化转移支付结构：①继续实行并规范纵向转移支付模式，逐步加强对农村地区、欠发达地区、边疆地区转移支付力度，优化转移支付的空间结构；②结合我国实行的东部地区对中西部地区的对口支援制度，建立和规范横向转移支付模式；③规范均等化导向的转移支付，适当扩大以公共服务为导向的转移支付规模，增强基层政府公共服务供给能力。在此过程中，要加强对转移支付的监管、审计和绩效评估，确保财政转移支付在促进城乡、区域公共服务均等化发展中的效应和效果。

第四节 模式构建：走向"合作治理"

一、公共服务提供：主体扩展与多元供给

公共服务是社会福利最大化意义上的公共物品。公共物品所具有的非竞争性和非排他性，意味着市场机制在提供公共物品中会出现"失灵"，需要政府承担提供公共服务的职责。这为政府干预公共物品的生产和供给提供了理论依据，凯恩斯主义得以流行开来并广泛运用于政策实践。这样，政府行政系统的功能、规模、专业性随着公共事务的扩张而得到拓展，并且部分地将立法与司法功能吸收进来，越来越多的国家呈现出"行政国家"的趋势，然而，20世纪70年代以来"福利国家"的危机表明，政府并不是万能的，当政府行动不能有效协调促进经济发展和改善社会福利的关系时，政府失败就产生了。公共事务

成为一个共同参与的空间，政府组织与社会力量建立了合作性的联系，试图通过不同形态的组织整合，建立高效的公共任务执行体系。

福利国家面临的深重危机，促进了福利混合经济的发展，推动了福利国家公共服务领域的改革。与此同时，强调公共部门、非营利机构对市场力量的制衡，避免过度市场化侵蚀公共服务的属性。事实上，公共服务的市场化和社会化，虽然改革的路向有所不同，但其目的是完全一致的，都在于改革现行的公共服务供给体制，以便更多地依靠社会力量来解决公共服务的供给问题。

从发达国家的经验来看，公共服务的提供机构，呈现出由一元的政府机构向多元化的社会机构扩展，并随着市场经济的成熟和"第三部门"的崛起而汇合成三元的混合结构；公共服务的提供机制，呈现出由政府垄断供给向包括权威型供给、市场型供给、志愿型供给在内的多元机制转变；政府部门、营利部门和志愿部门之间的关系模式，也由原来的"指挥—服从""配合—互补"逐渐转向"合作""协议"为主的伙伴关系。事实上，治理是实现公共利益的有效途径，公共利益必须依靠集体行动才能实现。公共服务是现代社会公共利益的重要物化载体，公共服务发展也需要通过多中心治理来促进。这一点，不仅是发达国家的实践经验，也得到治理理论的确证。治理是一种对合作网络的管理，是众多公共行动主体彼此合作，在相互依存的情境中分享公共权力，共同管理公共事务，以增进公共利益的过程。治理意味着公共服务的提供是一个更加开放的参与机制，需要国家、市场和社会三种力量共同担负，并在彼此互动中形成竞争与合作关系。

在一个多元化、异质型社会中，社会大众的公共服务需求是多样化的，仅仅依靠政府已远不能满足社会需求。在传统的管制模式下，公共事务缺乏规范的利益表达机制、公正的利益博弈规则、开放的民主协商平台，弱势群体的利益诉求往往会被边缘化而"悬置"起来，难以真正进入公共议程。即便国家向全社会提供公共服务，也只能反映"中位选民"的利益诉求。

二、基本公共服务的"合作治理"

1. 公共服务"合作治理"的内涵

基本公共服务具有全民共享、普遍受益的政治内涵，使政府理所当然成为其提供者。政府在公共服务提供、公共资源配置、社会公平维系方面有着不可推卸的责任。然而，长期以来，受计划经济体制的影响，我国公共服务提供在总体上是由政府部门垄断的，民间力量只承担着"拾遗补缺"的功能角色。实践表明，政府在基本公共服务提供中是有缺陷的，很难达到资源配置的帕累托最优。沃尔夫认为，在市场这只"看不见的手"无法使私人的不良行为变为符合公共利益行为的地方，可能也很难通过政府"看得见的手"去实现这一任务。

政府的资源、能力总是有限的，政府权威机制也不是完美无缺的。基本公共服务的提供，应将政府主导、社会参与结合起来，构建"合作治理"的新机制。一方面，政府要在治理结构中发挥主导作用，扮演公共服务的核心安排者。这不仅是由公共服务的特性决定的，也符合政府组织的基本特征。政府是代表公共利益的权威组织，以强制性的公共权力作为后盾，并拥有可靠的公共资源，在国家治理中是不可替代的核心力量。其他治理主体无法比拟的，政府的主导地位能够保证公共服务的正确方向，避免过度市场化侵害公共服务的性质和功能。另一方面，基本公共服务需要多元主体的积极参与。政府垄断公共权威造成的财政危机和官僚主义，危及公共服务的质量和效率，这正是民间力量"有所作为"的地方。事实上，政府权威、市场机制、志愿网络在功能上各有短长，多元参与有助于实现功能互补，达到改善公共服务绩效的目的。

2. 公共服务"合作治理"结构

（1）政府：角色分化与主导

新公共管理理论认为，"政府的职责是掌舵而不是划桨"，公共服务供给方式可以是多样化的，政府的主要功能是对公共服务进行合理安排。"政府的自信甚至自负导致了集体物品垄断性的直接生产模式"，导致公共资源的低效配置、公共财政的普遍拮据，并引发政府公信力的下降。事实上，"任何想要把治理和'实干'大规模地联系在一起的做法只会严重削弱决策的能力"。西方各国政府改革运动的目的之一，就在于提升政府对社会的回应力，改进公共服务的提供机制，以此增强政府的合法性。在此过程中，公共服务的"提供"与"生产"出现功能分化，政府主要充当公共服务的"安排者"和"提供者"，承担财政筹措、业务监管与绩效评估等责任；公共服务的"生产"与"供给"则由多元力量共同承担。当然，公共服务的"政治内涵"和特殊属性，意味着在寻求公共服务提供与生产分离的过程中，政府应担负公共服务的"总责任"，在多元治理结构中发挥主导作用，负责制定和实施公共服务的发展规划和运作规则，实现对多元主体的引导、规范与整合，通过政府权威保证公共服务的公益属性和均衡供给。

强调政府在公共服务中的主导作用，并不意味着政府要"垄断排他"；正好相反，政府应自觉从"管制型"走向"服务型"，从"全能型"走向"有限型"，优化政府在服务供给中的功能角色。一方面，要打破政府间的"职责同构"模式，根据公共服务的"受益范围"合理划分各级政府公共服务的职能范围，明确它们的公共服务事权与事责。针对基层政府财力不及的情况，可适当将提供财政资金的责任与公共服务的提供责任分开，使基层政府主要负责公共服务的运营管理。另一方面，要对公共服务类型划分和环节分解。类型划分在于澄清公共服务的属性，根据其"公共性"的强弱选择公共服务供给方式；环节分解主要是要廓清公共服务的提供者（安排者）、生产者的角色区别：生产者直接组织生产，或者直接向公众提供服务；而安排者对公共服务运行承担总体责任。这样，政府就可以在自愿行工具（家庭和社区、志愿组织、市场）、混合性工具（信息与劝诫、补贴、税收和用户收费）、强制性工具（规制、公共企业、直接提供）之间做出谨慎选择，合理组合政策工具从而达到最佳的公共服务效果。

（2）市场：适度介入与规制

市场主体参与公共服务的供给中来，有利于营造多元主体公平、有序竞争的环境，促进竞争网络的形成。这样，不仅可以打破传统政府供给模式的垄断状态，缓解公共文化服务短缺的状况，而且可以缓解由"委托代理"关系产生的"政府失灵"对公共服务供给效率的影响。当然，市场本身的缺陷，使公共服务的市场供给需要政府必要的监管和引导，以确保市场机制在合理的范围内运作。一是要发挥政府监管的作用，防止新的垄断的产生、私人的消极供给以及弱势群体被排斥享用的发生。二是要发挥公共政策的导向作用。我国长期以来实行的公共政策，是导致目前基本公共服务在区域、城乡、社会阶层之间不均等的根本原因。基本公共服务具有重要的公共伦理意义，其市场化改革应当是适度的，应当在普惠政策的规约下进行，应有助于促进公共服务的相对均衡发展。

（3）"第三部门"：积极互动与合作

20世纪70年代末，西方国家因政府全面干预陷入"滞胀"困境，"公民社会"逐渐进入改革视野，成为国家治理变革中的重要力量。

随后，越来越多的政府依赖"第三部门"来推进行政改革，全球范围内的"社团革命"迅速兴起。"公民社会"是存在于政府与市场之间社会中间力量，其主体是各种非政府性、非营利性的民间组织，通称为"第三部门"。戈登·怀特主张将公民社会领域同经济领域分开来对待，提出了政府—市场—社会"三分法"。帕特南在《独自打保龄》一书中指出，削弱社会就是削弱经济；削弱社会就是削弱国家。国家的"无所不在""无所不能"，抑制着公民社会的成长，会消耗国家的社会资本和信任网络，削弱互惠的集体行动能力。

事实上，"第三部门"中大部分组织是以追求社会公正为宗旨、以谋求公共利益为使命的，从事的是公益性或互益性的社会事务，是公共服务中不可或缺的力量。"第三部门"的广泛参与，不仅为解决公共服务领域存在的政府失效、市场失灵提供了新机制，能够促进基本公共服务的均衡发展；而且在政府与民众间搭建起沟通与协调的平台，发挥着民主参与、利益整合、权力制约的作用，有助于形成公共事务的治理结构。我国特殊的体制环境下，"第三部门"既包括民间自发的"草根组织"，如民办非企业单位；也包括半官方的"类行政组织"，如人民团体。其中，民间社团的公益性、民间性、志愿性，使它们可以以独立的身份与政府互动合作，在科技、教育、卫生、环保、扶贫等公共服务领域发挥积极作用。这类组织的有序发展，需要在分类规范管理的基础上，确认它在法律框架内的正当地位，消除它面临的合法性困境；与此同时，需要投资于社会资本，增进社会合作规范和信任度，增强其公共服务能力，建立与政府稳定的互动合作关系。在中国，人民团体的组织属性和社会功能，使它们成为承接政府转移职能、参与社会建设的重要力量，在关注民生改善、促进利益协调、提供公共服务等方面发挥着不可替代的作用。在公共服务实践中，应突出其公益性、事务性和服务性的特点，淡化其"官方色彩"，避免出现"行政化"倾向。

（4）"第四域"：类型分化与归位

"第四域"是指中国特有的由"事业单位"组成的领域，涵盖了除"政府"与"市场"之外的广泛领域，但又不同于西方国家所谓的"第三部门"。在"三分法"框架下，事业单位似乎应该归属于"公民社会"，但实际上它与"第三部门"有着明显差异，不仅在于其资源获取的"政府依赖"，而且在于其组织形态具有"二重性"。事业单位是公共服务的运营机构，兼有公共性和经营性。公共性指它为"社会公益目的"而存在，经营性表明其运作具有市场特征，但营利却不是其首要目的。事业单位的特殊性，使我们很难将之归入"第三部门"，而应当将之视为公共服务中比较特殊的一元。这一时期，"政府投资""事业单位提供"是我国公共服务制度体系的典型特征。改革开放以来，市场经济发展及经济体制改革，释放出多元、异质的社会公共需求，促进了公共服务供给主体的多元化发展。

我国的事业单位是一个覆盖广泛的组织空间，涵盖教育、科技、医疗、卫生、文化、体育等领域。我国事业单位长期消耗着约 1/3 的国家预算开支，但这些资源越来越多地用于"养人"方面，使事业单位的"办事"功能"减退"。一方面，廓清政府与事业单位的功能差异，实现政府职能归位，明确事业单位的法人主体地位，通过建立法人制度破解行政化运作模式；另一方面，回归公共服务本身，依据"公益性"标准推进事业单位合理"分化"。主要由政府财政来提供保障，避免过度市场化对其公益功能造成侵害。社会主义市场经济体制的完善，使我国事业单位由行政机关的附属物逐渐演变为公共行政的一部分。事业单位的法人地位和社会职能，使之成为社会公共事业发展的重要载体，成为公共事务治理结构中不可或缺的"一元"，推动着公共服务多元治理机制的形成。

（5）公民："话语权"与自主参与

现代公共服务发展深受管理主义的影响，使公民参与被囿于工具层面而缺乏应有的宪政关怀。20 世纪 90 年代，"协商民主"的兴起使公民参与超越了"代议制民主"的制度架构，形成了对间接民主的修正和补充。这样，基于公民直接参与的民主实践得以展开，它旨在通过讨论、审议、协商等方式，形成对公共事务治理的共识，以增强公共决策合法性，提升民主治理的品质。公民参与是以民主、参与、平等等共识性价值为基础的，普遍而有效的公民参与，是实现公共服务的核心价值、促进公共服务合作治理的社会基础。建立有效的公民参与框架，需要促使它从一种静态的、反应型的过程转变为一种动态的、协商型的过程。

社会大众是公共服务的基本对象，一切向社会提供的公共产品或服务都是为了满足大众的基本公共需求，因而社会大众对公共服务的态度是检验公共服务有效性和合法性的重要标尺。政府在推进公共服务均等化发展中，应充分尊重公民在公共服务方面的"话语权"，赋予农民参与公共服务的权利和责任，使公民真正拥有参与公共服务决策的机会和条件。这样，公民才会有更多的话语权，公民、政府与市场之间才可能进行平等的对话与协商，政策制定方才会具有回应性和责任性，生产方之间也才会有充分的竞争性。具体来说，政府在做出公共服务决策时，要尊重公民的表达权和诉愿权；在提供公共产品时，要赋予公民一定范围的选择权；在公共服务绩效评估中，应给予农民自主评判权。基本公共服务均等化，要充分尊重公民的参与意愿和利益诉求，合理协调政府主导与公民参与的之间关系，促进参与模式从"政府强主导、公民弱表达"向"政府理性引导、公民充分表达"的转变，从而强化自下而上的制度修正力量。在公共服务发展中，促进公民参与的关键有二：①建立公开、顺畅的公民参与制度、渠道和机制，增强公民参与的可以性；②增强国民的公民意识、行动能力和参与技能，增强公民参与有效性。

第六章 统筹兼顾：基本公共服务均等化的重要路径

第一节 统筹城乡发展实现基本公共服务均等化

一般来说，中国基本公共服务均等化面临的问题主要集中在三个方面：城乡不均、区域不均与群体不均。相比之下，城乡之间基本公共服务不均等的问题尤为突出，成为当下亟须解决的迫切问题，这可以从两个方面进行理解：①由于我国长期存在的城乡二元经济结构及其后遗症的影响，城乡之间经济社会发展差距不断加大，形成了相对割裂的基本公共服务供给体系，农村地区基本公共服务需求难以得到满足、供给极为有限，城乡基本公共服务不均问题积重难返，无法在较短时间内系统解决。②农村地区基本公共服务供给缺失是造成当前社会矛盾的重要因素，对现阶段城乡差距、贫富差距扩大化有直接影响，成为新型城镇化发展道路的阻碍因素。而城镇化是现代化的必由之路，是保持经济持续健康发展的强大引擎和促进城乡协调的重要抓手。从这个角度讲，加快实现城乡间基本公共服务均等化，公平高效地为城乡居民提供均等的基本公共服务，既是全面建设小康社会的切入点，也是统筹城乡发展的突破口。从西方国家的经验来看，它们都非常重视城乡之间基本公共服务的均等化问题，美国通过市场化、民营化改革确立了农村地区基本公共服务供给的多元化模式。中国基本公共服务城乡差距问题，其实质在于城乡之间基本公共服务供给制度构建割裂并与现有政策背离，政府职责出现缺位与错位。

一、中国城乡基本公共服务非均等化的现实状况

我国城乡之间长期实行两套截然不同的基本公共服务供给体制，城市基本公共服务由公共财政保障供给，城市居民能够免费或以较低成本获得基础教育、医疗卫生、社会保障等大量基本公共服务；农村地区的基本公共服务由县乡政府或农民集体自治组织提供，基层政府财政能力有限导致基本公共服务供给不足，农村居民无法充分享受到保障生存和发展的基本公共服务，而且自身还要承担基本公共服务的成本，负担加重。而随着经济发展

和社会，党和国家逐渐重视农村地区基本公共服务的需求问题，也采取措施强化农村基本公共服务供给，但就目前来看，城乡之间基本公共服务非均等状态仍比较明显。

二、中国城乡基本公共服务非均等化的原因探析

基本公共服务均等化是漫长的过程，长期以来造成的城乡基本公共服务非均等化的现状无法在短期内得以彻底解决，这是我们目前必须面对的现实。但是，准确剖析城乡基本公共服务非均等化的原因是当前更值得注意的问题，唯有如此，才能有针对性地提出解决方案。我国城乡基本公共服务非均等化的原因是多方面的，从宏观角度看，由于国家发展战略导致的城乡二元结构是我国城乡基本公共服务非均等化根本性原因，经济发展失衡、户籍制度割裂、供给制度二元等城乡二元结构的后遗症严重加剧了城乡基本公共服务的差距水平。从中观角度看，公共财政制度的不完善是我国城乡基本公共服务非均等化物质性原因，分税制以及转移支付制度使得城乡基本公共服务投入不均。从微观角度看，基本公共服务需求表达机制失衡也是造成我国城乡基本公共服务非均等化的重要因素，城乡居民在基本公共服务需求表达能力和表达组织方面的失衡成为城乡基本公共服务非均等化的催化剂。

1. 城乡二元结构的影响

在城乡二元结构体制下，城乡之间实行二元分立的基本公共服务供给体制，这种不均衡的供给体制主要源自我国长期以来实行的"先城市后农村""先工业后农业"的发展战略。中华人民共和国成立后，在特殊的国际、国内环境下，为了实现经济快速发展的目标，实行工业赶超的战略，将大部分注意力和资源向城市和工业领域倾斜。为了建立种类齐全的工业体系，确保工业发展的资金需求，一方面，国家通过实行工农业产品价格"剪刀差"的形式，以行政强制手段扭曲产品价格和生产要素价格，压低重工业生产的成本；另一方面，将农民限制在农业领域，除完成自身生存所需要的资源外，还要向城市和工业发展提供原料与资金。就这样，国家从农村、农民汲取大量的农业剩余和财政资源输入到城市和工业，以确保国家工业和城市发展的优先性，由此形成了城乡二元的经济结构。不同的基本公共服务供给政策：城市居民所需要的基本公共服务，由单位或政府包揽供给，资金来源主要是公共财政，基本公共服务资源大幅度向发达地区、城市地区倾斜，使得城市地区医疗卫生、基础教育、社会保障等基本公共服务供给持续高效；而农村居民需要的基本公共服务由农村集体经济组织供给，政府负责的较少，公共财政在农村基础设施、水利工程、医疗卫生等领域的投入相对较少，加之农村地区基层政府和自治组织财政能力羸弱，基本公共服务的成本和费用最终由农民分担，这不仅加重了农民的负担，更拉大了城乡之间基本公共服务的差距。

2. 公共财政制度的缺陷

"财政制度贯穿在整个财政资源的汲取和公共服务的提供活动中，财政资源决定了财

政制度，但反过来，财政制度的优劣会直接影响财政能力的强弱"*这反映到基本公共服务上，就直接影响着城乡均等化水平。其一，国家财政支出向城市地区倾斜。如上文所述，城乡二元结构使国家的注意力和资源向城市地区集中，国家财政支出也更多地投向城市，致使用于农业的财政支出严重不足。

3. 需求表达机制的过程

在基本公共服务均等化的过程中，社会公众通过一定的机制或渠道将自己的基本公共服务需求表达出来，引起基本公共服务供给主体的重视，在供给制度设计和执行过程中回应公众需求，实现供需均衡。在我国，城乡之间基本公共服务非均等化的现状与农村居民需求表达机制缺失有密切联系。现实层面的农民需求表达机制却处于缺失状态，导致城乡居民基本公共服务需求表达失衡，进而阻碍了城乡基本公共服务均等化。①城乡居民基本公共服务需求表达能力失衡。需求表达主体的自觉性程度和科学文化素质是需求表达能力的重要衡量标准，决定着需求主体能否精确提炼自身需求并主动用最恰当的语言概括出来。城镇居民在市场经济发展的浪潮中培育了较强的权利意识，在维护经济利益和政治权利方面主动进行利益表达的意愿强烈。相比之下，农村居民却缺乏捍卫自身权利的自觉性，加之长期以来自上而下的决策体制，使农村居民习惯了被表达。另一方面，相比于城镇居民，农村居民受教育程度较低。有学者认为，尽管公民受教育程度与公民的利益表达能力不一定成正比，但利益表达和其社会文化程度无疑有着必然联系摄目前，我国农村居民总体上受教育程度、政治素质和法律意识均落后于城镇居民，这在很大程度上限制了农村居民需求表达的深度与广度。②城乡居民基本公共服务需求表达组织失衡。组织是社会公众表达利益需求的载体，有助于增强社会公众需求表达的有效性。在中国，城乡居民在需求表达组织的发育层面表现出很大差异。从西方国家来看，农会或农协是农业从业人员的利益代言人，不仅负责检查本国的农业政策，甚至在国际舞台上也发挥着十分重要的作用'美国有农民协进会、欧洲有欧盟农民联合会、日本有日本农业协同组织，这些农民组织代表着农民的利益，在需要时为农民发声。而在我国，作为一个拥有 6 亿多人口的农业大国，目前还没有一个统一性的农民组织，虽然存在过农会等农民组织，也都是为了革命或政治运动的需要，改革开放以后，农民组织逐渐消失，这说明农民组织化程度低是一个无可辩驳的事实。在城镇却存在着各种各样的社会组织，除了影响最为广泛的工会之外，还存在各种各样的行业协会，它们都是城镇居民基本公共服务需求的发声筒，以组织力量影响着政府决策。

三、中国城乡基本公共服务均等化的实现路径

（1）强化城乡间基本公共服务的制度衔接与政策协同。基本公共服务均等化作为一项保障居民生存和发展权的公共政策，要发挥良好的效率还需要其他相关制度与政策的配合，因为"良好的政策需要有适当的制度基础与其他政策在制度机制上相兼容"，"基本

的制度资源是良好的公共政策的基础"。当前,制约城乡间基本公共服务均等化进程的重要制度因素是户籍制度。户籍制度不仅直接造成了城乡对立的二元格局,还严重阻碍了人口、资源要素在城乡之间的自由流动,加剧了社会分化和城乡割裂,致使城乡间基本公共服务严重失衡,因此,强化城乡间基本公共服务制度供给与政策协同的首要任务是加快推进户籍制度改革,打破传统的城乡分割的二元户籍制度,建立能够消除两种户口带来限制的城乡统一的户口登记制度,落实放宽户口迁移政策,使城乡居民获得统一身份。在此基础上"建立与统一城乡户口登记制度相适应的教育、卫生、计生、就业、社保、住房、土地及人口统计制度",剥离或剔除附着在户籍制度上的种种经济差别功能和社会福利权利,真正使城乡居民在共享改革发展成果和基本公共服务面前具有相同、平等的权利和同等的机会。其次,要建立一体化的基本公共服务标准,推进城乡基本公共服务制度衔接。长期以来,我国基本公共服务的供给,都具有明显的社会身份倾向。特别是在城乡二元对立的社会格局和农业户口与非农业户口的身份标签下,基本公共服务的供给一直偏向城镇地区的城镇居民,农民要么无法享受到相应的基本公共服务,要么享受到的基本公共服务数量和质量远远落后于城镇居民。因此,"摆脱身份传统的影响、建立起一视同仁的公共服务供给制度,对实现公共服务均等化目标来说是至关重要的"。基本公共服务标准受到经济发展状况和居民需求程度的影响,在制定城乡统一的基本公共服务标准时也需要考虑标准适用地区的实际状况,应因地制宜,切忌"一刀切""一风吹"。最后,继续深化新型城镇化道路战略,促进城乡基本公共服务均等化政策协同。新型城镇化道路是在全面建设小康社会的决定性阶段,党和国家提出的重大发展战略,对于促进我国现代化进程、保持经济稳定健康持续发展具有重要意义。一方面,新型城镇化道路强调有序推进农业转移人口市民化,实现"符合城镇条件人口落户城镇",这与户籍制度改革具有异曲同工之处,能够弥合因身份不同带来的城乡居民所享受的基本公共服务的差距。另一方面,新型城镇化道路注重推动城乡一体化发展,主张"推进城乡规划、基础设施和公共服务一体化",这有助于促进城乡之间基本公共服务均等化政策协同。通过一体化的体制机制建设,扩大财政制度向农村地区倾斜,统筹城乡之间基础设施建设,强化城乡之间基本公共服务连接。

(2)实现城乡间财政转移支付方案合理设计。财政体制是城乡基本公共服务均等化的物质基础。其中,转移支付制度是实现城乡基本公共服务均等化最重要的财政手段。我国城乡间基本公共服务均等化程度不高与财政转移支付制度存在缺陷有一定的关联。我国目前财政转移支付制度侧重于控制功能,存在诸如财力性转移支付规模不大、专项补助政策导向不突出、转移支付管理不规范等问题。因此,为了有效调节城乡之间基本公共服务的均衡配置,实现城乡基本公共服务均等化的目标,必须合理设计城乡之间财政转移支付方案。城乡间财政转移支付方案设计可由此入手,具体而言,①逐步取消体制性转移支付(税收返还)。但从随后的实践来看,税收返还体现了对地方既得利益的维护,不仅未能实现不同地方之间的财政均衡,反而拉大了地区间财政能力差距,不利于实现基本公共服务均等化。因此，必须予以取消。②调整和强化一般性转移支付。从国外经验来看，一般性转移支付是用来促进均等化的重要手段。它的优势在于不对转移支付资金的使用进行具体规定，接受拨款的地方政府可以自主安排使用，这大大增强了地方政府根据实际情况提供基本公共服务的自主性。尤其是在农村医疗卫生、基础教育以及基础设施建设等财政要求较高的领域，基层政府无力承担，必须依靠上级政府，加大对农村地区的转移支付力度。③严格规范专项转移支付。与一般性转移支付一样，专项转移支付也具有均等化的功能，但其在实现城乡基本公共服务均等化上所产生的作用不同。专项转移支付是上级政府部门为实现特定政策目标补助给下级政府的专项资金，资金接受者必须严格按照规定使用资金，无权挪作他用。目前来看，专项转移支付仍是我国财政体制的重要组成部分，但因其项目复杂、种类繁多而致使出现监管不力的问题，因此，应该强化对专项转移支付的规范和监管力度，如需要明确专项转移的标准、控制专项转移的规模、规范专项资金的使用，提升专项转移的配置和使用效率。此外，还应注重转移支付的配套改革，如改进转移支付的测算方法，摒弃"基数法"而改用"因素法"，通过选取能够反映地方财政能力和收支需求的客观性因素来确定转移支付额度。

（3）促进城乡间基本公共服务设施均等配置。如果说，制度供给与政策协同从宏观层面为城乡基本公共服务均等化提供了体制机制的顶层设计，财政支出转移从中观层面为城乡基本公共服务均等化提供了财政投入保障，那么，服务设施均等配置则是城乡基本公共服务均等化在物质载体和空间布局方面的必要条件，一般而言，基本公共服务设施是指"在特定的社会发展条件下，为维持经济发展的稳定以及社会的公平与正义，满足全体公民最基本的生存和发展所必须提供的具有空间表现形态的公共服务设施"。作为基本公共服务衍生出来的一个概念，基本公共服务设施是基本公共服务的物质载体和空间表现形态。从这个角度讲，基本公共服务设施均等化是基本公共服务从资源到服务的中间转化环节，是服务均等化的过程保证，因为"大部分法律、财政和其他政策制度所提供的基本公共服务资源和权利并不能直接到达居民，而是必须通过设施将这些资源转化为服务并在相应设施中提供给居民个人后，才能产生基本公共服务结果。"对于城乡之间的基本公共服务均等化而言，制度、政策、财政等诸多方面资源的投入必须通过具体的基本公共服务设施才能够转化为城乡居民享受服务结果方面的均等。城乡基本公共服务设施均等配置的最终目的在于满足城乡居民的基本公共服务诉求，使其能够公平可以地享受到大致均等的基本公共服务，因此，城乡基本公共服务设施配置的首要原则在于保证结果均等。

第二节　实现区域发展实现基本公共服务均等化

改革开放以来，中国经济实现快速发展，基本公共服务水平却呈现出了与经济发展水平不相匹配的状态，因此需要政府为社会成员提供基本的、公正的、与经济社会发展水平相适应的公共物品和服务。由于受历史原因和国家政策导向等多种因素的影响，国内各区域之间的基本公共服务水平差距呈现出了愈加明显的态势，中国当前不同地区居民享有的基本公共服务水平差距较大。

一、中国区域基本公共服务供给制度的历史演进

缩小区域城市之间的差距是实现目标的必要前提，但中国当前的基本公共服务区域配置明显失衡，各个区域基本公共服务资源配置差距显著，并呈逐渐扩大的趋势，这其中受深刻的历史因素和先天资源影响。

中国的区域基本公共服务供给和城市的发展密切相关。从中华人民共和国成立初期到改革开放，民众一般偏向对食品和住房等物质方面的需要更强烈，公共物品的分配实行绝对的平均主义。在这样一个国家包办、平均主义的年代，中国的公共服务供给总体水平欠缺，效率不高，并呈现出向城市倾斜、乡村基本公共服务发展缓慢的状态。

由于地方政府存在职能弱化的问题导致其公共服务投入严重不足，致使公共服务供给无论从均等化还是从可以性来说都呈现严重不足的局面。相较于公共服务供给，各级政府以经济发展为追求目标，公共服务在各级政府的财政支出中并不占据优先地位。由于缺乏资金扶持，农村的基本公共服务供给基本处于停滞状态，城市的公共服务体系也面临重大转变。传统计划经济时代的免费服务变为付费享有的状态，由于刚刚起步，加上政府的投入匮乏，公共服务资源分配不足的新问题逐渐出现。在这一时期，公共服务供给的责任逐渐下放到地方，国家实行以分权为主的行政和财政体制改革，地方政府的财政和行政能力大幅提高。过度承担事权的地方政府由于缺乏有力的财政支持，很难为民众提供足够的公共服务供给。国家对地方政府的考核标准依然是以 GDP 为主，因此即使是相对发达区域的地方政府也很难竭尽全力来完成基本公共服务的供给任务。总体而言，由于从大锅饭过渡到个人付费，公共服务的质量和水平较之前相对提高，但由于财政匮乏等问题，各级政府对公共服务的投入热情并不高，致使公共服务的普及性不高，中国的贫困群体，农民处于公共服务供给的边缘地带，也就造成了城乡之间、区域之间的公共服务差距逐步拉大。

二、中国区域基本公共服务非均等化的现实状况

1. 中国区域公共服务配置呈现地区和资源失衡状态

中华人民共和国成立后到改革开放之前,国家一直采取扶持内地的区域政策,改革开放之后,国家提出允许一部分人先富起来的战略,开始以东部沿海地区为发展重点,造成了区域发展不平衡的状况。因此,国家在坚持"两个大局"的基础上开始注重区域均衡发展,提出"西部大开发"和振兴"东北老工业基地"等相关政策。相关战略政策的实施虽然取得了巨大的成果,但区域的协调发展标准逐渐GDP化,某种程度的地方保护主义以及基本公共服务差异化等问题也伴随而来。按照主体功能区的规划,以GDP作为区域协调发展的标准很难实现,因此,需要将区域基本公共服务的均等化作为区域协调发展的新标准。

我国政府在20世纪80~90年代过于重视经济增长和经济建设,对于基本公共服务方面重视相对不够,尽管每个人的生活水平较改革开放之前有很大程度的提高,但是社会福利供给并没有明显改善。国家通过出台一系列政策,使得政府公共政策的重心从经济发展过渡到社会政策方面,在教育、医疗、养老和基本生活保障方面加大了投入和扶持的力度。虽然政府的投入经过多年的努力取得了一些进展,但区域之间在基本公共服务方面的发展依然处于失衡状态。如在教育领域,中国城市和农村在义务教育阶段已经基本实现了免费,但区域之间的教育资源分配差距十分明显。总体而言,经济发达地区的教育资源普遍优于欠发达地区,即使在同一区域之内,教育资源的分配也呈现不均衡的状态,公众关注的学区资源分配并未真正落实到均等公正。农村实行新农合制度等,对于缓解"看病难"的状况有所缓解,但各个区域的医疗资源分配差距仍然十分明显,相较于医疗资源丰富的北上广区域,偏远地区的医疗资源十分有限,很难保证基本的医疗服务。因此,基本公共服务均等化是协调区域发展的当务之急。相对于20世纪80~90年代,中国的基本公共服务呈现逐步完善的状态,公共服务的均等化程度有所提高。"但社会政策所明显具有的城乡二元化和身份碎片化特征,在城乡间、群体间实施差异的公共服务,不但没有实现完全意义的机会均等,还大大限制了投入均等与结果均等的实现程度。"

2. 缩小区域基本公共服务供给差距的立法不完善

相关政策为国家的立法提供了具体的理论资源,如我国的《教育法》中对扶持边远少数民族地区的相关规定,《就业促进法》对国家关于支持区域经济发展,统筹不同地区就业增加的规定等。但大多立法更多从宏观层面给予规定,缺乏相关的立法理念。我国现有促进区域基本公共服务均等化的相关立法大多着眼于对欠发达地区的特殊照顾,并未从根本上将区域基本公共服务均等化理念贯彻其中。所以我国大部分区域的基本公共服务呈现出相关立法简单,缺乏规范的制度设计的问题,立法更多起宏观的指导作用,缺乏具体层面的对策和处罚措施。对于如何缩小区域间基本公共服务供给,缺乏具体操作性法律法

规。同时，我国大多数的基本公共服务立法没有对中央政府和地方政府对于推进区域基本公共服务的重任进行明确规定，从而致使对政府的约束力不够，很难保证各级政府将区域基本公共服务置于工作重点。

3. 区域基本公共服务均等化的理念缺失

伴随着城市化发展进程的启动，民众的需要层次也会随之提高。随着基本物质需求的满足，对于教育，医疗和环境保护等基本公共服务的需求随之产生。但中国城市化的进程与基本公共服务均等化的过程并非并行不悖，中国的城市化进程很大程度上是人口数量的持续增加，而非整个城市相应配套水平的实质提高。有学者甚至认为中国的城市化在某种意义上是虚假的城市化，在这个过程中并没有给城市居民带来充足的公共服务设施，区域间的基本公共服务水平呈逐步扩大的趋势。

现行中国对各级政府的考核标准很大程度上是考量创造的经济利益，而对公共服务的社会性和公益性相对重视不够，造成经济落后地区的公共服务水平更加低下，对基本公共服务均等化的实现非常不利。

我国由于很长时间内过于重视 GDP 指标，公共服务均等化问题没有得到应有的重视。居民收入一次分配的地区差距，经过二次分配反而有扩大的趋势。发达地区的教育经费、医疗机构覆盖水平，人均基本医疗保险支出与欠发达地区甚至达到数倍的差距。瑞典经济学家缪达尔认为，在正常的情况下，由于地区间工资水平和人均收入的差距，某些地区的发展会相对快一些，一些地区的发展会相对慢一些。一旦某些地区领先于其他地区，往往会在既得优势上继续发展，而发展缓慢地区会相对而言更加缓慢，因此，单靠市场机制很难协调区域之间的发展，需要政府的干预打破这种状况。政府需要保证各个区域的民众享受到大致相当标准的教育、医疗和社会保障。只有建立普遍完善的面向全体民众的基本公共服务供给机制，才是缩小区域差距的最优选择。

4. 政府之间的横向和纵向财政转移支付制度不完善

一般而言，政府可以通过转移支付制度来构建政府财政平衡机制。我国的转移支付主要是由税收返还、一般性转移支付和专项转移支付三个部分组成。而税收返还遭到很多诟病的原因来自其采取的技术返还方法，非但不具备横向平衡效应，而且很大程度上其原初的设计是出于对地方政府既得利益的维护，是与均等化进程背道而驰的。

从性质上而言，区域基本公共服务均等化是区域财政均等化的最终体现，区域财政均等化的根本目标是为了实现区域公共服务水平的均等化。城乡的协调发展也离不开财政制度的支持和保障。当前中国的城乡分割现象严重，城市和农村改革服务的差距巨大，如何建立覆盖城乡的公共服务体制，是各级政府需要关注的重点。区域基本公共服务均等化的目标是能够在现有的财政能力下提供大致均等的公共服务，为此需要设计转移支付工具体系，通过转移支付这一机制，保证即使各个区域存在经济和财政能力上的差异也能提供大致均等的公共服务。

三、中国区域基本公共服务非均等化的原因探析

1. 缺乏对区域基本公共服务资源进行调配的手段和方式

由于多年来国家坚持政策导向，缺乏中国区域发展的总体规划，没有对区域基本公共服务资源进行调配的方式和行之有效的手段。呈现愈加明显的态势，后来提出的"西部大开发"和"振兴东北老工业基地"的政策却没有真正带动相关区域的发展，同时由于各个区域都存在片面发展的状况，过度重视本区域发展前景的规划，缺乏对全国统筹发展观念和意识关注，加上国家缺乏总体专业的区域发展调节结构和政策，基本公共服务产生问题或者各个区域出现争利的情况难免发生，导致很多问题无从下手。

2. 政府在区域基本公共服务均等化过程中的法律责任缺失

法律是保障区域基本公共服务差距缩小的有效手段，国家为缩小区域基本公共服务均等化先后出台了多项法律，并对缩小区域基本公共服务差距做了相关明确的规定，但我国的相关法律大多停留在宏观政策指导层面，缺乏落实基本公共服务均等化的理念，同时具体层面的对策和追责措施相对缺乏。我国区域基本公共服务立法由于缺乏整体的公平发展观念，导致缺乏宏观上协调各个区域基本公共服务发展的立法，而且在区域内也缺乏相关立法以保障基本公共服务供给的范围和具体标准。同时，区域基本公共服务均等化的法律制度对实施主体的责任义务并无明确的规定，导致各级政府缺乏有效的监管和约束。各个区域之间的基本公共服务供给政策缺乏有效的协调，区域各级政府出台的相关法规和政策缺乏统一的标准，也没有专门的协调机构进行区域之间的协调。

3. 缺乏对区域基本公共服务供给的正向激励措施

当前的各级地方政府依然以经济指标作为绩效考核的主要标准，因此如何激励地方政府加强区域之间的有效合作是完成区域基本公共服务均等化需要考虑的问题。区域基本公共服务供给的良好状态需要相关的立法和政策作为配套保障，同时需要各级政府的相关配套立法。关于区域之间在供给基本公共服务过程中如何进行有效的合作、地方政府在供给基本公共服务过程中的政绩评估等方面都需要有相关的正向激励，保证各级政府首先有意愿和动力来完成基本公共服务的供给。中央政府虽然在不断增加财政投入的力度，宏观上提高了国家财政对基本公共服务的保证能力，但是由于缺乏地方财政对基本公共服务投入的引导和激励措施，由于当前缺乏对各个区域基本公共服务供给的正向激励政策和措施，各级政府受传统的经济优先发展观念的影响，难以真正落实财政资金对基本公共服务供给的保障。

4. 转移支付制度不合理

国家用于医疗、教育、就业和社会保障方面的公共财政支出呈现每年递增的趋势。各地由于财政能力基础的不同，造成满足基本公共服务的能力也相应地不同。

我国当前政府之间的横向和纵向的财政转移不平衡状况都比较严重。横向财政转移

上，由于转移支付与各地政府的财政利益分配直接挂钩，各层级的政府之间也存在十分复杂的利益关系，因此转移支付往往成为政府间利益博弈的重要手段。发达地区与欠发达地区的税收返还基数差距很大，返还额度也会有所差别，这样不但不会使区域之间的发展差距逐渐缩小，反而使基本公共服务均等化难以实现。纵向财政转移中，中央对地方政府的转移支付在各个地方政府收支不均衡情况下，转移支付的分配方式并不规范，同时各地的收支存在差异，中央政府按照基数法来进行税收返还反而会导致各地的经济发展不平衡状况进一步加剧。

四、中国区域基本公共服务为等化的实现路径

当前中国的基本公共服务供给还限于上级对下级政府的政策传达或者本级政府的相关政策条例层面。由于各地区在供给基本公共服务时会存在供给数量和质量的区别，如何侧重欠发达地区的供给扶持就显得比较困难，显然，全国的统一标准很难实现真正的区域基本公共服务均等化。有必要根据我国基本公共服务均等化的战略目标，明确各个区域的基本公共服务均等化的范围和标准，同时根据基本公共服务的类别进行标准的制定，明确同一类别基本公共服务的提供标准。按照城镇化的发展需要，加快基本公共服务能力方面的建设，力争做到基本公共服务的设施布置、供给规模和城镇化的发展相适应。建立健全区域基本公共服务均等化协调机制。加强区域政府间的磋商协调，保持区域之间的基本公共服务的标准和服务范围大体一致，推动地方政府在区域间的基本公共服务均等化的统筹功能，适应区域一体化的发展要求。

合理划分中央政府和地方政府之间的财权和事权，力图做到中央统筹平衡各个区域的基本公共服务标准，并做到相应的配套保障机制。中央政府可以在合理设计转移支付制度的基础上给予各地方政府必要的自主权，调动地方政府的积极性。严格的标准需要科学的评估。如果没有对相关的标准进行监督和评价，那么制定标准会变得毫无意义。因此，需要针对各类基本公共服务均等化的数据标准制定相关的问责制度，力求对地方政府供给基本公共服务问责提供制度保障。

合理划分中央政府和地方政府的供给责任和职能。我国法律对政府的职责有宏观的规定，但在具体事务的操作中却不容易把握，这导致各级政府在具体事务的责任问题上容易互相推诿，不仅会影响各公共服务供给的数量和质量，长久下去会造成政府职责不清，互相扯皮，效率低下。通过立法形式明确不同层级政府对公共服务供给过程中的责任，明确事权和财权的划分并且加以规划，有助于公众对各级政府的监督问责，促进各级政府能够有效地行使职责。政府如何解决区域基本公共服务差异，除了合理引流劳动力，考虑加大对基本公共服务弱势区域的扶持力度，尤其对中部和西部地区等的基本公共服务供给，最终建成覆盖全国的公共服务体制。

第三节 兼顾流动人口基本公共服务均等化

在人口迁移成为中国社会的基本国情的情况下,流动人口的管理与服务已经不再是国家社会管理的某项次要任务,而成为惠及国民的普遍任务和基本公共服务均等化的重要内容。

一、国外流动人口基本公共服务均等化的实践经验

人口流动是经济规模增长和经济全球化的必然结果,也是各国城市化进程中面临的普遍问题。西方国家由于在工业化和全球化道路上走在前列,其公共服务体系投入更大、制度建设更为健全、取得的经验也更为丰富。因此,研究国外尤其是西方发达国家在流动人口公共服务方面的实践经验,对我国流动人口公共服务均等化的政策设计和实施具有很强的借鉴意义。综合考察发达国家相关方面的政策法规,其流动人口均等化服务行之有效的政策手段主要包括以下三个方面。

(1)在制度层面消除流动人口与固定人口间身份差别,为流动人口公共服务均等化消除制度壁垒。流动人口融入居住城市,最根本的问题就是国家和地方层面歧视性的制度安排。如果一个制度把定居人口与流动人口区别开来,并赋予两类人口不同的法定权利,那么人口流动就必定是受到约束的,流动人口与固定居民间制度性的"门槛"也会具有合理性。随着城市化进程的加速、城市经济与社会功能的完善,迁徙自由渐渐成为被社会认同的公民基本权利,与之相配套的公共服务也在法律和制度层面得以解决。发达国家在普遍坚持覆盖全部所有人口的社会保障体系,从根本上使流动人口与定居人口的二元区分不再具有意义。加拿大通过联邦政府以中央财政转移支付的方式平衡各地在基本社会保障领域的财政能力差异。

(2)在政策方面鼓励而非限制人口流动,用全国性信息系统建设消除流动人口公共服务的信息壁垒。流动人口享受基本公共服务的一个重要困难在于,个体的流动性可能造成国家和地方政府间、地方政府之间在提供各项服务措施时出现管理和衔接困难。追踪和掌握流动人口的流动轨迹,对地方政府制定公共服务规划、划拨经费和人员具有极为重要的意义。发达国家利用其成熟的社会信息采集网络,打破了各部门对单独信息的部门垄断,在更高层面实现了社会数据采集和管理的网络化,进而解决了流动人口公共服务享受公共服务的信息壁垒。在德国,公民移居所需的户口迁移手续完全由迁入地户籍管理部门和迁出地协调解决。德国公民在迁居他地时只需要有工作、有住宿地即可。日本则推行"住民票"制度,居住票的申领无须复杂手续和费用,只要移民完成一定的居住年限并有固定职

业则可申请登记。在这方面，美国 SSN 与 LRS 并行的制度模式效果最为引人注目。美国人口管理依靠社会安全号制度（SSN）与生命登记制度（LRS），对公民的生命事项和个人信息进行伴随一生的追踪与管理，成为高度流动的美国社会进行有效人口管理的信息基石。全国范围内单一化的信息管理制度，降低了西方国家政府对流动人口进行信息管理的成本，也避免了各级政府因信息不足而限制人口流动的政策。

（3）多种方式鼓励移民融入，鼓励流动人口融入居住地社会，为流动人口公共服务均等化消除社会壁垒。流动人口从迁徙到一个地方到真正融入当地社会当中，都有一个困难的过程。没有所在地社会与文化层面的接纳与配合，流动人口真正享受到基本公共服务的程度将大打折扣。包括教会、志愿者组织、各种非政府组织在内的多元行为体，对于引导流动人口熟悉、接受和配合当地公共服务政策，起到了巨大的作用。以社区为载体，流动人口迅速实现了安居乐业，又降低了所在城市在公共安全、医疗卫生等方面的供给压力。包括欧洲、北美在内的西方国家纷纷将社区自治为基础的多元供给视为未来公共服务发展趋势。

二、流动人口公共服务供给过程存在的问题

（1）我国流动人口基本公共服务供给状况的改善，其根本问题在于强化相应制度的动态性，而非降低流动人口的流动性。就政治和文化层面而言，中国历史上一直存在着防范和反对人口流动的传统。中华人民共和国成立以后，出于优先发展重工业、建立国家工业化和国防现代化的需要，我国自第一个五年计划开始执行"农业补贴工业"的政策，城市和乡村在产业结构和功能上的区分日益显著，城乡收入差距随之拉开。乡村向城市转移人口的动力随之增加。但是，由于我国执行的是高度的计划经济政策，人口转移也被国家纳入国家产业结构布局的统筹考虑当中。因此，除有计划的农村招工外，我国并不鼓励农业人口的自由流动，抑制而非鼓励流动成为我国人口政策的基本特征。改革开放以来，我国社会主义市场经济体制的建立和发展迫切需要人口的自由流动，但是中国割裂的静态化的城乡结构和人口管理模式却并没有发生根本性的改变。

（2）我国流动人口管理长期以来缺乏科学全面的制度统筹，存在着明显的制度过密化特征。"过密化"这一术语由美国学者杜赞奇创造，形容制度数量的增加与效率日益低下互为因果相互循环的趋势。在国家层面，我国流动人口管理政策长期以来缺乏顶层设计，流动人口的管理权限分散在治安、计生、公共卫生、教育等不同部门。流动人口公共服务国家层面的政策设计往往以部委间的协调为主，其出台的政策文件具有目标导向和任务导向的特征，以实现某一具体指标为目的，但通常不涉及部门功能整合重组和政策规范统筹方面的制度设计。

中央政府顶层设计的缺失对地方政府流动人口公共服务政策造成了很大的影响。上与中央政府保持高度一致。流动人口管理和服务的碎片化趋势因此由中央扩散到地

方并进一步放大。地方政府继承了来自更高层级的条块分割的管理体制,各部门间在信息收集、政策设计、管理模式、预算使用上存在着严重的制度壁垒:一方面各部门的职能层叠架构,重复投入和利用率不高现象普遍存在;另一方面管理权限不清使部门间推诿塞责成为可能,流动人口公共服务出现长期性的覆盖盲点。同时,过密化的制度设计增加了统一领导和监管的难度,与流动人口管理相关的各项制度在历史路径上存在着应急和临时的色彩,各级地方政府和相关部门可以根据自己的需要选择政策切入点与重点,控制政策幅度。各部门在"管什么、管不管、怎么管、管多久"的问题上具有很大的自主权限,而他们在信息收集、政策执行方面的很多政策都是相互叠加、矛盾和抵消的。目前有一种论调将流动人口公共服务供给不足的问题归咎于地方政府财政投入不足,但是这一研究通常没有将部门因制度过密化导致的预算浪费考虑在内,条块分割化的服务结构极大增加了流动人口服务统筹的成本。

(3) 流动人口群体的高度流动性和各项基本"素质"问题成为困扰基本公共服务供给的重要问题。现有研究流动人口公共服务的文献不约而同地指出,流动人口流动性强,受教育程度相对较低,年龄结构较轻,法制维权意识较低,在接受所在地政府管理和服务方面具有"被动性"较强的特征。一旦缺乏他们的主动配合,各地政府在搜集掌握流动人口基本信息、进行有效管理和提供针对性服务方面就会遇到巨大的困境在这些困难背后体现的是两个深层次问题:①相关部门习惯以城市居民为参照系来看待流动人口的公共服务工作,注意到流动人口的整体素质、配合相关部门工作等方面与城市固定人口的差距,用处理城市居民公共服务事宜的思路和流程看待流动人口公共服务工作。在我国城乡二元结构差异根深蒂固、公共服务均等化需要较长历史周期的情况下,即有工作思路、方法和机制不但不能解决流动人口公共服务的实际问题,反倒成为新机制建立和发展的桎梏。②流动人口往往有效利用地方政府提供的各项公共服务,体现了流动人口群体与各地公共服务体系黏合力弱、配合度低的问题。我国流动人口既包括高流动性的群体,也包含大量已经在城市定居尚不具备城市居民身份的人群。这些群体对基本公共服务存在极大的需求,但他们却没有形成对城市公共服务体系的依赖关系。强调流动人口群体素质并无多少政策意义,如何制定适合该群体的政策才是解决该问题的关键。流动人口与既有服务黏性弱,究其自身而言,涉及该服务的供给数量、质量、供给方式、针对性及便利性等多个问题,这些问题可能是系统性的也可能是个别的,但他们都可能推高公共服务的使用成本,使流动人口做出消极或拒绝配合所涉公共服务的决定。

(4) 就是流动人口公共服务政府供给不足、市场化程度较低、多元协同供给程度较低的问题。我国流动人口由于其庞大的人口基数和刚性的公共服务需求,其公共服务供给的需求和市场潜力是巨大的。但是这种潜力因为市场的混乱、政府补贴和管理政策的不到位,由一个公共产品市场化异化为单纯的市场行为。流动人口因此以高昂的价格承担了公共服务缺位而转嫁来的公共服务成本。

从发达国家公共服务模式的发展历程来看，从政府垄断到政府、社会、市场共同供给已经成为一个普遍的趋势。但这一转型在我国进展得相对缓慢，流动人口公共服务领域体现得尤为明显。由于流动人口聚居地区公共设施匮乏，历史欠账过多，流动人口总体收入又明显低于城市固定人口，其消费习惯、生存发展需求都存在着迥异于城市固定居民的特征。目前我国流动人口在所在地城市大多形成了以城中村、城乡接合部等为载体的"大杂居、小聚居"地理格局。流动人口因为长期被拒绝在城市公共服务大门之外，因此依靠市场和社会途径获得公共服务的趋势在很多方面反倒超过城市居民。这些流动人口聚居地区已经初步形成了一个涉及医疗、养老、教育等行业的公共服务市场。但是，目前流动人口所习惯的公共企业往往具有规模小、质量差、资质低、来源不稳定等众多缺陷，其可持续发展能力和提供符合国家标准公共服务的能力都极其薄弱。更为重要的是，社会资本和社会组织进入流动人群公共服务市场的意愿，受到政府规制欠缺和管理乏力的制约。在政府没有开放这一市场并建立一个规范和法制化的管理体制时，优质的企业就要由自身承担相应的风险和成本，而这对本身就具有前期投入大、资金回笼缓慢特征的公共产品生产企业来说，是难以忍受的。

三、流动人口基本公共服务均等化的对策建议

人口流动规模的扩大是经济全球化和现代化的必然产物，而实行流动人口基本公共服务均等化则是我国建设和谐社会、实现社会公平正义、保证公民权利平等的迫切要求。如何让流动人口共享公共开放的成果、消解城乡二元结构带来的福利鸿沟，它既需要国家人口政策的顶层设计，财政、法律、民政、公共卫生等政策规划方面的统筹兼顾、更需要社会化、市场化的操作手段。综合考察现阶段我国流动人口公共服务相关工作的实际运行状况，以下几个方面的工作在未来一段时间内可能成为流动人口公共服务均等化工作的重点。

首先，在社会文化和行政文化层面，破除对流动人口歧视性的僵化社会认知。长期以来，流动人口的形象被符号化、污名化，"不讲卫生""素质低""不讲规矩"等刻板印象使我国流动人口管理的政策实践经常性的以防范、管制为主。地方政府对"外乡人"和"本地人"差异对待成为市民和行政部门都默认的共识，流动人口公共服务工作的落后、不作为等种种弊病都无法引起民众、舆论和主管部门的同等重视，社会文化的消极影响为流动人口公共服务中的种种懒政、怠政提供了生存的土壤。建立在城乡二元制度基础上的身份差异及其所形成的关于"外乡人"的刻板印象，未来成为扭曲城市固定居民对流动人口公共服务工作的认同和配合程度的关键因素。更将影响到流动人口对所在地区的认同感、公民责任的建设。我国流动人口公共服务政策建立的基础首先就是要建立一种共生性、包容性的移民文化，鼓励培养定居人口与流动人口在情感和文化上的共识，对现行制度和宣传工作中潜藏和表面化的歧视性制度、规范和话语加以清理，形成一种欢迎流动人

口融入所在地的社会氛围。

其次，在国家层面对地方政府的流动人口政策进行制度整合，在一个兼顾流动人口管理与服务的大框架内实现流动人口公共服务工作的进步与提升。我国各地近年来密集出台了大批流动人口管理与服务政策，这些政策为全国范围内流动人口公共服务的均等化提供了坚实的基础。但是，地方政府政策的过密化趋势意味着各地各部门的政策之间存在着频繁的不兼容现象。这意味着中央不仅要承担加大财政投入、提供指导原则的职责，更要承担落实顶层架构、破除制度壁垒的具体职能。这种制度统和的顶层设计包含以下几个方面。

（1）由中央对地方所出台流动人口政策进行督促、审查和规范。不是流动人口、卫生医疗、教育、计划生育等具体政策任务的简单叠加，反而应该预防各项工作目标推进过程中相互的孤立、重叠、交叉，加剧目前业已存在的制度"过密化"趋势。这需要中央层面以更高的法律与政策权威对地方相关工作进行统筹监督。

（2）对地方陈旧的不符合流动人口公共服务均等化目标的既有政策加以清理。在过去数十年里，我国陆续出台了大量转型政策，用于解决流动人口的管理和服务工作。这些政策有些在今后一段时间仍将发挥重要的作用，有些则已经明显不适应当下的需要。与不合时宜政策挂钩的则是，各级政府和职能部门难以破除的工作方法、工作流程和配套制度。在中央加大了对流动人口公共服务政策的统筹力度后，如何清理旧的政策及其影响，如何建立与新规则向适应的工作方法、制度，成为各级政府和主管部门必须正视的首要任务。各级政府需要打破在旧政策基础上缝缝补补的习惯，针对流动人口的实际特征建立一个真正配套的政策体系。

（3）建立联协工作模式，重新厘定各具体职能部门的职能边界我国目前从中央到地方形成了以各部委联合办公、协同治理的流动人口公共服务工作格局。但这种工作的模式越到地方协同难度越大，政策精神到实践所经历的政策链条过长，其整合作用的真正发挥有赖于部门间的高质量协调。就根本而言，部门协调困难问题的解决有赖于中国行政体制大部制改革的进一步推进。具体到当前的情势，则需要在各部门协同作中建立强有力的协调机制，建设部门权责清单，扫除公共服务职能落实死角。

（4）降低流动人口享受公共服务的"门槛"，推动公共服务便利化和流动人口基本公共服务的"一站式"服务体系的建设。既有研究发现，流动人口对地方政府推出的公共服务项目往往缺乏热情，地方政策与流动人口间缺乏黏性既形成了资源浪费，也造成公共服务不均衡状况的进一步恶化。为增加流动人口与所在地公共服务间的衔接程度，各职能部门需要在公共服务的配套服务及便利化措施上下更多功夫，做更大努力。具体讲，地方政府需要开发和利用新的信息平台，降低流动人口享受公共服务的信息壁垒；增加流动人口公共卫生服务站等专职措施的数量，增加相关设施、人力和资金投入，降低流动人口享受公共服务的物质成本，合并相关服务的办理和执行机构、场所，简化审批力度，降低流动人口享受公共服务的行政成本。通过一站式审批、一站式服务的方式，流动人口对所在地公共服务体系的依附性增加，其配合流动人口管理和服务部门工作的热情及责任感也会随之增加，这又会在更大范围内促进我国流动人口管理工作的总体发展。

最后，完善公共服务多元供给模式，以市场化为契机提升流动人口公共服务的质量。目前，在我国流动人口聚居的区域内，已经形成了以各种市场化、社会化的公共服务设施，满足流动人口群体对基本公共服务的刚性需要。包括民办学校、微小诊所、社区医院在内的各种所有制形式的公共服务供给方形成了一定的服务规模。目前流动人口公共服务工作的焦点在于进一步破除政策和市场层面的歧视性环境，增加政府对现有多元供应主体的政策和财政补贴力度，培育新兴的市场和社会主体参与到流动人口公共服务工作当中。

第七章 基于财政的基本公共服务均等化实现路径研究

第一节 建立城乡统一的教育体制的路径

一、完善教育管理体制，促使城乡教育布局均衡化

进一步理顺和完善"国务院领导、地方政府负责、分级管理、以县为主"的农村基础教育管理体制。县级政府应切实承担起促进城乡基础教育均衡发展的主要责任，加大城乡学校布局调整的力度，根据区域功能划分、城市化进程和乡村建制调整情况，进一步调整农村学校布局，改善农村中小学办学条件，推进城乡基础教育均衡发展。

参照国家及省市中小学办学条件标准，按照大班额、生均占地面积缺口及生均校舍建筑面积缺口等的严重程度，安排具体项目的实施及资金投入规划。

按照教育城镇化的思路，调整学校空间布局。坚持"小学就近入学，初中相对集中，优化配置教育资源"的原则，按照构建"大城市—小城市—重点镇—一般建制镇"的四级市域城镇体系要求，按照高中教育城市化，小学、初中教育城镇化的思路，对全区各级各类学校进行调整，使其结构布局日趋合理。村小主要负责小学低年级教学，小学中高段、初中向中心场镇集中，高中向城市集中，所有中学、镇街中心小学和有寄宿需求的镇级完小建成寄宿制学校。

二、完善基础教育投入保障机制，促使城乡教育投入均衡化

1. 完善基础教育投入保障机制

一是将教育列入公共财政支出的重点领域，加大财政对基础教育的投入，保证城乡基础教育有充足的资金来源。提高教育经费投入占 GDP 的比例，力争财政性教育经费支出占 GDP 的比重接近或达到 4%。二是提高生均经费基本标准和生均财政拨款基本标准，保障学校办公经费的稳步增长。三是建立和完善与公共财政体制相适应的教育财政投入机

制，确保教育投入到位。四是加大财政对农村基础教育的投入。农村基础教育经费投入不足是制约农村基础教育发展的根本原因。加大财政对农村基础教育的投入是缩小城乡教育差距、实现城乡基础教育均等化的最有效措施。

2. 建立基础教育的经费分担机制

强化政府投入责任，将义务教育全面纳入财政保障范围，建立中央和地方分项目、按比例分担的经费保障机制。区、县政府负责管理好学校运转所需的人员经费、公用经费、校舍维修改造经费和项目经费。

进一步加大对农村学校和薄弱学校的投入，加强关键领域和薄弱环节，解决突出问题，促进教育均衡发展。县、乡政府要继续实行农村义务教育经费保障机制的改革，将农村义务教育经费全部纳入财政保障的范围，认真落实"两免一补"政策，达到基本实现农村免费义务教育的目标；提高农村尤其是偏远农牧区和山区的中小学校舍维修改造的长效机制，进一步巩固完善现行教育工资保障机制。

3. 创新基础教育的投融资体制

创新教育经费投入体制，多渠道筹措教育经费。非义务教育实行以政府投入为主、受教育者合理分担培养成本的投入机制，逐步提高财政投入水平。

拓宽城乡教育经费的筹措渠道。通过财政拨款、部门资助、委托培训、银行贷款、有偿服务、产业收益、社会捐赠等多渠道筹措教育经费；进一步落实税收优惠政策，积极鼓励和争取境内外企业、社会团体和个人对教育的捐赠、出资或投资办学。

4. 建立城乡教师培训经费投入保障机制

落实中小学教师或实验管理员、图书管理员、信息技术维护人员的培训经费，政府参照学校干部培训标准补助专项培训经费。

教育部门在分配教育经费时要遵循平等、对等、补差的原则，改变以往教育经费过于集中投向城镇重点中小学和大学的局面，把工作重点从"扶优"转移到"抚薄"上来，尤其是对农村地区和边远贫困地区基础教育投入的倾斜，实现城乡之间、各级各类学校之间教育经费的合理配置。

三、完善教育资源配置和优化机制，促使城乡教育资源配置均衡化

1. 实施农村远程信息化教育工程，实现教育资源共享

大力实施"农村中小学远程教育工程项目"，加快省市教育网、区县教育城域网、校园局域网、边远地区数字卫星收视站、数字电视教学收视系统和光盘教学系统建设，为农村中小学建设卫星接收设备、计算机教室配备DVD播放设备和教学光盘，为农村远程信息化教育提供教育资源服务体系。通过远程教育工程的实施，将优质教育资源输送到广大

农村中小学,有效缓解农村办学条件简陋、教学资源匮乏等现实问题,实现城乡优质教育资源共享。

2. 实施寄宿制学校建设工程,有效整合边远农村教育资源

将农村与少数民族边远地区的学生整体搬迁到相对发达的地方就读。将九年义务制教育扶贫移民学校的建设与农村初中、县级中学的改扩建结合起来,有效整合资源,从硬件和软件上缩小城乡、区域之间的差距。

3. 健全完善城乡教师交流机制和城镇教师支教机制

通过城乡校际结对,校长兼职、委托管理,进行人员互派、设备物资互助,促进对口学校办学条件进一步改善,规章制度进一步健全,办学行为进一步规范,办学质量进一步提高,逐步实现将城乡学校人、财、物统一调配,实现理念、资源、方法、成果、利益共享,共同推进城乡教育均衡发展。

四、完善农村学生就学保障机制,促使城乡教育机会均衡化

1. 建立和完善农村家庭经济困难学生资助政策体系

加大对农村家庭经济困难学生的资助力度,继续对农村家庭经济困难学生实施"两免一补"政策,确保农村学生受教育的权利。进一步建立和完善高中阶段学校和高等学校家庭经济困难学生资助政策体系,确保家庭经济困难学生顺利完成学业。

2. 确保进城务工农民子女接受义务教育的权利

按照"流入地政府负责、以公办学校为主"的原则,做好进城务工人员子女义务教育工作。强化政府责任,制定并落实有关政策,保障进城务工农民子女接受义务教育,切实处理好农村"留守儿童"的教育问题。

五、提高农村教师的待遇及整体素质结构,促使城乡教师配置均衡化

(1)构建完善的农村师资培训体系。鉴于从事农村基础教育教师学历水平较低,政府应建立长期的农村师资培训制度,加强对教师的培训,提高农村学校教师队伍综合素质。要求教师能熟练运用新课程理念进行课堂教学,扩大农村学校高素质教师规模,增加农村教师到大中专院校或社会培训机构接受继续教育,参加市县级学术交流、学术讲座、在城市学校上示范课的机会。培训经费由国家承担,为确保培训经费的到位,培训经费可由市级政府设立专项资金,并加强对专项资金的审计工作。

(2)提高农村教师的工资福利待遇,使农村教师安心从事教育工作。确保农村中小学教师工资按时足额发放,拖欠工资应予以尽快全部解决,并防止发生新的拖欠,对于困难地区可加大中央财政的转移支付。逐步统一城乡同级教师的工资水平,还可考虑优先将农

村教师纳入社会保障的覆盖范围。关心教师生活实际困难，解决农村教师津、补贴，由市区两级人事、财政部门，确定义务教育学校教师津、补贴的平均水平，绩效工资总量随基本工资和当地公务员津、补贴的调整，保证农村教师的收入，防止优秀教师流失。

（3）开办教师进修学校，给农村教师提供进修机会，提高农村教师整体学历、资历以及教学水平。

第二节 建立覆盖城乡居民的医疗卫生保障体系的路径

一、建立覆盖城乡居民的医疗卫生服务体系，促进医疗卫生服务体系均衡化

建立农村公共卫生经费保障机制，加快建立和推广新型农村合作医疗制度，加强以乡镇卫生院为重点的农村卫生基础设施建设，健全农村三级医疗卫生服务和医疗救助体系，保障农民享有卫生保健和基本医疗服务。建立适合农民参保的多层次、多类型的农村医疗保障制度。

二、加强公共卫生服务体系能力建设，促进公共卫生服务均等化

1. 完善公共卫生服务机构的基础设施建设

大力开展群众性爱国卫生运动，开展卫生家园创建活动和城乡环境卫生整洁行动，加强四害预防控制力度，加快农村改厕步伐，逐步解决农村群众饮水安全问题。

2. 提高公共卫生服务补助标准

确定覆盖城乡居民基本公共卫生服务项目，逐步统一建立居民健康档案，并实施规范化动态管理。开展健康教育和健康促进，为儿童、孕产妇、65岁以上老年人、慢性非传染性疾病人群、重大精神疾病患者提供有针对性的公共卫生服务。

加快实施重大公共卫生服务项目。继续实施国家免疫规划，加强结核病、艾滋病等重大疾病防控；开展妇女宫颈癌、乳腺癌免费检查，实施农村孕产妇住院分娩补助、孕产妇住院分娩保险和新生儿保险；为孕产妇孕前和孕早期增补叶酸，加大出生缺陷预防力度；开展妇科常见病免费筛查。

三、完善基本医疗保障制度，推进基本药物制度，促进基本医疗保障制度普惠化

1. 建立覆盖全民的基本医疗保障制度

扩大基本医疗保险覆盖面。坚持"广覆盖、保基本、可持续"的原则，城镇职工基本医疗保险、城乡居民合作医疗保险覆盖城乡全体居民。将高校大学生纳入城乡居民医保工作，以学校为单位就地参加医疗保险。将国有企业"双解"人员、关闭破产解体集体企业和困难企业退休人员纳入城镇职工医保范围。

2. 建立基本药物制度

建立基本药物供应保障体系，统一使用省市基本药物目录。建立健全药品集中招标采购平台，对基本药物实行公开招标采购，集中统一配送，明确药品供购责任。

实施基本药物"零差率"销售。在政府举办的基层医疗卫生单位全部实行药品零差率销售，逐步在村卫生室实施基本药物制度。

优先选择和合理使用基本药物。政府举办的基层医疗卫生机构将全部配备和使用基本药物。认真执行临床基本药物应用指南，加强用药指导和监管，定期公布基本药物使用情况。完善执业药师制度和处方管理制度，允许患者凭处方到零售药店购买药物。基本药物全部纳入基本医疗保障药品报销目录，报销比例高于非基本药物比例。

四、改革医疗卫生机构补偿机制，理顺医疗卫生机构管理体制，促进基本医疗服务公益化

1. 改革医疗卫生机构补偿机制

改革公立医院补偿机制，逐步将公立医院补偿由服务收费、药品加成收入和财政补助三个渠道改为服务收费和财政补助两个渠道。政府负责公立医院基本建设、大型设备购置、重点学科发展和补贴政策性亏损等经费，差额补助部分人员经费；对于符合国家规定的"五险一金"、离退休人员费用、公立医院承担的公共卫生服务等任务给予专项补助，保障政府指定的紧急救治、援外、支农、支边等公共服务经费；对中医、传染病、职业病防治、精神病、妇幼保健和儿童医院等机构在投入政策上予以倾斜；规范公立医疗机构收费项目和标准，探索按病种收费等多种收费方式改革；建立医用设备仪器价格监测、检查治疗服务成本监审及其价格定期调整制度。

按绩效考核兑现的方式对取得乡村医生从业资格且被聘任在村卫生室工作的乡村医生所承担的公共卫生服务任务给予定额逐月补助。对社会力量举办医疗机构提供的公共卫生服务，采取政府购买服务等方式给予补偿；对其提供的基本医疗服务，通过签订医疗保险定点服务协议等方式，利用基本医疗保险基金等渠道给予补偿。

2. 理顺医疗卫生机构管理体制和运行机制

加强医疗卫生全行业管理，理顺政府举办的各级医疗卫生机构管理体制。对政府举办的镇卫生院、社区卫生服务中心，要根据服务人口、服务半径等确定人员配置标准，足额核定人员编制，实行定编、定岗、定责的全员聘用制。完善基层医疗机构的功能和职责，制定分级诊疗标准和技术准入规范，逐步建立镇卫生院与区级直属医院双向转诊制度。转变基层医疗卫生机构服务方式，逐步在农村推行社区卫生服务，建立镇卫生院医务人员定点联系村制度，组织医务人员在乡村开展巡回医疗。社区卫生服务中心和服务站对社区居民要实行上门服务、主动服务，鼓励社区推行首诊制试点。

积极推进政府举办的非营利性医疗机构运行监管体制改革。成立卫生会计委派中心，严格医院预算和收支管理，加强财务运行监管和成本核算控制，逐步探索"核定收支、以收抵支、超收上缴、差额补助、绩效考核"等多种财务监管办法和集中支付制度的试点。

加强公共卫生服务的日常监管。合理划分医疗卫生机构的公共卫生服务职能。区级专业公共卫生服务机构主要开展重大公共卫生服务项目，制定基本公共卫生服务技术规范和标准，加强对基层医疗卫生机构公共卫生工作的业务指导；基层医疗机构主要承担基本公共卫生服务，并在专业公共卫生服务机构组织下承担重大公共卫生服务项目部分工作任务；区级直属医院重点开展传染病和突发公共卫生事件监测、报告和医疗救治工作。

五、加快医药科技创新和卫生人才队伍建设

将医药卫生科技创新作为科技发展的重点，大力支持医学重点学科、特色专科建设。制定并科学实施好卫生人才队伍建设规划，对卫生事业单位实行分类指导、分类管理。加强城乡基层卫生人员培训和学历教育，完善落实全科医师和住院医师规范化培训制度，采取函授、网络教学、集中学习、临床进修等方式，免费岗位培训医疗卫生人员。制定优惠政策培养、选拔和引进高层次医药卫生人才。加强农村卫生人才队伍建设，加大人才培养和引进力度，努力优化人才结构，解决基层人才匮乏的问题。加强护理队伍建设，加大护理专业人员招聘力度，逐步解决护理人员比例过低的问题。制定优惠政策，逐步培育壮大中医药人才队伍。

制订各级各类医疗卫生机构人员编制标准，严格核定人员编制，逐步完善医疗卫生人员统一招考、直接选调、人才引进制度。制定鼓励医疗卫生人员到农村基层服务的措施。根据行业特点和实际工作需要，建立合理的卫生技术人员流动机制，切实解决人才匮乏问题。完善医药卫生人员职称评定制度。

落实好城区医疗卫生技术人员晋升高级职称前到农村服务一年的政策，建立长期稳定的对口协作和支援关系，继续实施"万名医师支持农村卫生工程"和"211"培训计划。

探索建立医疗纠纷防范和"第三方调解"处置机制，严厉打击"医闹"行为，优化医疗执业环境，保护医务人员的合法权益。

六、建立实用共享的医药卫生信息系统

制定卫生信息系统建设规划，统筹搜集整理、报送卫生信息，逐步建立一体化的医疗卫生信息体系。完善以疾病预防控制网络为主体的公共卫生信息系统，提高预测预警和分析报告能力。以建立居民健康档案为重点，构建农村卫生和社区卫生信息网络平台。以医院管理和电子病历为重点，推进医院信息化建设。

加快基金管理、费用结算与控制、医疗行为管理与监督、参保单位和个人管理服务等具有复合功能的医疗保障信息系统建设，推行"健康一卡通"，方便参保（合）人员就医和管理。

第三节 建立城乡衔接的社会保障体系的路径

一、完善城乡居民最低生活保障制度，积极构建城乡社会救助体系

1. 建立完善低收入困难群众基本生活保障体系

建立和完善以最低生活保障为基础，医疗、教育、住房等相关专项救助相衔接，临时救助为补充，各项救助制度相配套的多层次、全覆盖的低收入困难群众基本生活保障体系。城乡低保、农村五保实现应保尽保。提供最低生活保障的覆盖率，为农民提供基本的公共卫生服务。

2. 建立完善救助标准调整机制

按照救急救难的原则，进一步完善临时救助政策的审批程序，建立临时救助专项资金，加大临时救助力度，不断提高老年人、残疾人、未成年人和重病患者的保障水平，不断提高流浪救助保障水平。加强临时救助资金的监管，逐步提高筹资标准，完善临时救助制度工作。

高度重视残疾人、城镇孤寡老人和城市流浪乞讨人员等困难弱势群体的帮扶救助工作以及保护妇女、儿童的合法权益，施以更多关爱。加强社会救助服务站和农村敬老院的改建和扩建。

3. 扩大社会福利覆盖面，建立完善社会福利服务体系

坚持扶老、助残、救孤、济困的宗旨，以强化"三孤"人员供养保障为重点，进一步扩大社会福利覆盖面，建立完善以居家为基础、社区为依托、机构为补充的社会福利服务体系。

二、积极推进城乡社会保障工作，建立统筹城乡的社会保障体系

增加城镇职工基本养老保险参保人数和农村居民基本养老保险参保人数，提高城镇职工基本养老保险覆盖率和基本医疗保险覆盖率以及农村居民基本养老保险参保率和农村合作医疗参保率，形成统筹城乡的社会保障体系。鼓励农民积极参加各种商业保险，按照农民工的实际需求，分阶段、分层次逐步建立社会保障制度。

三、强化国防保障服务，完善优抚保障制度

深入开展双拥共建，推进退役士兵安置改革，全面落实优抚安置政策，建立完善城乡统筹的抚恤补助标准自然增长机制和"医疗减免、医疗保险、医疗救助、医疗补助"四位一体的重点优抚对象医疗保障制度，加强优抚安置单位建设，改善保障服务条件。

对于地方政府负责保障的年老体弱、生活困难的在乡老复员军人，根据国家要求和财力状况，逐年调整其定期定量补助标准，努力为优抚对象提供特殊的社会保障。城镇企业在用工制度改革中，当地政府要对优抚对象制定有效的保护政策，保证"三属"、伤残军人和军人妻子等优抚对象优先上岗；企业破产或被兼并时，劳动人事部门要优先安排优抚对象再培训、再就业。为加强优抚安置政策与其他相关社会保障政策的衔接，应首先将符合条件的各类优抚对象和其他社会成员一样纳入相应的社会保障体系，再由优抚保障体系通过叠加的方式给予额外的特殊保障。也就是说，应将优抚保障政策设计为在国家基本保障之上对特殊群体的补充保障政策。

四、提高住房保障水平，切实改善居住条件

为解决中低收入家庭住房困难，实行城镇低收入无房家庭申请廉租住房实物配租或租金补贴方式做到"应保尽保"，新就业人员、外来务工人员和部分住房特殊困难的中低收入家庭申请公共租赁住房"应保尽保"。

增加廉租房房源，加大租赁住房补贴力度，着力解决城市低收入家庭的住房困难。加大政策支持力度，加快建设公共租赁住房，解决中等偏下收入家庭（包括符合条件的新就业职工、进城务工人员）的住房困难。

五、积极推进城乡劳动就业与社会保障工作，完善劳动就业和社会保障体系

就业是民生之本、消费之基、和谐之源。危机当前，就业形势异常严峻，必须把就业放在更加突出的位置。继续落实各项就业扶持政策，支持下岗失业人员自主创业、自谋职业，帮助就业困难人群实现就业、再就业。

六、优化人才发展环境

建立以政府投入为引导的多元化人才投入机制，设立人才资源开发、培训专项资金。以能力建设为核心，围绕人才引进、人才使用、人才培养、人才环境和人才保障五个环节，着力建设党政人才、企业经营管理人才和专业技术人才三支队伍，加快培养新型工业化和农业产业化所需的大批高技能专业人才和农村实用人才。建立城乡、地区、单位之间人才交流机制，打破人才市场发展的体制障碍，促进人才合理流动，最大限度地发挥人力资源优势。

七、完善户籍制度改革相关配套机制

结合户籍转移，系统设计土地、住房、社保、就业、教育、卫生支撑保障制度，逐步消除城乡户籍待遇差距，促进城乡户籍制度融合，推进城镇化快速发展。通过解决在城镇有稳定职业和住所的农民及其家属、失地农民、农村籍大中专学生、农村义务兵的户口问题，形成科学有序的人口城市化发展机制，建立农村土地权益置换城镇公共服务的有效机制，确保农民进城落户后同等享有城镇居民在住房、就业、养老、医疗、教育等方面的基本公共服务。

第四节 完善公共安全保障制度体系的路径

一、完善公共安全应急体系

建立健全公共安全预警、处置、指挥、善后等一系列工作机制；建设报警服务中心，建立良好的安全危机突发事件管理体制，建立高效的指挥体系；建立健全反恐工作的防范预警、应急指挥、现场处置等一系列工作机制，完善工作预案，提高整体联动能力，落实防范和应急措施。

建立政府应急机构组织与环境组织、市民自治组织、商业协会、大学研究机构和训练中心等社会机构和组织相结合的公共安全应急机制。完成区、镇级应急管理机构和区专项应急指挥部等指挥组织机构建设，加强区镇两级应急反应平台建设和应急预案动态管理，进一步细化各类专项预案，充实应急管理队伍。

建设应急体系。完成应急管理组织体系、应急预案体系、应急信息共享交换体系、公众报警服务体系和法规政策体系等5大应急体系建设；完成预测预警、信息报告、应急决策和处置、信息发布、社会动员、恢复重建和调查评估机制等应急机制建设。

看,网红直播营销的互动仪式市场并不是线性的、静态的,而是循环的、动态的。

三、直播互动营销实例

实例在消费社会的视角下,以天猫"双十一"电商直播为研究对象,分析作为网络直播媒介内容的媒介场景构建,在此基础上从用户心理分析直播文化受众是如何被整合支媒介消费实践过程之中。

1. 移动时代的天猫"双十一"直播场景建构

盖·德堡认为当代社会已经发展到了一个独特的景观阶段,生活中的一切均呈现为景观的无穷积累,商品的生产、流通和消费已经呈现为对景观的生产、流通和消费。天猫"双十一"期间,超过50%的品牌商家抓住淘宝直播的新风口,全球近百个品牌派出了总裁亲自上阵,有超过15万场村播在全国各个贫困村和贫困县开播,近2万名农民主播、40多位县长和村长登场,覆盖了美妆、服饰、食品、消费电子、母婴、农副产品等所有行业。生产主体数量的绝对优势使得"双十一"直播的影像空前繁盛,生活中的各个片段都被纳入直播变成了场景,各种商品以景观的形式粉墨登场,这些或具有视觉冲击力、或具有吸引力、戏剧性的景观现象堆集成了生活的本真,各种符号、消费价值观与生活方式等等充斥其中,淘宝"双十一"成为了一年一度的汇集生活全方位阵容庞大的顶级景观王国。

网络主播本身被塑造成为新的社会景观,一个主播就是一种场景。天猫"双十一"期间,亿元直播间超过10个,千万元直播间超过100个,当天最大的薇娅和李佳琦两个直播间在线观看人数分别达到了3000多万人和4000多万人。凯文·凯利在2012年在其《技术元素》一书中就提出了1000铁杆粉丝理论,他认为无论内容创作者的职业是什么,音乐家、时尚博主或设计师,只要有1000个忠实粉丝就能维持生活。在以女性为主导的淘宝直播用户中,头部主播以"意见领袖"的身份扮演者"我把我觉得好用的东西推荐给你的"和"我来陪你挑选合适你的东西"闺蜜形象,成为了社会流行趋势和时尚的代名词,用自己展现出来的光鲜亮丽吸引着一切可供自身发展的资源和关注。如李佳琪在10月21日凌晨"双十一"预售打响之时就开始持续制造"李佳琪求生欲"、"李佳琪直播翻车"等网络热搜,进行个人魅力塑造和热度累积,直播主题"错过今晚你会悔一年"的选择,全体员工红色"战服"的穿着,无一不是在全方位打造自身极具鲜明特征的"双十一"个性化场景。

各种商品也被人为附加上符号与象征意义打造成别致景观,一个商品就是一段故事。当用户进入直播间后,为"双十一"精心准备的商品会立刻引起用户注意,"自我比拟"是消费者做出购买决策前比较普遍的联想心理机制,在主播"织造"的有故事的商品面前,用户纷纷想象自己购买后使用该商品的效果,将商品与自我感知和自我形象的建构联想在一起。

口红、护肤品、化妆品等等被主播打造成变身美好精致女子的必备之物，景观的存在掩盖住了商品生产的真实过程，使得商品的使用价值从商品本身分离，赋予其本身所不具备各种符号和象征意义传递着积极、正能量且美好的生活态度和场景，女性纷纷沉溺于使用该商品之后化身成为"人群中最靓丽的女生""车厘子女孩""红毯色"女主角的联想中，而为双十一量身定制的全年最大力度折扣、赠品，抽奖等等促销机制刺激用户做出了最终的购买决策。用户纷纷没有逃脱"双十一"直播景观的俘获，成为了网络直播景观的忠实拥护者。真实的世界被优于这一世界的影像精选品所取代，同时这些影像又成功地使自己被认为是卓越超群的现实之缩影。

2. 从场景到狂欢，直播中用户的情感与心理分析

天猫"双十一"直播打造众人狂欢和神圣盛典的场景，在观看直播过程中，特定的人物、事物或兴趣，在直播参与者心中都有可能迅速传染并极速演化为一种信仰，在群体内部进行沟通共享和追随体验，与主播或其他用户形成话语群体，找寻自身的群体归属感，进而满足情感和心理上的需求。由于一年一度的时间限制，参与人数的庞大与集中，造成了用户情感在短时间内的集体喷发。

古斯塔夫·勒庞指出：人一到群体中，智商就会严重降低，为了获得认同，个人愿意抛弃是非，用智商去换取那份让人倍感安全的归属感。在直播中，当主播喊道：所有美眉们，抢！的同时，如果个人发现周围人都参与到购买之中，而自己仍属于"局外人"时，就会感到失去了话语权和集体归属感，跌入孤独和寂寞之中以至于无法适从。当看到其他用户购买商品、与主播互动时，或者购买者群体纷纷留言抢到或没有抢到时，未行动的用户不仅会觉得自己失去了与主播亲密接触的机会，还会因群体中失去共同话语权而感到落寞。因此，为了使群体接受自己，寻求自我认同和心理归属的企图就会越来越强烈，最终会促使用户产生从众心理加入消费者的大军。

德国社会学家达伦多夫根据权利和地位的关系，将社会角色分成了支配角色和受支配角色，"只要人们聚在一起组成一个群体或社会，并在其中发生互动，则必然有一部分人拥有支配力，而另一部分人则被支配"。在直播中，如果用户成为购买商品的消费者，就拥有支配角色的地位，而主播和商家为了卖出商品而迎合用户的要求，属于受支配角色。主播和不同商家准备各种商品，消费者如"蜂群"一般瞄准特定商品"席卷一空"，紧接着赶往下一个目标，置身于消费群体中的用户感受到了自己前所未有的强大力量和支配能力，于是马不停蹄地满足着自己的虚荣心与购买欲。

个人进行网络交往的重要原因之一是现实中人际交往情况不足以满足其人际需求，网络交往作为现实交往的补充和延伸，可以弥补个人缺失的人际需求。人际需求得不到满足会使个体感受到与他人链接的匮乏，产生归属感的断裂甚至消失，进而产生自我感知累赘的消极生活体验。据《2019年淘宝直播生态发展趋势报告》显示：淘宝直播在五六线城市的核心用户占比更高。六线城市的直播成交占比甚至超越一线城市，"小镇青年"成为最

第八章　区域基本公共服务均等化与财政体制的关联机制

第一节　区域基本公共服务均等化的基础性分析

一、区域基本公共服务均等化的经济学路径

1. 福利经济学：公共服务均等化的理论基础

福利经济学以"最大化的社会福利"为目标，其提出的一系列理论分析工具及政策可为公共服务均等化提供理论基础。

公共服务是连接国民收入和社会福利的桥梁，国民收入水平越高，公共服务的提供量越大，越能提升社会福利水平。由此推理出公共服务均等化水平越高，公众分享的社会福利越多。

新福利经济学将帕累托方法与标准引入社会福利问题的分析中。公共服务具有受益的非排他性和消费的非竞争性，在公共服务的消费中可实现帕累托改进，促使社会福利水平接近最大化。但帕累托最优标准也面临两个问题：①当出现部分人的福利改进或受损时，无法判断社会福利净效应是增加还是减少；②帕累托最优标准很少关注社会公平问题。据此，卡尔多提出补偿原则来规避这些问题。

现实中即便出现一些经济行为导致部分社会成员受益，而另外一些成员受损，只要受益者的收益能补偿受损者的损失，社会福利照样能增加。这时，需要政府运用适当的经济政策对受益者征收特别税，对受损者支付补偿金，只要产生的收益大于成本，该政策就能增加社会福利。因此，政府可运用适当的经济政策，只要从整体角度看，损失的利益小于得到的利益，这项经济政策就会增加社会福利。补偿原则基于公平与效率，考虑的是综合社会福利情况。地区发展差距决定各地享有的公共服务水平不同，可以通过倾斜性转移支付政策，为公共服务供给不足的地区提供更多的公共服务，以增进社会整体福利。如果此政策会改变原有的利益结构，造成其他地区的效用损失，可通过给予诸如税收优惠或产业

政策扶持等优惠政策来予以弥补,从而使未满足的公共服务及损失的效用都得到补偿,从而提高整体社会福利。

阿玛蒂亚·森提出"能力中心观"来提升社会福利水平。它认为只有个人能力增强了,基于能力完成各项事务获得幸福感,这样社会福利水平才真正提高。政府提供的公共服务侧重于教育、医疗、住房等,在考虑公共服务需求个人差异的情况下尽量提供相对均衡的公共服务,以提高个人能力水平。

2. 区域经济学:区域基本公共服务均等化的现实基础

基于不同地区的自然禀赋、资本、技术、制度等差距,区域经济的不平衡不可避免,公众享受的公共服务也就具有明显的区域差异特征。随着发达地区集聚的资本增多,其资本边际收益率逐步降低;而落后地区累积了大量的剩余劳动力,其劳动的边际收益即工资水平较低。在市场价格机制驱使下,资本将向落后地区流动,而劳动力向发达地区流动,长期自由流动的结果是各要素的收益趋于一致,实现区域均衡发展。

市场区域协调论认为通过要素的自由流动可调节区域发展,带来区域公共服务均衡发展趋势。这隐含着区域经济协调是公共服务均等化的前提条件,而公共服务均等化变成单向性,处于一种被动的状态。要素自由流动是区域从不均衡发展到均衡发展的关键,而信息不完全和交易成本等会导致要素流动受阻。可见政府如果能围绕要素自由流动来提供公共服务,则可以加快区域发展的趋同,使公共服务均等化与区域经济发展两者呈互动关系。

政府区域协调论对于干预区域发展差距的时机、方式有所不同。政府在经济发展早期要促进极化效应的形成,源源不断从落后地区吸取资金、技术、人才,推动发达地区的经济崛起,抑制落后地区的发展,从而人为拉大区域发展差距。

在涓滴效应的践行者中,早期的政府协调论者主张为落后地区提供更多的基础设施、公共通讯等物质资本型公共服务来促进区域平衡发展。近期研究重心不再专注于物资资本对经济增长的贡献,而是发现人力资本、技术进步可使落后地区获得后发优势,保持更快的经济增长。

市场协调论单向地看待区域经济协调与公共服务均等化的关系,认为只有区域经济发展均衡才能促进公共服务均等化;而政府协调论则关注到区域经济协调与公共服务均等化的双向互动关系,区域经济收敛的重要支撑由物质资本型公共服务转向人力资本型公共服务。

3. 公共财政制度:区域基本公共服务均等化的制度基础

中央与地方政府间纵向财政不均衡及各地区间横向财政不均衡会导致区域公共服务供给差异,因而需要构建合理的公共财政制度来保障区域基本公共服务均等化,其主要实现手段是均衡府际财政能力。

2. 去"中心化"的内容生产模式

移动互联网时代,最不稀缺的就是信息。移动视频直播平台更是能够把海量的信息更加直观、立体化地呈现出来。用户可以根据自己的喜好、需求和目的去传播分享内容。而在传统媒体的直播中,传播者往往需要考虑到平台的利益,生产出的内容需要专业人士来把关,因此无论是信息的传播还是接受都受到局限。移动视频直播给用户提供了一个畅所欲言的环境,UGC(User Generated Content,即用户原创内容生产)是移动视频直播内容生产的主要方式,只由平台的网络监管负责把关。因此内容发布更加自由,直播可以从单纯的生活直播到多元化场景的直播,不同的领域,会有着不同的关注人群,新闻、赛事、电商、教育等领域都有所涉及。

3. 实时在场,深度参与的场景实现方式

相比其他社交平台,移动视频直播最大限度的突破了时间和空间上的束缚,让许许多多的事件呈现"第一现场",改变了媒介传播的形态,影响了人类的生活和消费方式,也构建了未来生活和消费的种种新的场景。随着直播成为移动互联网的一大流量入口,很多的企业和厂商都在青睐直播所创造的全新价值。自从电商出现之后,把消费场景割裂成线上和线下两个部分,消费者可以足不出户的进行购物,从"图文详情"、"买家秀"和"用户评论"中获取商品的信息,从而做出购物决定。而移动直播营销来临后,其特点就是重塑了用户的实时在场状态,直播便于建立"观看"和"购买"这一连续的场景,用户可以边看边买,眼见为实的普遍心理使直播营销相对于其他营销形式更能在消费中产生信任,利于形成购物冲动,参与感与体验感更强。用户足不出户即可获得参与感和体验感的直观分享。拿品牌发布会来说,以往受制于场地的容量,能够现场观看的人数是有限的,而且品牌方和用户之间难以直接沟通。移动视频直播就彻底改变了这样的状况。

如 2016 年 5 月 25 日,小米公司推出新产品无人机,小米的官网、官微等直播平台,联合了爱奇艺、斗鱼、虎牙等直播平台并机直播了长达 3 小时的新品发布会,当日直播观看人数超过了 100 万,观看总人数更是达到了 1092 万。小米 CEO 雷军在直播中亲自介绍无人机产品,与观众积极互动,认真回答网友的问题,拉近了产品与用户之间的关系。

二、"直播+营销",移动视频直播的新互联网营销变现模式

1. 直播+自媒体移动视频直播平台也为自媒体提供了天然的流量养成土壤

如秒拍有 papi 酱、艾克里里,美拍有 SKM 破音,还有喜马拉雅、蜻蜓的主播,微博、知乎的大 V 主播和 A 站、B 站的 Up 主蘑菇街红人、nice 时尚达人等,他们是最具流量的个体,通过移动视频直播平台快速沉淀社群经营,通过自己的粉丝渠道,形成基于技能变现的商业化。如在 2016 年呼声最高的"网红自媒体"papi 酱,逻辑思维李天田与真格基金花 1200 万投资 papi 酱团队,之后又以天价 papi 酱首只广告,被誉为"新媒体史上第一怕"。2016 年 7 月 11 日,papi 酱签约 8 个直播平台,成功将个人 IP 平台化,估值约

3亿元开启了她的直播之旅。首播当天，8大直播平台同事在线收看量就达到了2000万。这一"自媒体"+"直播平台"联手的营销方式，使用户流量和吸金挣得双赢。又如自媒体人罗振宇，在2016年5月16日20点，在优酷自频道做了一场特别的读书推荐——他决定把所有的藏书拍卖掉，这次推荐的就是首笔参与拍卖的10本书。与传统方式不同，这场两小时50分钟的拍卖在淘宝app、优酷自频道上进行直播，最终1本起拍价为2.55元的《历代名篇选读（上、下）》以30260元的价格在优酷直播中拍出，其他9本书也以1万元至几千元不等的价格拍出，溢价率惊人。

2. 直播+大型活动策划

移动视频直播平台协助商家上线直播"边看边买"，并且策划大型活动直播，例如体育赛事、演唱会、新品发布会等，让商家能够轻松跟上热门事件性活动进行营销。很多品牌商家每年都会策划几场新品发布会，这似乎是企业营销的标配，但是并不能很有效的带动销售，因为线下营销和线上购买是脱节的。就传统的线下品牌发布会而言，场地单一，所能够容纳的人员受到场地容量的局限，而在移动视频直播领域，彻底的改变了时间和空间的束缚；传统的线下商务活动，只能进行图文二次传播，而移动视频直播可以通过视频、图文的方式进行二次传播，视觉呈现更加立体多元；传统的线下商务活动活动现场需要客户维护，活动效果需要人工来总结反馈，而在移动视频直播中，客户线索可以实时进行收集，活动的效果会有后台数据准确分析。

如巴黎欧莱雅一直都是戛纳国际电影节的合作伙伴，在2016年第69届戛纳电影节上，巴黎欧莱雅策划的直播全程记录下了李冰冰、李宇春等大牌明星在戛纳现场的台前幕后，该直播创下了311万总观看数，1.639亿总点赞数，72万总评价数的各项数据记录，直播4小时后，李宇春同款色系701号CC轻唇膏在欧莱雅天猫旗舰店售罄

3. 直播+电商

传统电商的红利期已过。2016年以来，国内直播平台数量持续增加，艾瑞机构统计数据显示，2015年国内移动直播行业市场规模约为120亿元，到2020年预计将突破1000亿元，其中电商直播将成为重要的生力军。移动视频直播催生出的"网红经济""粉丝经济""注意力经济"吸引了越来越多的商家。天猫负责人陈艳在接受《天下网上》独家专访中指出，过去商家在传统营销上做完推广之后，并不是很清楚实际的广告效果，但是直播把看和买结合在一起，"边看边买"的模式现场能让商家当场得到转化率数据，尤其是天猫用户明确是为了购物而来，转化率甚至达到10%~20%之多，变现能力明显高于其他直播平台。拥有超高名气的网红明星，为商品直播内容提供流量入口，能够迅速的将粉丝流量转化为购买力。主播对商品进行生动的全方位的展示，用户在观看直播的时候获得立体、多元化、不中断的视觉感受，形成购物冲动，在不中断的视频播放过程中完成添加购物车、支付购买流程。电商直播的过程中，不仅最受用户喜爱的红包、优惠券等多样功能

务数量与质量以及最终受益，都达到大致相当的水平。它是相对于不同区域大多数人的均等，不是完全平均、毫无差别。在政府供给层面，应保证基本公共服务的供给水平、供给范围、供给数量、供给标准等在不同区域的居民间达到均衡。在公众需求层面，区域经济发展不平衡决定了个人公共服务需求的多样性及差异性，财力充裕地区在满足基本公共服务的同时可以提供更优良的公共服务。均等性先要落实不同地区居民能分享到最低标准的公共服务，然后才能考虑居民的公共服务需求偏好的差异性。

5. 发展性

发展性能兼顾经济发展水平和公众需求的动态变化，并根据这一变化来适时调整基本公共服务供给的范围和层次。

通过分析区域基本公共服务均等化的特性发现，它更关注的是公共服务的"底线均等"，即不同区域的居民分享到基本公共服务不要出现太大差异，即便落后地区居民也得获得最低标准的公共服务，这是基本生存权和发展权的一种体现。采取的各项均等化政策的目的是将区域间基本公共服务差距限定在合理范围内，但并不是一种低水平的均衡。

四、区域基本公共服务均等化的基本模式与标准

财政收入能力均等化是指联邦政府或中央政府通过控制财力，针对不同地区的政府的财力差异，利用转移支付来提升财力薄弱地区的财政能力以达到全国平均水平，以确保各地区地方政府具有提供均等化公共服务的大致均等的财政能力。目前加拿大和德国采用这一模式。

按照公共服务项目来测算出所需的标准人均财政支出，不同财政支出项目的计算公式应充分考虑各地区经济社会状况的差异性，公式中的参数有不一样的地区标准。各地区所需的转移支付根据实际人均财政支出与标准人均财政支出间的差额来确定，使落后地区提高到全国平均水平，以使不同地区具有大体相同的公共服务水平。目前英国采取这一模式。

根据公共服务需求和公共服务提供成本来测算各地区的标准财政收入和标准财政支出，两者之间的差额作为均衡性补助的依据。目前澳大利亚、日本、俄罗斯等国采用这一模式。

财政收入能力均等化模式只需测算地方税基的数据，实施难度小，但对利益调整幅度较小会导致其效果较弱。它是一种间接的实现方式，与公共支出成本不相关，并假定所有地区的支出需求基本相同，或者认为人均财政支出差异较小。这不利于实现各区域间的公共服务均衡，采用的可能性不大。

财政收入能力与支出需求均等化模式更为全面、客观及规范，其均等化效果是最佳的。但现实的制度环境是现有公共服务提供机制和财政体制难以匹配财政收支均等化模式的实施条件，短期内对利益调整的幅度太大，中央既有财力和财政管理水平都难以跟进。

操作层面上需着手于受益和成本两个方面，制度设计更为复杂，所需财政收支方面的数据测算工作量较大。该模式在短期内也不宜采用。

财政支出需求均等化模式的实施难度、实施效果都居中。它能统筹度量和对比各地区基本公共服务支出成本高低，以此作为均等化转移支付的依据，以保障处于公共服务成本较高区域的居民能享受到不低于其他区域居民的基本公共服务，其均等化效果较好。该模式适合我国现阶段采用。

均等化模式也应动态调整，随着区域基本均等化水平的不断提升，其模式选择上也应作出相应变动。

任何区域基本公共服务均等化模式的实施，都需要通过制定具体的均等化标准来实现。目前均等化标准选择主要有最低均等标准、基本均等标准和完全均等标准。最低均等标准是要求不同区域的居民享受到政府预先设定的最低水平的公共服务；基本均等标准是要求不同区域的居民享受到平均水平，或略微偏离平均水平的公共服务；完全均等标准是要求不同区域的居民享受到完全相同水平的公共服务。

比较三种均等化标准可发现：最低均等标准只能满足最低水平的公共服务需求，虽然政府实施的难度较小，但对地区间财政能力差距调整力度有限，难以较快地改善居民的社会福利水平。

基本均等标准注重区域间居民获取的基本公共服务达到平均水平，能有效缩小地区间的财政能力差异，为均衡区域基本公共服务、促进区域协调发展打下坚实的基础。

完全均等标准的实施要求较高，比较适合区域经济社会发展水平较高、区域公共服务财政能力相对均衡、中央政府占据主导地位等的情况。按照区域间公共服务完全相同水平来安排的话，对某些地区的地方政府利益触动较大，政策执行的阻力相对较大。

我国现阶段的区域公共服务整体水平相对偏低，地方政府的公共服务财政能力相对较弱，并且区域间的经济社会发展差距较大，目前比较适合最低均等标准的区域公共服务均等化。但随着四大区域的协调发展推进、现代财政制度的构建以及政府加强民生项目的投入，可逐步从最低均等标准向基本均等标准转变，以此作为均等化财政制度改革的方向。

第二节　财政体制的经济学分析

一、政府间公共服务事权划分

公共服务事权划分是整个财政体制的运转基础，按照现代国家治理的方向，需按以下三条标准来合理划分各级政府的公共服务事权。

二、案例解析

随着市场运转速度的提升和竞争的愈发激烈,产品策略的创新成为企业在行业中独占鳌头的关键。产品策略是一种营销手段,包括品牌、开发、包装、宣传、服务等方面。而产品策略创新的目的就是为了谋求更好的手段以满足用户复杂的需求,从而占有市场,取得企业相对竞争优势。近年来,各企业为获得更大的市场占有率,吸引更广泛的受众,实现了技术性的创新突破,完成了商品性的模式创新改革,从而争取更大的产品战略目标。而小米公司正是由这种产品策略创新意识出发,为我们展现了一个全新的思路。

2016年5月25日,小米公司放弃了高端的会议中心和酒店,而选择一个不起眼的小办公室为发布地点,通过"小米直播"以及其他网站,为其新产品小米无人机举办了一场纯粹的在线直播的发布会。之前,虽已有诸如锤子公司通过网络直播这种方式进行过新品发布会,但是完全舍弃线下发布渠道,选择"纯"在线直播的新品发布会,小米公司开辟了产品发布策略的创意先河。临近本次直播结束时,在线人数已近60万,可见此次发布会的产品策略价值。值得注意的是,此次新品发布会,不仅使小米公司推出的新产品吸引了无数的眼球,更是将自家的"小米直播"推上了巅峰。

以小米网络在线直播新品发布会为例,从传播成本、传播渠道、传播受众、传播效果等多维度对新媒介传播环境下的产品策略创新做浅析。

1. 传播成本

传统的产品发布会,企业大多会选择诸如国家会议中心此类的高档场地,以烘托宣传的气势。除此之外,企业不仅会邀请各类嘉宾和重要媒体到场,还需配置相应的现场表演和各种宣传活动。以上,都需要企业付出高昂的费用。而此次小米在线直播新品发布会,仅仅在办公室里彩排几次,就可以收到比传统发布会更轰动的效果。而传播成本方面,既省去了场地租赁的花费,也无需顾虑各类公关和宣传费用,可谓省事省力省开支。值得注意的是,用这种形式进行产品发布,更是使"小米直播"APP装机量和使用频次直线上升,这对于小米公司来说可以说是一份巨大的财富。

此外,众所周知,目前在线直播的盈利多数来自于用户的虚拟打赏礼物,而这背后也意味着一大笔资产。这样,采用如此产品策略创新形式,不仅传播成本几乎为零,甚至还可以实现额外的财富获取。企业产品策略创新适应新媒体环境的重要性可见一斑。

2. 传播渠道

连同自家的APP,小米公司本次新品发布会当日共有27家包括爱奇艺、优酷、斗鱼等平台通过互联网渠道共同参与在线直播。据第三方数据显示,当晚在线人数超千万,其中,不乏大量的移动媒体APP用户。互联网在现代传播中具有绝对的优势,伴随着各种数字媒体技术的飞速发展和用户媒介接触习惯的改变,PC端和移动端都占有大量的市场容量。小米新品发布会这种在线直播的形式,通过互联网新兴技术渠道,一方面,实现了诸如弹幕这类用户参与的双向参与模式；另一方面，还可基于后台各方面的大数据对全程的用户行为导向做详细的分析，突显了产品策略创新的优势。

3. 传播受众

受众是指信息传播的接受者。早期的学者认为传者是传播的中心，并提出了诸如"魔弹论"、"强效果论"等，而随着研究的深入，"受众中心论"逐渐走进人们的视野。这个理论的学者认为，受众是传播的主动者，媒介是被动者。虽然受众中心论存在一定的片面性，但不可否认，受众的作用在现代传播机制中受到越来越多的重视。新媒介环境下的互联网受众绝不局限于被动的信息接受，而是越来越拥有信息传者和受者的双重身份。弹幕是一种通过网络技术使用户评论实时悬浮于视频上方的功能。这种即时性的用户体验构建了一种独特的共时性观看效果，极大地增加了传播受众的参与度和互动性，实现了多元化的传播效果。此次小米新品发布会的在线直播形式其中一个亮点就是利用直播元素之一——弹幕来实现用户的有效互动沟通。

通过营造这种虚拟的部落性公共空间，传播受众可以随时做相应的回馈反应，全方位地满足了受众行为方式与心理上的需求。在整个直播过程中，受众不仅以提问等方式与小米创始人雷军进行互动，还可以通过弹幕公开发表观看感受，实现了媒介使用积极的角色扮演，极大地增加了粉丝黏性，从而最终使小米此次的产品策略提上了新高度，呈现"全民参与"的宏大局面。

4. 传播效果

在如今的碎片化时代，只有产品策略创新与新的传播需求相适应，产品宣传才能达到事半功倍的效果。而小米公司正是深谙其理，利用在线网络直播新品发布会这种形式，使其产品宣传达到了良好的传播效果。

（1）小米在线直播新品发布会大大降低了信息传播延迟性。

利用通过这种纯粹的实况网络直播的形式，受众不仅可以最直观地感受到新品发布的氛围，第一时间了解到产品的相关信息资讯，还可以直接与信息的发布者以及其他受众进行实时的相对有效的沟通互动。

（2）小米在线直播新品发布会提升了用户粘性。

小米的此次发布会中，成千上万的受众在直播过程中给予了小米公司创始人雷军虚拟的鲜花、礼物等打赏，这不仅归功于雷军的个人魅力，更是因为通过这种形式进行产品策略的创新，无形中增强了粉丝间的传播效应和社交互动效果，让更多的粉丝更加融入、依赖、信任企业，从而拥有更多的归属感。

（3）小米在线直播新品发布会实现了产品的高曝光度。

这种人人参与的新模式使得信息传播的个体不再受限制，在无形中提升了"草根"传播源的地位，促进了各类受众传播的积极性和速度性，在一定程度上实现了极短时间内提

一、区域基本公共服务均等化的现实约束与优化取向

基于要素禀赋的差异，区域间经济增长差距虽然有所缩小，但仍改变不了经济差距较大的现状。区域经济发展水平决定了各区域财政自生能力水平，而政府作为公共服务的责任主体，其具备的财政能力也就决定了相应的公共服务水平。逻辑分析上表明区域经济差距是引发区域公共服务提供失衡的重要原因，且这种状况短期内难以根本改变。

政府可运用财政体制安排来平衡区域间公共服务供给。从而在理论上证明了财政体制促进区域公共服务均等化的可行性，接下来分析财政体制对区域公共服务均等化的作用机理。

二、财政体制对区域基本公共服务均等化的影响机理

事权划分涉及的是区域基本公共服务的事权与支出责任如何在纵向政府间合理分工，以形成有效均衡各区域公共服务的基石。

为保证不同层级的政府协同供给基本公共服务，现代国家通常按照外部性、信息复杂性和激励相容三原则来划分公共服务的事权责任，表现为外部性越大的事权，适合由级别更高的政府来管理；信息处理复杂程度越高的支出责任，越适合由低级别的政府来承担；兼具复杂信息与外部性的社会事务，应由多级政府间共同提供，引入激励相容机制。

现实中如果央地之间的基本公共服务任划分偏离这一个架构，产生"越位"、"缺位"及"错配"问题，基于上级政府对下级政府的"自利行为"，中央政府往往会将更多地公共服务支出推诿给地方政府来负责，引发基层政府的公共服务支出责任过重、公共服务提供的重心偏低，从而导致特别是欠发达区域的公共服务供给效率低下。因此，需严格恪守这样一个公共服务事权责任划分框架，以确保央地间的公共服务事权和支出责任相适应，各区域间的公共服务支出达到均衡水平，同时运用制度、财力的调配引导区域间公共服务均衡，形成合力来推动现代区域公共服务发展。

财力分配涉及的是央地间如何进行合理的财力划分，为各自履行公共服务事权提供财力保障。在公共服务事权划分明晰的前提下，主要通过税收为公共服务筹集资金，而按照税收收入的内在属性，中央政府适合掌握税基流动性较强、地区间分布不均衡、年度间波动较大以及税负易转嫁、涉及收入分配的税种，如增值税、所得税；地方政府划归税基较为地域化、信息能由辖区较好掌握的税种，如财产税。

理想的状态是这样的税收收入划分格局能为纵向政府承担公共服务提供稳固、充裕的财力资金，达到事权与财权的统一，至于央地间的财力比重大小并无固定比例，主要取决于各自承担的公共服务责任的多少。但可能出现的情况是，央地之间的税收收入划分混乱，违背税种属性，上级政府基于"政治权威"不断地吸取下级政府的资源，诱发部分地方的公共服务"空心化"；或者即便税收划分严格按税种属性进行，也会出现地方政府特别是基层政府的自有财力无法满足公共服务支出需求。这时就需要中央政府调剂财力来弥

补地区间公共服务的财力缺口,寻求纵向与横向政府间的财力均衡,以提升地方的公共服务供给能力,实现区域间公共服务的均衡供给。后一种情况显然是期望的模式。

区域公共服务的财权与事权匹配是最优选择,但当两者不匹配时,次优选择是导入转移支付来实现财力与事权相匹配。转移支付的核心不是资金规模的大小,而是看其方式和结构是否合理。按照资金使用条件划分,转移支付一般分为均衡性转移支付与专项转移支付。均衡性转移支付的目标是引导地方增强公共服务投入、均衡各地区公共服务能力,均衡程度体现为确保贫困地区具有最低水平的公共服务供给能力、任一地区的公共服务财力不会明显低于全国平均水平、或达到各地区的财政能力的完全均衡。

转移支付的结构安排体现了一定的国别差异,但均等化转移支付一般构成其主体。尤其针对区域间公共服务水平差异明显的国家,中央对地方的均衡补助可有效弥补地方进行教育、社会保障、社会稳定等公共服务的资金缺口,以推动地方形成相对均等的公共服务自生能力。而专项转移支付作为辅助,中央偏重地方履行某些公共服务项目的政策意图更明显。以这样的转移支付结构为参照,可达成区域基本公共服务的事权与财力相统一。

预算体系对公共服务的有效控制应先彰显法治性,公共服务资金来源的方式和数量以及公共服务支出的去向和规模需建立在法治的基础上。无论何种形式和性质的收入,需先立法再征收;无论哪类项目和性质的支出,均需在法律约束和监督下执行。随后将区域公共服务预算控制的重点转向公开预算和提升预算透明度。公开公共服务的预算政策、预算制度、预算管理程序、预算资金分配过程和结果、预算收支等信息,将公开透明地贯穿于预算改革的全过程。这可提高区域公共服务预算效率和质量,推进区域公共服务均衡发展。

不行的，就是要大力发展中小企业。

（3）中小企业是推动创新和转变发展方式的关键

中小企业是推动创新的生力军。近年来，我国70%以上的发明专利是由中小企业完成的。当前，中小企业创新活动更加活跃、创新领域更加广泛，不仅在原有的传统产业中保持旺盛活力，而且在信息、生物、新材料等高新技术产业和信息咨询、工业设计、现代物流、电子商务等服务业中成为新兴力量。据《2018年度中国电子商务市场数据监测报告》显示，2018年我国电子商务交易额达22.97万亿元，同比增长25.5%，其中网络零售市场交易额5.3万亿元，绝大部分都是中小企业贡献的。目前，中小企业已占全国经济总量的半壁江山以上，要完成转变发展方式、提高发展质量的任务，就必须大力支持中小企业发展，充分调动和发挥中小企业在促进经济发展方式转变和实施创新发展战略中的重要作用。

（4）中小企业在改革开放中的作用日益增强

中小企业发展既是改革开放的重要成果，也是改革开放的重要力量。量大面广、机制灵活的中小企业参与竞争，形成了充满活力的市场环境，为充分发挥市场在配置资源中的决定性作用创造了条件。中小企业贴近市场，活跃在市场竞争最激烈的领域，与市场有着本质的联系，是构建市场经济体制的微观基础，它的发展为社会主义市场经济创造了多元竞争、充满活力的环境。实践证明，中小企业发展好的地区，往往是人民生活较为富裕的地区，也是率先实现小康的地区。发展中小企业，使广大人民群众从发展中得到实惠，过上更加富裕的生活，有利于促进社会的和谐安定。

二、中小企业发展状况

1. 发展水平稳步提升

截至2018年6月末，据工商登记数据显示，全国实有企业2791万户。根据中小企业划型标准和第三次经济普查数据测算，其中，中小微企业数量合计占99.7%，中小企业利税贡献稳步提高。以工业为例，截至2018年末，全国规模以上中小工业企业达到37.0万户，比2015年末增加0.5万户企业。2017年，全国规模以上中小工业企业实现主营业务收入72.2万亿元，占工业企业主营业务收入的62.7%，同比增长6.0%，增速比上年提高2.5个百分点，实现利润总额4.3万亿元，占工业企业利润总额的62.8%，同比增长6.2%，增速比上年提高2.0个百分点。总的来看，全国中小企业发展实力明显增强，实现数量与效益的同步提升。

2. 创业创新活力进一步增强

中小企业创业环境不断改善，创业活跃度不断增强。根据工商统计数据显示，2018年上半年，全国新登记企业超过290万户，同比增长11.1%。中小企业创新能力显著增强，中小企业知识产权推进工程取得显著成效，全国32个试点城市的中小企业集聚区专利申请量年均增长 53%，专利授权增速超过 30%。

3. 信息化应用水平进一步提高

中小企业信息化推进工程成效显著，电子商务等信息化应用不断扩展，研发、生产、财务、管理等各类软件及服务应用日益普及，两化融合进一步深化。全国中小企业信息化服务网络基本形成，依托大型信息化服务企业建立 6000 多个分支服务机构，配备近 10 万名专业服务人员，汇聚 60 多万家软件开发商和信息化服务商，每年开展数万场宣传培训和应用推广等活动，线上线下培训人数达千万人次。

4. 政策环境不断优化

党中央、国务院高度重视中小企业发展，密集出台了一系列政策措施，取消和调整一批行政审批项目，实施"三证合一"登记制度，加大小微企业增值税、营业税，以及所得税优惠力度。金融管理部门引导银行业金融机构加大对小微企业信贷支持力度，实现小微企业贷款增速、户数、申贷获得率"三个不低于"目标。财政资金转变支持方式，开展小微企业创业创新基地城市示范。发挥国家中小企业发展基金引导作用，带动河北、河南、四川、云南、甘肃、青海等地设立地方中小企业发展基金，初步形成国家与地方上下协同、联动发展的局面。各方面政策不断出台，多管齐下，精准施策，为中小企业发展创造良好政策环境。

5. 服务体系日益完善

构建完善的中小企业公共服务平台网络，推动国家中小企业公共服务示范平台不断建立。实施中小企业创新能力计划和创办小企业计划，启动国家小型微型企业创业创新示范基地公告工作。通过不断完善中小企业公共服务体系，为广大中小企业创造良好的创业创新服务环境。

6. 对外交流合作不断增强

中小企业领域的双边和多边合作取得重要进展。中国国际中小企业博览会和 APEC 中小企业技术交流暨展览会成为重要的对外合作平台。中外中小企业合作区建设取得积极成效。围绕"一带一路"建设，中小企业与沿线国家和地区合作交流日益增加。一系列的对外交流合作战略举措，为中小企业走出国门、向外发展打造出良好环境。

7. 促进机制逐步健全

建立了国务院促进中小企业发展工作领导小组协调机制，加大政策协调与落实，印发领导小组 2018 年工作要点，涉及 18 个部门 69 项工作任务。对《中小企业促进法》进行修订，强化立法支撑，为促进中小企业发展提供了有力的法律保障。

投入，推进省管县财政管理体制改革，减少财政层级，提高公共财政资金的使用效率，提高公共服务支出占 GDP 的比重。此外，还要完善转移支付制度，增强对西部地区、经济落后地区、县乡地区的财政转移支付力度，保证这些地区的公共服务供给能力。

2. 借鉴国际经验，完善公共财政收支体系

（1）从完善公共财政支出的角度看，发达国家地方政府公共服务支出占政府总支出的的比重为 32.2%，而发展中国家的这一比例仅为 19.5%，转轨国家仍介于两者之间，约为 29%。发达国家地方政府公共服务支出所占比重较高的原因一方面是其地方政府的规划、执行能力较强，另一方面是社会福利等公共服务需要有更多的地方政府参与才能完成。欧盟等发达国家从 20 世纪 80 年代出现了明显的财政分权趋势，即财政支出权限由中央政府向地方政府转移的财政联邦主义。这一趋势的出现既与政治分权、地方自治加强等趋势相连，也与财政效率相关。地方政府更接近公众，能够更好地满足公众对公共产品和服务的需求。财政联邦主义理念后来也被发展中国家和转轨国家接受，成为财政体制改革的指导方针。

（2）从完善公共财政收入的角度看，以税收为例，美国地方政府享有较大的税收立法权限，各个地区有权根据自己的需要确定相应的税种。地方税收机构与州税收机构不存在隶属关系，一方面能够保证地方政府有一定的财政来源，另一方面机构设置的独立性减少了因隶属关系而发生的税收划拨不合理。德国在税收划分上实行共享税为主的形式，即政府按同一税率征税后，再向地方返还。日本的税收立法权大多集中在中央，而管理权和使用权则更多的在地方，体现了中央统一下的地方高度灵活。从以上各国税收权力的划分上可以看出，中央政府通过与地方政府合理划分税收权，并以法律的形式固定，保证地方政府财政收入的稳定性，为地方政府公共服务职能的履行奠定了基础。综上可以看出，各国在公共财政的支出上主要都是投向公共服务领域，并且地方政府在承担的较大公共服务事权的同时，中央政府也通过合理划分中央与地方的收入来源，确保地方政府公共财政收入的稳定性和公共服务职能的履行。因此，完善政府公共财政收支体系，首先要明确划分各级政府的支出责任，将支出的重点领域集中在公共服务，不断提高公共服务的范围和支出水平。其次要明确划分各级政府的收入范围，通过合理进行财政收入征收的分权，增强地方积极性的同时也不损害中央政府的积极性，保证地方政府拥有有效履职的财权。

3. 建立健全市场化的融资体制

建立健全市场化的融资手段是完善公共服务导向财政体制的重要补充。地方政府可以在当前法律法规许可的条件下，加快融资方式的创新，吸引社会、民间资本进入地方公共产品投资领域，改变公共产品和服务的供给资金"一靠财政，二靠银行"的局面。当前，解决地方政府在公共服务供给过程中的投入资金需求与供给短缺的矛盾，关键在于引导社会资本合理进入公共服务领域，实现社会公共服务设施建设由政府单一主体投资向政府、

企业、非营利组织、个人等多元化投资主体结构的转变。社会资本合理进入公共服务投资领域，除了消除进入壁垒，降低准入门槛外，还取决于影响投资主体的决策的两个因素：①公共服务设施的价格或收费标准；②投资公共服务领域的风险程度。因此，为了打消社会资本投资主体的疑虑，方便社会资本更好地进入公共服务领域，政府可以制定相关的政策措施，允许基础设施投资主体自主定价，使社会资本的投资回报率略高于市场一般利率水平，并完善相关措施，降低投资公共服务设施的风险。对于经营基础性的投资项目，由于其收益周期长，并且收益稳定，对于投资者具有一定的吸引力，政府部门可以采取股份制方式进行投融资、举借外债、特许经营等方式，吸引社会资本进入，政府资金只在必要的时候以资本金投入和贴息的方式适度予以支持。此外，中央可以制定出台相关的税收优惠政策，为其他主体投资公共服务领域创造条件。建立税收激励和风险补偿机制，对一些非营利组织、企业、私人投资的社会公共服务，给予一定税收优惠，增强这些主体投资公共服务领域的积极性，确保地方公共服务水平有效满足社会公众需求。

第二节　事权财权配置的结构失衡

随着时间的推移，分税制实行带来的事权与财权的失衡，极大地影响了各级政府公共服务职能的发挥。事权划分不清，导致有些事没人管，有些事多头管，行政效率低下。因此，总结分析我国自分税制实行以来事权财权配置的失衡现象，对完善我国公共财政体制，增强政府的公共服务职能具有重要意义。

一、事权与财权的基本内涵

1. 事权的基本内涵

随着市场经济的发展以及政府职能改革的全面推进，政府要逐渐从直接参与经济的领域退出，由管理经济向提供公共物品服务市场经济转变。此时政府应转变界定事权的思路，即将提供公共产品或公共服务，满足社会、经济发展的需要作为政府的主要职责。

2. 财权的基本内涵

财权是指在法律允许下的各级政府负责筹集和支配收入的财政权力，主要包括税权、收费权以及发债权；财力是指各级政府在一定时期内拥有的以货币表示的财政资源，它的来源可以是本级政府的税收、上级政府的转移支付、非税收收入以及各种政府债务等。财权与财力的联系与区别在于，拥有财权的政府，一般来讲拥有相应的财力，但是拥有了财力的政府不一定就有财权。因为上级政府的财权往往大于它最终支配的财力，一部分财力转移到下级政府后，这部分财力使用者不是上级政府，而是下级政府，所以下级政府的财力可能往往大于它的财权。综上，本书认为，财权是政府财力以及获得财力所拥有的权力的统称，是指各级政府所享有的组织财政收入，安排各类财政支出的权利。

3. 事权与财权的关系

政府的管理活动往往是财权与事权相互协作的结果。事权与财权相辅相成，事权是划分财权的前提，而财权是保证事权有效实现的基础。事权与财权的合理划分能够为政府提供公共产品和服务提供有力保证，反之事权与财权的配置失衡有可能会造成各级政府在公共服务供给中的缺位、越位和错位，造成公共服务供给的有效性不足。

二、事权、财权的划分

1. 建国之后至分税制改革之前我国政府事权与财权的划分

财权和事权也是联系在一起，我国的社会制度决定国民经济的主体是国营企业与事业。国营企业和事业归哪一级管理，即事权放在哪一级，财权也相应放在哪一级。……地方财权的大小和中央划给地方的事权应当一致起来。……地方财权的大小，表现在事权的划分上，反映在各项支出的支配权。这种事权与财权的划分办法，一直实行到分税制改革之前，它的特点可以概括为：各级政府的事权与财权是统一的，在按照行政隶属关系划分各级政府的支出责任后，收入划分实行"直接匹配"，财力实行"先下后上"。"直接匹配、先下后上"是指这个时期的各类体制都是以地方财政收支挂钩为依据进行制度设计的，也就是根据各级政府的支出事权，收入与支出规模相联系进行财政资源的配置，有的阶段实行以收定支，有的阶段实行以支定收，但最本质都是收支挂钩。而"先下后上"主要指财政资金在中央和地方政府之间的分配流向，除了建国初期统收统支体制外，政府间财政资源的配置在事权划分的前提下，基本是先以省以下地方政府财政收支挂钩优先配置，中央财政再集中部分资金。由于分税制以前，政府的主要职能还是在经济建设领域，对公共服务建设的财政投入是很低的，故而这一阶段的事权与财权的划分与分税制实行以后的划分内涵还是有一定的差别。这一阶段的事权与财权划分是在计划经济背景下实行的，政府的事权主要集中在直接管理经济，而分税制后，我国以开始建设市场经济，市场经济要求政府退出直接参与经济的领域，将政府职能转变到公共服务上来。而且这种划分事权与财权，在一定程度上使得地方财政收入增加，而中央财政收入减少，造成巨额财政赤字，中央政府对经济社会的宏观调控能力弱。

2. 分税制实行至今我国政府事权与财权的划分

首先，在中央与地方的事权和支出划分上，根据现行中央政府与地方政府事权的划分，中央财政主要承担国家安全、外交和中央国家机关运转所需经费，调整国民经济结构、协调地区发展、实施宏观调控所必需的支出以及由中央直接管理的社会事业发展支出。地方财政主要承担本地区政权机关运转所需支出以及本地区经济、社会事业发展所需支出。其次，在中央与地方的收入划分上，根据事权与财权结合的原则，按税种划分中央与地方收入。将维护国家权益、实施宏观调控所必须的税种划分为中央税；将同经济发展直接相关的主要税种划分为中央与地方共享税；将适合地方征管的税种划分为地方税，充实地方税税种，增加地方税收入。分设中央与地方两套税务机构，中央税务机构征收中央税和中央与地方共享税，地方税务机构征收地方税。再次，在政府间财政转移支付制度上，分税制在重新划分中央财政收入与地方财政收入的基础上，相应地调整了政府间财政转移支付数量和形式，除保留原体制下中央财政对地方的定额补助、专项补助和地方上解外，根据中央财政固定收入范围扩大、数量增加的新情况，着重建立了中央财政对地方财政的税收返还制度。具体办法是，中央税收上缴完成后，通过中央财政支出，将一部分收入返还给地方使用。最后，在预算编制与资金调度方面，实行分税制后，中央和地方都要按照新口径编报预算。同时将中央税收返还数和地方的原上解数抵扣，按抵顶后的净额占当年预计中央消费税和增值税收入数的比重，核定一个"资金调度比例"，由金库按此比例划拨消费税和中央分享增值税给地方。

由于分税制的实行并没有根据市场经济体制改革的目标重新界定政府职能，造成各级政府事权分配不明确，地方政府承担了大量的公共服务职能，造成中央与地方事权的越位和缺位。加之各级政府间的收支划分也不合理，地方收入锐减，地方财权无法保证事权的有效实行，造成事权财权配置的结构失衡。

三、事权财权配置的结构失衡

随着市场经济体制的不断发展，政府逐渐从市场机制中退出，承担起了提供公共服务的职能。然后由于财政体制改革滞后，财权与事权配置失衡的问题日渐暴露，严重制约着各级政府公共服务职能的有效践行。事权财权配置的结构失衡具体表现在以下几个方面：

1. 事权配置不合理

当前我国政府事权配置不合理主要表现在以下两个方面。

（1）各级政府间事权界定不清晰。中央与地方政府没有根据职能充分界定各自的事权，事权长期层层下移，造成中央与地方之间、地方各级政府之间事权的错位、越位、缺位。错位表现在一些本应该有中央政府主要承担的基本公共服务职能，如教育、医疗卫生、社会保障等，却由中央与地方共同承担或者地方承担，导致地方政府尤其是县一级政府财政负担重。同时，中央政府过多地承担了本应由地方政府承担的基础建设和经济发展方面的支出责任，并且不合理地直接干预微观企业层面的运营。缺位表现为许多社会公共服务政府投入严重不足，有些公共服务甚至处于空白状态。

（2）政府与市场的关系界定不清晰。由于我国政府受长期以来实行的计划经济的影响，全能政府的观念并未全面摒除，政府干预市场机制的现象还仍然存在。一方面政府承担了许多本应该由市场承担的事务，政府财政并未从盈利性领域完全退出；另一方面，本应由政府承担的公共服务职能,政府却没有履行好。事权配置不合理使得政府不能将有限的财力用于政府应该履行的事权上,造成财力与事权在总体上呈现不匹配的状态。

2. 事权与支出划分失衡

我国的《预算法》虽然规定了地方预算自主权,但仅泛泛地划分了中央与地方政府间的支出,中央政府对省级以下各级政府之间的支出划分没有明确,一般是由上级政府顺次决定其下级政府的支出划分,各地区事权划分有所不同。根据现有的制度规定,中央财政应当负担的支出包括:国防、外交外事支出、武警部队、优抚安置、养老保险;中央与地方财政分担的支出包括:农业、基建、粮食、农业综合开发、交通、行政、公检法、教育、科学、文化、卫生医疗服务;地方财政负担的支出包括:失业保险、医疗保险、社会救济与社会福利。然而在现实中,地方政府还承担了一些本应该有由中央政府承担的支出,如民兵事业费、农村民兵和预备役人员训练误工补助、预备役团以下部队和现役部队县级人民武装部营房和训练设施费、武警部队内卫部队支队以下机关部队的基建费用、边防部队的部分地区公安任务的支出、优抚安置组织和管理支出费用等。应由中央全额负担的养老保险,实际上采用了中央与地方共同承担的方式,即中央补助90%,地方承担10%。此外,在对民族地区、西部地区、重大自然灾害地区进行对口支援方面,一般都是由中央制定具体政策,而落实政策的责任则在地方政府。已在制度中明确责任的中央支出与地方支出在现实中确是模糊的。至于制度规定应由中央和地方共同分担的支出,如教育、文化、科学、医疗卫生等在现实执行中更是出现了界限不清的问题。这种中央与地方事权和支出划分的失衡,在现实中引发了各级政府间推脱责任等问题,影响公共服务的供给。

第三节 事权财权重置的改革策略

事权财权配置失衡的不良后果是地方政府的财政困境以及由此造成的公共服务有效供给不足。可见,事权与财权相匹配的改革已成为当前推进公共财政体制改革的重要议题。

一、事权财权配置的理论依据

1. 财政联邦主义理论

财政联邦主义在中央与地方事权财权配置方面的运用主要表现在对中央与地方进行合理的财政分权,确保各级地方政府具有相对均等的财政能力以有效实现提供公共物品的事权。第一代财政联邦主义理论受新古典企业理论的影响而存在一个潜在的假设,即认为政府是公共利益的守护者,政府会尽可能通过恰当的政策手段来纠正各种原因所致的市场失灵，以实现社会福利的最大化。在第一代财政联邦制看来，政府是非人格化的，它没有自己独立的经济利益，追求的是公共利益，政府的从业人员也是如此，政府是帮助社会公众提供公共物品，满足公共需要的一种手段和方式。因此，各级政府之间所谓的财政分权就是中央和地方政府之间根据公共产品和各级政府的不同性质和特点进行权力分割，以使公共产品的供给能更好地满足社会成员的需要，进而实现社会公共福利水平最大化的一种手段和方式。这纯粹是技术问题，一旦权力划分格局确定，只要公众偏好不发生变化，公共产品供给种类没有变化，那么权力划分格局就是稳定的。第一代联邦主义很早就认识到信息问题对财政分权的影响，斯蒂格勒早在50年代就提出中央政府不如地方政府更了解辖区居民的偏好，所以地方政府供给公共物品更具有优势的观点。但在第一代联邦制理论看来，信息只是影响了公共物品供给主体的选择，并没有影响供给主体自身的行为，各级政府仍然是利益一致的整体，彼此之间只是分工不同，并不存在独立的经济利益。

20世纪80年代发展起来的第二代联邦制理论，相对于第一代最大的变化就在于把公共选择学派的观点用于政府间财政关系的研究，而不是社会福利最大化。政府不再是一种非人格化的供给公共物品和满足公共需要的一种方式和手段，而是具有很强的主观能动性。多层次的政府体系不再是利益一致的整体，每一个层次的政府都有自己相对独立的经济利益，他们彼此之间在行为目标方面存在明显的差别和利益冲突。因此，第二代财政联邦制理论越来越多地运用委托代理理论来研究政府间的财政关系，强调激励机制的建立对协调政府间财政关系、实现社会利益最大化的作用。

财政联邦主义的基本原则已经化解或调和了地方政府与联邦政府在公共服务供给方面的矛盾—即事权与财权配置失衡的矛盾，联邦成员允许联邦政府拥有较多的权力处理跨区域的经济社会问题，并促进整体福利和社会公平的改进。可见，以效率为中心的财政分权，通过财政横向公平和纵向公平的协调，把公平和效率有机结合起来。而且财政地位的平等化，使各地方政府财政能力相对均等，确保了各地方政府充分利用手中的财政能力践行公共服务的事权。

2. 博弈理论

具体来说，当前，中央政府与地方政府事权财权划分的博弈主要体现在以下三个环节当中。

（1）博弈规则。中央政府进行全国范围内的宏观调控，对地区的收入分配进行调节，对全国范围内的资源进行有效配置，最终以获取全国利益的最大化。而地方政府则通过对地区内进行宏观调控、收入分配、区域内的资源整合，最终获得地方利益的最大化。

（2）博弈策略。中央的策略主要是根据市场经济的客观要求，依据制定的全国性的法律法规、公共政策等向地方政府下放一定的自主决策权、管理权、财权、事权等。而地方政府则根据法律和政策以及上级政府赋予的事权财权对地方事务进行决策管理。

（3）博弈结局。就目前情况而言，中央政府具有较大的财权，而事权较小；地方政府则财权有限，事权较大。这种中央与地方之间财权事权的失衡，造成了地方政府社会物品供给的有效性不足。从政府职能改革的视野看，这种博弈的结局中央与地方的公共利益都不能实现最大化。

在我国，中央与地方政府关于财权与事权的博弈推动着我国公共财政体制的改革，当前二者博弈的结果是"财权上收、事权下放"，造成事权财权配置的结构失衡。从理论上说，追求公共利益应该是中央政府和地方政府职能履行的本质要求。二者博弈的最终目的应该是实现公共利益的最大化的"正和博弈"。这种"正和博弈"结果的实现有赖于中央与地方在事权财权分配的博弈中寻找合理配置的平衡点，实现各级政府事权财权的相对统一。

二、事权财权重置的原则

当前推进事权财权的重置改革，其最为重要的就是要理好中央与地方的关系、政府与市场的关系，从而明确各级政府间的事权，合理划分财权，实现事权与财权的相对统一。推进事权财权重置的改革策略应遵循以下几个原则：

1. 对应性原则

谭建立认为，中央与地方事权财权改革的总目标可以概括为："财权事权对应，收支统一预算，规范政府行为，民主科学理财。"事权财权的对应性是公共财政体制改革中比较重要的一个议题。事权财权改革的对应性原则就是要求合理划分各级政府间的事权，依据事权下放地方履职所需的财权，对于财政特别困难的地区，中央政府还应该通过转移支付制度，为其公共服务职能的履行提供必要的财政支持。

2. 分权性原则

财政分权就是中央和地方政府之间根据公共产品和各级政府的不同性质和特点进行权力分割，以使公共产品的供给能更好地满足社会成员的需要，进而实现社会公共福利水平最大化的一种手段和方式。分权性原则的重点在财政分权，其原因在于：①由于当前我国地方税体系不健全，地方税种除营业税、所得税外，均为小额税种，县、乡财政无稳定的税收来源，收入不稳定；②地方税种的管理权限又高度集中在中央，地方对地方税种的管理权限过小；③省以下分税制财政管理体制不够完善，地方各级政府间较少实行按事权划分财政收支的分权式财政管理体制，导致县级财政没有独立的税种收入，财政收入无保障。分权时，应当充分兼顾中央和地方的积极性，要同时照顾中央的核心利益和地方的核心利益。倘若过分关注中央的利益，就会导致过分集权，造成地方掌握不了必要的施政资源；而如果过分重视地方利益，过度分权，则势必会极大影响中央的权威以及对全国的宏观调控职能。故而，中央与地方在财权事权划分的过程中要适度，确保中央和地方的工作积极性以及地方公共服务职能的有效开展。

3. 灵活性原则

灵活性原则主要指政府对事权财权进行改革是不能机械地"一刀切",而是要根据不同地区、不同时期的经济社会发展状况进行权力配置调整。它包含了以下两个方面的要求。①从空间跨度上看,由于不同的地区经济社会发展水平不尽相同,公共服务水平也不尽相同,各地政府对本地区的发展定位也不尽相同,这些差异必然会对中央政府与地方政府的事权划分产生能动性影响,而这种影响也定然会影响到财权的划分。②从时间跨度上看,即使在同一个地区,其不同时期的事权也会受到其所处的时期的时代特征和要求的影响。

4. 服务性原则

事权财权配置的服务性原则主要指事权财权的配置应符合公共服务型政府建设的目标要求。当前,中央政府和地方政府在各自事权的划分上主要还是比较倾向于政府的经济职能和行政管理职能,而对政府公共服务职能的履职不管是在思想重视上,还是公共财政投入上都明显不足。而在经济领域却又明显越位,表现为许多地方政府直接参与微观经济领域的经济活动,而不是按照现代市场经济体制的要求,重点供给服务市场经济发展的公共产品。

5. 法制性原则

有学者认为,法制性原则主要包括两个方面的内容:①各级政府的事权财权分配框架必须以某种法律的形式固定下来;②各级政府的具体事权财权应该需要由本级立法机构立法授权,并接受法律的监督。本书基本认同这种观点,这是由于以下两方面原因。中央与地方关系的基本问题由法律规定,并不意味着排斥传统的政策、经济、财税等手段的运用。其次,中央与地方关系的基调应当由宪法确定,这是法制性的最高依据。宪法在我国现有的法律框架内处于最高层次,因此宪法对二者事权财权分配的相关规定是其他法律法规具体规定事权财权的基础性前提。事权与财权重置的法制性原则就是要求各级政府按照宪法的规定,确保各级政府事权财权的行使有法可依,并且依法而行,不因上级政府的行政权力压力而随意变动。

三、事权财权重置的改革路径

1. 合理界定各级政府的事权关系,为建立事权财权合理重置奠定基础

事权是政府工作的核心,而财权则是政府有效实现事权的物质保障。因此,只有依托事权的明晰界定,才能合理划分财权。目前我国各级政府间事权财权配置的失衡,一个很重要的原因就是各级政府间事权划分上的不稳定、不规范、不科学,随意性、盲目性、模糊性大。故而,推进事权财权重置的改革,首要问题就是要合理划分各级政府间的事权范围,并将这些事权规范化、制度化和法制化。由于公共服务型政府的建设目标的推进,当

前我国各级政府的主要事权应该在公共产品的供给上。事权的划分可以分为三类：一是收益范围为全国性的公共产品应当由中央政府及中央财政提供。在当前市场经济条件下，义务教育、社会保障、医疗卫生等带有非常强的外溢性特征的公共产品应该划归为全国性的公共产品，应当由中央提供。此外，国防、外交、司法审判等涉及国家安全的公共产品，也应该是中央政府的事权范围。二是收益范围具有地方局限性的公共产品，则属地方事权由地方财政提供，比如地区性的疾病防治等应归为地方事权范围。对于地方性公共产品的供给还应考虑地区经济发展差异，对经济落后地区中央财政应该给予适当的补助。三是收益范围中央与地方交叉的公共产品，也就是不能完全划为地域性或者全国性事权，并且具有一的地域优越性，但又可能产生一定范围内的区域外溢性的公共产品，如交通建设、水利建设、电网建设、生态环境保护等，这些事权可以由中央与地方两者共同承担，并按具体项目确定二者的分担比例。

2. 科学明确支出界线，保证责任与权力配置的合理性

在公共财政体制中，事权未必是一家独享、他人不可染指之"权"，准确地说是行事之"责"，即哪些公共产品应该由哪一级政府负责，其本质就是对各级政府事权的合理划分。理论角度下的工作实施而言，层级不同的政府在公共服务中所提供发产品要求各不相同，不同层级政府对事务的管理各有具体划分范围，然而在现实中，上级政府往往将一些本应由其承担或者主要承担的事权和支出责任下放给了下级政府，造成下级政府财政支出大大超过了其有的支出范围。这种现象导致了事权与支出责任之间出现分裂，进而造成一级财政支出责任的层次差异。一级财政的支出责任主要有三个层次：

（1）内生性支出责任。这是主要是指本级按照事权划分应有的支出责任，是一级政府作为管理主体对所辖区域天然负责的事权，如为辖区居民提供治安、权利保护、清洁环境等公共产品以满足辖区居民生产生活的需要。随着市场经济的不断发展和公共服务型政府的建设，虽然一级政府的内生性支出事务越来越多，责任越来越大，但这种内生性支出应该是一级政府的主要支出范围。并且该类事权的支出的履行就需要以本级政府的税收、特定项目的收费与面向辖区发行的债券等融资手段来支持，财政收入特别困难的地区还需中央政府或上级政府提供财政支持。

（2）委托性支出责任。通常是指上级政府处于效率或者公平的考虑，而将部分事权下放给下级政府。由于委托性支出责任的事权主体是上级政府，下级政府履行此事权的支出责任应由上级政府承担，上级政府可以通过转移支付的方式补助给下级政府。如果下级政府在此事权中受益较多，也应承担一定的财政支出。

（3）共同性支出责任。主要是源于公共产品的受益范围涉及多个地方政府，需要不同地区的地方政府协调事权支出。但由于共同性支出责任往往涉及多个主体，因而往往需要中央政府或者二者共同的上级政府进行协调，但其不承担支出责任。

3. 合理配置中央与地方的税种，确保事权财权的良性互动

由于财权包含获得财政的能力即财政权力以及财力，因此，事权财权相匹配机制的本质就包含两个方面的内涵，即财政权力与事权相匹配和财力与事权相匹配。在建立事权与财权良性互动的过程中，首先要考虑的是将财政权力与事权相匹配，并把财政权力作为政府履行事权的基本依据和基础。由于财力具有转移性和易调整的特点，能够方便有效地运用于调节区域差异和城乡差异，并且还能适应一些临时性、突发性的事权对财力的需要，如一些突发性的自然灾害的救助等，因此，在建立财权事权互动机制时，应把财力与事权相匹配作为重要的补充。现阶段，我国的财政是以中央政府直接管辖为核心，所拥有的权力较大，且整体所承担的财政资源较高，以及转移支付在运作中没有完善的体系支撑，导致在实施中会对地方政府产生直接管理制约，导致财政的管理权力资源双重不足。因此，应重新研究中央与地方的各自财政权力、财力的配置，合理划分比例，实现财权事权的良性互动。中央应该避免对财政权力的实际所有权把控力度过大，避免财政力度过强对地方的财政经济产生影响，以及对中央财政的调控能力需要良好分配，保证地方与中央能够合理把控税务种类，以此获取独立的税务来源，构建独立的税收管理体系，提高征收能力，以此促进财政管理能力。通过对各种税种进行合理划分，可以增加地方财权、财力的同时，也能保证中央的财政收入不至于减少过多，确保中央与地方两个积极性，实现事权财权的良好互动。

4. 加快省级以下财政的公共部分完善，优化财政管理级别

现阶段政府的划分为五个层级：中央、省级、市级、县级与乡（村）镇，省级政府层级之下的被称之为地方政府包含四个层级，在当前全球国家管理制度的构建中，我国成为地方政府管理层级最多。一级政府有一级财政，行政层级过多造成财政层级的复杂化，导致了各级政府之间事权财权划分的难度。尤其是县乡两级政府处于政府层级的最底层，事权大财权小现象较为普遍。分税制改革实行以来，各省也按照分税制的原则划分各级政府之间的收入，由于这种划分由各省市自己主导，缺乏统一的划分标准，造成各地在省市、县市以及县乡之间的收入划分存在较大差异。地方政府的公共财政集中在省市政府较多，而在县乡政府安排的转移支付则较少。许多县乡政府不是想着如何更好地提供公共服务，而是想着如何增加县乡财政收入。因此，必须完善省级以下地方政府的财政管理体制，确保地方政府的权、责对应。完善省级以下财政体制，最重要的是要推进"省直管县"的行政体制改革，减少财政层级，完善省管县财政管理体制。一方面有利于省级政府能从全局出发，合理配置财力，解决县乡政府的财政困难，发挥省级财政调节县乡级财力差异的职能作用。另一方面减少了行政管理层级，可以有效提高财政资金的使用效率，降低行政成本。加大对省级政府对县乡政府的财政转移支付力度，建立县乡财政收入稳定机制，缓解基层财政困难。避免县乡政府为了增加财政资金，四处寻找财源，而给当地经济社会健康发展造成不必要的阻碍。

第四节 政府间转移支付制度的完善

国家的经济建设在改革开放工作的深入推动之下，获得了巨大的成功，同时为市场经济的发展提供了巨大助力，帮助体制更加完善的建设，同时针对财政的体制相关方面细节内容进行了深入的优化与完善，以此保证政府之间在采取转移财政这一资源支撑方式下，能够更好地优化工作内容，丰富工作实施方式。尤其是我国实行了分税制财政体制改革以来，我国逐步建立起了相对规范的财政转移支付制度，有效调节了政府间的利益冲突和区域间经济社会发展差异。实践证明，政府间转移支付制度作用发挥好的时期，政府间的关系相对比较和谐，能够较好的实现中央的宏观经济目标，促进经济社会快速发展；反之，中央则难以实现对地方经济的宏观调控，导致公共资源浪费，社会管理效率低下，不利于经济社会发展目标的实现。

一、政府间转移支付制度的内涵分析

1. 转移支付的概念

为了便于研究方便，本书认为转移支付主要是指一国政府利用公共财政手段，以实现社会公共利益为目标的一种单方面的无偿支出方式，这种方式被划归分类为无偿支出，其实施方式所包含内容众多，在下文会具体指出。

2. 政府间转移支付制度的内涵

有学者认为，政府间转移支付制度是指一国内各级政府之间，通过采用无偿的财政资金转移或财政平衡措施以实现各地公共服务水平均等化目标的公共财政制度。也有人认为，政府间财政转移支付制度是指财政资金在各级政府之间无偿转移，是在政府间既定的支出责任和收入划分的框架下，为实现基本公共服务均等化的政策目标而采取的一种财政分配制度。

政府针对财政采取转移支付的方式，需要制定完善的管理制度，在制定中主要分为两种类别，①一般状态下的转移制度、②专款专项的财政转移制度。一般性转移支付制度主要指公共财政资金无偿转移的过程中不规定用途和使用方式，也不附加任何条件，其主要目的在于缩小地区间财力差距，平衡区域间经济社会发展的差异，实现地区间基本公共服务均等化。中国一般性转移支付从1995年起实施，原来称为过渡期转移支付。一般性转移支付资金按照公平、公正，循序渐进和适当照顾老少边穷地区的原则，主要参照各地标准财政收入和标准财政支出的差额及可用于转移支付的资金数量等客观因素，按统一公式计算确定。专项转移支付也叫特殊目的的转移支付，一般用于特定项目的补助，其公共财政资金的使用具有明确的规定，获得转移支付资金的地方政府无权变动。通常专项转移支付还要附加一些条件，使其具有很强的政策性，是中央政府宏观调控的重要手段之一。

二、完善我国政府间转移支付制度的国情基础

政府间完善的转移支付制度需要建立在发达的市场经济条件下。当前我国的发展虽然已经逐步实现全面小康，但社会主义仍旧是在初级发展阶段，这一现实不容置喙，对市场经济没有实现全面的体制构建，与发达国家的经济建设对比而言，整体的社会发展之间仍旧会有较大的差距性，城乡之间、区域之间发展不平衡，这些国情特点决定了我国还需要进一步完善政府间转移支付制度，实现城乡地区与区域地区二者之间的经济发展差异消除、保证公共服务提供与权利享有的均等性。

1. 政府职能范围和承担事权的特殊性

我国作为职能单一制度的国家，与联邦制的一些国家相比，中央作为政府最高级股，与地方政府相对比而言，属于权力的集中区，所拥有的职权更高，为此，其所承担的事权与所享受的权力成正比，对财政的分配决定权以及资源分配比重的规划等影响更高。这是由于我国地域辽阔，人口众多，整体经济发展水平还不是很高，需要中央统一领导，集中力量大力发展经济、社会建设。从政府职能范围的角度来看，我国是社会主义国家，政府除了承担经济调节、市场监管、社会管理、公共服务等职能外，还要承担国有资产的管理职能，造成政府职能过大，而政府职能的有效履行需要相应的财权财力保障。但在基层政府中往往事权财权配置失衡，因此需要通过上级政府的转移支付为其职能履行提供财力支持。

2. 区域之间发展不平衡

区域的经济建设与地区发展二者之间相互作用，对其整体产生制约因素分为两方面：①区域内的地理环境；②区域整体发展的政策。首先，从区域之间的地理环境上，我国各地区的自然条件差异很大，尤其西部地区，自然条件相对恶劣，公共交通等基础设施建设困难，经济发展水平远远落后于中东部地区。其次，在区域发展政策上，我国自改革开放以来推行"先富带动后富"的区域发展政策，国家对沿海地区给予了大量政策优惠和财政支持，使东部地区经济得到迅速发展，造成东西部之间经济社会发展水平差距进一步加大。为了缓解地区差距尤其是东西部差距，真正落实"先富带动后富"的政策精神，中央政府需要通过完善政府间的转移支付制度，加大对西部欠发达地区的财政支持力度。

3. 地方政府间的既得利益较难调整

由于我国地方政府担负着社会管理、供给地方公共产品、发展地方经济等多项职能，这些职能履行的好坏往往关系着地方政府官员的仕途晋升。因此，一些地方政府就将本地经济、社会发展利益当作地方的既得利益。一方面，对于经济条件好的地方政府，其希望

能将更多的财政投入本地各项建设上,以提高政绩。而对于中央政府来说,则希望这些地方政府能够上缴更多的财政收入,并通过转移支付的方式支持落后地区经济社会建设,这在一定程度上会影响经济条件较好的地方政府的积极性。另一方面,对于经济条件较差的地方政府,由于经常能享受到国家转移支付制度所带来的财政支持这一既得利益,即使该地经济条件发展了也不愿摘掉"贫困地区"的帽子,总希望获得中央更大的财政支持,故而这些地方政府"脱贫致富"积极性并不高。这两个方面就造成了政府间转移支付制度与地方政府既得利益之间的矛盾,没有协调好就有可能影响地方政府的积极性。

4. 政府间转移支付制度的配套体制不够完善

当前,我国正处在全面深化改革的关键时期,我国的政府职能转变还不到位,社会法制建设还不够完备,公共财政体制还不完善,造成我国政府间转移支付制度的完善还存在诸多困难。具体表现为中央与地方的事权界定不清晰,事权财权配置失衡,税收分配体制没有真正做到合理化、规范化,这些体制机制的不配套直接影响到我国政府间转移支付制度的完善。

三、完善我国政府间转移支付制度的原则

1. 公平原则

维护社会公平正义,是各级政府推进和谐社会建设的重要议题。弗雷德里克森认为,"行政管理者不是中性的,应责成他们承担起责任,把出色的管理社会公平作为社会准则、需要完成的事情或者基本原理。"当前,我国区域之间公共财政能力、公共服务水平差距较大,在完善政府间转移支付制度的过程中首要考虑的应该是公平问题。这是由于政府间转移支付制度是政府宏观调控的重要手段,其本意应该是用来弥补市场缺陷,缩小区域差距,维护社会公平的。因此,在完善政府间转移支付制度的过程中,要遵循公平优先原则,在确定转移支付资金的分配规模上,要坚持与地方财政需求成正相关的关系,努力缩小城乡之间、区域之间、不同阶层之间、不同行业之间的发展差距,实现社会经济、公共服务水平均衡发展。

2. 效率原则

效率原则主要体现在中央政府在实行转移支付制度的过程中要重视维护地方的积极性,即对经济发展状况好的地方政府,中央政府可以给予其相关政策优惠以保证其积极性的前提下,鼓励能够对相应责任做到主动承担,同时将一些回笼资金或是储备资源作为落后地区发展的支撑资源,能够对中央所承担的实际财政责任起到有效地减轻,同时有助于支付转移措施实施效率的提升。对于经济发展相对落后的地区,中央政府要恰当分配转移支付资金,监督资金使用情况,鼓励地方发展经济和提供公共服务,确保转移支付支出的使用效率。在转移支付结构安排上,突出强调一般性转移支付,主要解决经济落后地区财

力总量不足的问题,并辅之以专项补助以提高效率。此外,在力求缩小区域之间发展差距的前提下也不能忽视效率,确保政府间转移支付制度既能保证中央政府与地方政府责权利上的合理划分,又能确保充分调动地方的积极性,避免绝对公平,使转移支付资金使用效率高的地方政府能够获得更多的转移支付资金。

3. 透明原则

所谓的透明原则主要指政府间转移支付制度在推行的过程中,要做到公开、透明,方便群众监督,确保转移支付资金公平、高效的使用。因此,政府间转移支付制度完善、推行的过程中,要尽量避免决策主观、操作模糊、监督缺乏的做法,从转移支付的制度规范、规模安排、因素采集、标准核定等各个环节上都要做到公开、透明。在额度计算上,涉及政府间转移支付的各种数据和信息要真实、准确、完整、透明、公开,使各级政府都能明确自己的收支责任,使每个地区都能对自己的转移支付情况做出比较准确的测算,确保政府间转移支付制度推行能真正落到实处。

4. 规范原则

规范原则是政府间转移支付制度的内在要求,没有规范化就谈不上是正规的转移支付制度。规范化的政府间财政转移支付制度,不仅要求政府间事权财权划分清晰、职能定位准确、政策目标明确,而且在转移支付的规模和额度上应有严格的立法保障,并运用客观因素通过数学模型来规范运算过程。我国现行的政府间转移支付制度中基数法,积累了多年的人为核定数字,客观性的基本要求相差甚远。而规范化要求政府间转移支付制度的计算方法要以法律的形式确定,一经确定就不能随意更改,规范化还要求转移支付的实施过程中要力求客观,要排除任何人为因素的影响,同时还要求转移支付的有关数字必须精心设计、反复测算、真是可靠。

5. 法制原则

法制化是政府间转移支付制度完善的客观需要。当前,我国针对政府间转移支付制度的立法还属空白,造成政府间转移制度的执行缺乏有效的法律保障。如我国的《预算法》中对政府一般性转移支付的在预算中的地位、作用和表现形式缺乏明确规定,同时我国也缺乏专门的《政府间转移支付法》,对政府间转移支付的形式、原则,组成转移支付的制度各部分之间的关系、各自实施转移支付的目标、资金的分配方法和拨付程序,以及对违反支出规定如何进行矫正、处罚等也都缺乏明确规定。因此,完善政府间的转移支付制度,就需要以明确的法律规范作为保证,并将政府间转移支付制度作为公共财政体制的一个重要组成部分,形成公共财政法规的一种。在政府转移支付制度的执行过程中,要严格遵循法定审批程序,依法严格执行,努力消除当前政府间转移支付制度执行中广泛存在的随意性现象。

四、完善我国政府间转移支付制度的路径

完善转移支付制度的前提条件政府部门加强职能改革，合理划分事权财权，实现事权财权的合理重置。政府并不作为转移支付的实施主体，但是针对其制度的管理仍旧具有相应的监督指导权，为此针对工作在完善中不仅需要对外部所受到的影响加以考虑，同时需要注重对支付所构建的制度作为实施依据，立足于支付工作本身，通过措施的有效落实，对政府的工作提供最大程度的支撑帮助，为此可以知道，在转移支付的管理采取中需要具体的方案实施，由以下方面作为切入点：

1. 建立纵向管理为支撑、实现横向管理为辅助、交叉式管理支付

政府间转移支付制度的本质其实是各地区间横向的财力再分配关系，即经济上较发达的地区把政府的部分收入转移给经济发展较落后的地区。但是，由于这种财力再分配行为不是各地区政府之间的自发的授受关系，而是表现为国家意志，所以没有任何一个国家的政府间转移支付制度是采取单一的各地区政府之间财力的平行转移。从西方发达国家的实践看，政府间的转移支付模式共有两种，即纵向模式和横向模式。纵向模式是由中央政府对地方政府的转移支付资金进行集中分配，即父子模式，大部分国家都采取纵向分配的模式；横向模式是由富裕地区直接向贫困地区进行转移支付，即兄弟模式，代表国家是德国。我国应探索建立纵向转移支付为主、横向转移支付为辅的模式。由于我国还处在社会主义初级阶段，中央财政能力有限，如果仅仅采用纵向转移支付模式，会给中央造成巨大的财政压力，中央政府对全国的宏观调控能力会受到一定的影响。同时，我国有许多地区的经济发展水平不高，需要中央财政转移支付的地区较多，中央有限的转移资金分配到众多的地区就会使每个地区获得的转移支付资金相对较少，远远不能满足落后地区的社会经济建设。而由于我国区域之间发展差异大，一些东部地区的经济发展水平和财政能力已经达到了较高水平。因此，我国可以发展纵横交错的转移支付模式，除了中央政府转移支付外，东部沿海富裕地区可以对口转移支付西部落后地区。一方面可以减轻中央政府的财政负担，另一方面也可以为西部地区提供更多的财政支持，推动东西部地区均衡发展。

2. 优化政府间转移支付结构

政府间转移支付的模式包括一般性转移支付、专项转移支付、税收返还、体制补助、结算补助，其中最主要的是一般性转移支付和专项转移支付。一般性转移支付由于没有明确界定转移支付资金的具体使用方向，地方政府对此项资金有较大的支配权，并且主要用于平衡地方预算，满足地方政府履行职能的需求，缩小区域差距，体现公平原则。而专项转移支付则规定了资金的使用方向，有时甚至还附带一些条件，地方政府只能按规定用途使用该项资金。专项转移支付更能体现上级政府政策意图，能够有效配置资源，保证经济高效运行，体现效率原则。要优化政府间转移支付结构，建立以一般性转移支付为主，专项转移支付为辅的转移支付体系，可以从以下几个方面着手：①要合并一般性转移支付。

目前我国的一般性转移支付包括均衡性转移支付、民族地区转移支付、县级基本财力保障机制奖补资金等17个项目，内容广泛。但由于项目众多，各项目设置的目标也不尽相同，造成一般性转移支付执行的效率低下。因此应该将这些项目统一合并为一般性转移支付的一个项目，通过规范化的公式，依据公平和效率兼顾的原则进行资金分配，突出对民族地区的财政支持，加大对民族地区一般性转移支付的比例。②要规范专项转移支付。由于专项转移支付的项目设置主要根据每年国家的政策变化和突发事件进行调整，每年的发放项目和发放地区也常常不同，故而不能成为地方政府的既得利益。对于历史上形成的、长期固定不变的专项转移支付则应划归一般性转移支付。专项转移支付资金投入要重点突出，发挥专项资金集中力量办大事，避免资金被分散在小项目上，提高资金使用效率。③要优化一般性支付和专项支付的结构。一般性转移支付是最具有均衡地方财力作用的政府间转移支付形式。国际上通行的做法是将一般性转移支付作为地方财政转移支付的主要形式，其占全部财政转移支付的比例应在50%左右。适当降低专项支付规模，加大一般性转移支付的力度。清理财力性转移支付的其他项目和专项转移支付补助，将其中用于弥补财力不足的资金逐步纳入到一般性转移支付中去，提高一般性转移支付的比例和均等化功效，使其成为财政转移支付的主要形式。

3. 规范政府间转移支付的分配方法

我国目前政府间转移支付的分配方法是"基数法"。基数法主要指在编制下一年度支出预算时，首先确定上一年度支出基数，在上年支出基数的基础上同时考虑下一年度的各项支出因素的增长因素，由此来核定下一年各项支出的数额。基数法受到人为影响因素较大，所得的数据不够客观，而且基数法承认既成事实，不考虑影响支出的因素是否发生变化以及变化的合理性，因此不够科学。以基数法确定各级政府的财政收支基数，并以此确定各地收入上解额和补助额，是在特定时期为稳定政府间财政关系、减少财政体制改革的阻力而采取的措施，其不合理显而易见。为了使中央对地方的转移支付产生公平和均等化的效果，采用"因素法"，以科学的公式和模型来确定转移支付的规模和数量，是完善我国政府间转移支付制度的重要步骤。选取一些不易受到人为控制的、影响各地财政收入能力和财政支出客观需要的客观因素，如人口数量、城市化程度、人均GDP、人口密度等，对这些变量综合加以测算和分析，确定各地的转移支付额。其核心是确定各种因素在影响财政收入能力和财政支出需求方面所处的地位，关键是求出各种因素在决定收入能力和支出需求过程中所占据的权数。

4. 建立政府间转移支付绩效评价制度，强化激励约束机制

绩效评价制度应体现政府间转移支付资金的政策目标，以量化指标为主。建议从投资性项目的评价起步，将投资规模大，对国家和地方影响大，既有社会效益，又有经济效益的项目纳入绩效评价的范围。而中央财政在分配专项转移支付资金时，应结合上一年对专

项转移支付资金的绩效评价结果，对专项转移支付资金支出效益较好的地区适当加大投入力度，对支出效益不高的地区，减少部分专项资金，以促进地方政府加强对专项转移支付资金的管理。建立政府间转移支付绩效评价制度，提高转移支付资金的使用效果，对提高我国公共服务供给的均等化程度具有重要意义。

5. 建立完善的财政转移支付法律体系

我国现行的政府间转移支付制度还缺乏明确、规范的法律规定，带有一定的随意性。政府间转移支付制度要真正作为一种规范性的制度建立起来，需要遵循法制化的原则。财政部或专门的工作委员会有权根据实际情况对具体的计算公式或补助标准作出修改，以体现法制性和灵活性的有机结合。此外，制定和完善违反转移支付制度的惩罚措施，转移支付法要在明确各级政府权利义务的基础上，对违法行为进行明确的惩罚。支付方的行政责任包括超期审查、滞拨资金、不受理复合申请等行为，接受方的行政责任包括挪用资金等行为。此外，针对双方当事人的违法情节，还应包括劝告、补足或返还财政转移支付资金等处理手段。

第十章 公共服务监督机制

第一节 公共服务监督机制存在的问题

公共服务监督，实施不仅需要工作人员的以身作则，更多的是大众的自我约束，针对公共服务构建下所成立的组织进行社会监督，根据主体需求所设定的服务标准作为考察监督依据，以此确保所提供的服务，所享受的需求满足符合规范化要求，运用适当的监督手段对公共服务组织及其工作人员提供公共服务的过程及结果进行监察和督导，保证组织工作程序和工作制度全面、准确、有效的执行，从而为社会提供高效、优质的公共服务。随着市场经济的发展和我国公共服务体制改革，公共服务主体由单一走向多元，除了政府之外，还有非营利组织和私人企业，公共服务监督的对象包括行政组织在内的提供公共服务的所有组织和人员，而行政监督的对象只是行政组织及其工作人员。

一、公共服务监督的必要性

公共组织提供公共服务凭借的是公共权力，公共权力的运行在缺乏监督的情况下会偏离公共利益的宗旨。然而就实际落实而言，假设的想法实现需要满足三方因素：①公共权力需要合法且具有强制性；②公共权力的行使需要具备一定的工作能力；③公共权力需要保证公平公正，不会发生滥用职权等情况。由此可见，对于和谐的社会发展而言，公共权力的赋予是否可以帮助公共利益获取更好的服务帮助，以上三因素是极为关键，但是现阶段的公共权力在行使中，整体的运行状态无法做到对三个因素的全部满足，基于此，公共权力在行使中，需要监督全过程内容，保证权力能够满足对公共利益的维护。

1. 公共权力的特性与公共服务监督

以政治角度而言，所谓的公共权力是以权威构建力量具有一定的公共性，其产生与社会共同体，当共同体产生相同，一直或以不同形式对其社会进行管理情况下而产生的同一目标。公共权力具有较大的认知特性，体现在以下方面。①公共权力在实行中具有一定的强制性。权力的执行人。使权力资源的掌控者，例如政治，资源，经济，财政等方面执行者通过资源需求的了解进行分配运用，二者之间成为紧密联系的作用。资源的命令实现需求的服从，是权力强制落实下的具体表现。②公共权力在执行下是为需求满足的工具，一种其主要是对利益追求下的服务提供利益追求，不仅是物质形态更是在精神方面的想法产生，为此可能存在合理性与不合理性两种情况。大众对权力产生依赖产生欲望，希望通过权力的追求获取权力的掌控，以此实行权力并非是为了权力而获得权力，相反是借助权力满足自我需求，在过程中权利成为工具的一种，对自我利益的实现具有一定的促进作用。换言之，在极大程度上，权力是执行手段，并非是执行目的。③公共权力执行下可以推动资源的交换，换言之，在第二部分权利作为手段的一种是工具之一，具有一定的属性，可以作为商品，体现出价值存在性。借助价值衡量资源，从而实现交换目的。现代化社会权力并非是天生而拥有，需要通过过程中的不断获取而实现，在过程中权力获取需要相应的付出有时可能失去大的代价，以此体现出权力具有相应的价值。所谓权利价值是其在使用下对人所产生的影响作用，不仅能够为人创造利益获取价值，更可以实现资源需求交换。④权力具有矛盾性是其政治因素所决定，公共性的内在矛盾无法避免，因此在公共权力下不仅需要权力具有正值特性，同时矛盾性是无法忽视。这是因为公共权力的产生来自于社会群体大众是其权利的拥有者与私人权利相比较而言，公共权力产生于大众，权力在让渡中体现出了公众想法，这便是公共特性的具有原因。同时该特性的存在要求，权利在执行中的核心目的，是为社会大众获取服务提供满足。鉴于此，公共权力需要承担人民责任，满足人民利益需求，提高人民精神追求。

2. "经济人"的特性与公共服务监督

在《孟子》中对政务、法令提出了相关的看法，其大致含义是讲单纯的良善所结合得出的法令，并没有自己的能力使其进行运转，换言之，所欲的权力运转并不是被受体所驱使，为期提供服务帮助，权力需要由人驱使运转并行使产生价值作用，整个过程在现代化的管理中，具体表示是国家公务人员借助公共权力的行使，为社会公众谋取相应的福利，为其提供需求服务的满足。在孟德斯鸠的理论中，所有的权力使用都会有滥用情况的出现，这种情况是难以避免且一直存在的工作弊端。因此权力主体的素质对权力如何使用产生很大的影响。公共服务提供者也具有"经济人"的特点，在失去权力监督时，他们可能会利用手中的权力牟取私利，损害社会公众利益。

社会所呈现出的公共服务是以政府为主体进行供给，其是否包含自身利益，换角度而言，是对政府利益的审查以及对公共利益的追求。公共选择作为当前公共服务相关研究学派，在其认知中政府同样属于经济主体的一种，会有一定自我利益性质的存在，同时会对服务提供过程下寻求自身利益的提升，以此保证优势最大化。但是对于政府而言，如果有官僚集团在内部逐渐组织形成，则会涉及自身利益，最终造成政府职能失效。我国大多数学者对政府管理下会有利益存在这一情况，具有一定的认同。其主要是因为政府作为经济主体之一，需要在保证自我利益的同时下提供服务，但是对我国而言，作为社会主义制度的共和国家社会构建下所形成的性质要求，政府所追求的利益应该与公众所坚持的利益处于同一方向。但是对国家而言，政府是其行为的代言人，政府官员是其行为能力的体现者，具体实施下会有多重社会角色的扮演，为此对利益追求会有一定的多重性影响。政府所追求的利益与公共利益对比而言，两者之间有较多的影响因素，为此会有多种变化情况的产生，如果政府所追求的利益保持一致，导致公共利益方向受其影响发生改变，则政府所追求的利益受公共利益影响两者会相互推动。反之政府在追求利益下，没有坚持公共利益方向与公共利益所建设的发展方向相违背，见于自身利益的维护，政府可能会对公共利益进行反抗出现利益屏障的破碎，导致公共利益在发展下无法保持其稳定性，这种选择是政府出于自我考虑，以最优化解法来保证自身利益，导致公共利益发生极大的减损。但就整体而言，这种方法的选择并非最优而是次优状态。与此同时，政府利益把控的合理性能够适当推动经济的发展转化为经济效益，成为社会发展支柱，成为社会催化剂。一旦政府利益的维持，将最后底线与最初约束打破，所坚持的发展方向与公共利益完全背道而驰，则会在根本上对公共利益产生实际伤害。这种情况主要在政府机构发生扩张或利益膨胀等情况有所体现。最终可能发生官员腐败贪污受贿等情况。政府作为国家代表存在具有一定的客观性利益的维护，同样需要具有客观维护性政府对自身利益的维护与追求导致公共权力滥用，使得方向发生偏离，就该角度而言，政府监督工作的实施必要性极强。

公益性的社会服务不仅需要政府这种利益性的组织存在，同时会有非营利为目的的组织建设，对成员而言其同样属于经济群体之一，因此具有相应的管理特性。在此情况下出现组织职能失效，同样是很好地印证。非营利组织在提供社会服务过程中，虽然没有将盈利作为根本目的，在医疗教育的提供下，组建了各种社会福利部门，但是成员的存在并非无所求。而是通过各种方式来满足自身非资金方面的需求，满足例如名誉的获取，自身发展的帮助等在过程中不自觉的会有多种利益需求的存在。该过程下一旦缺少自我约束或外部限制失效，则可能会有背离原本初衷的情况。最终造成盈利性大于非营利性组织出现失灵。换言之，组织活动处于失败阶段，主要是非营利的组织机构或是一些部门在所推崇的社会宗旨之下发生背离，导致公益性目的不在且以片面的自我需求的满足为理念，导致所发出的行为对大众产生影响。就像企业发生市场职能失效，政府出现职权丧失等情况相同，非盈利的组织机构出现与初衷背离的行为，则效力失能同样在不同的形式方面有所表现。比如，近十余年来，人们用"对立、情感距离加大"，"医疗纠纷发生率迅速攀升""相当紧张，信任度不高，医疗纠纷增多，恶性事件不断发生"等词句来描述医疗领域非营利组织失灵的情况。

3.公共服务提供者的素质与公共服务监督

公共服务在执行中，为保证提供人员、供给组织能够更好的约束自身，在自身素质的影响下，提高对服务的认知水平，首先应该改变自身素质对本人所产生的影响，一些执行者对政策没有过多的理解，在目标的落地中可能会有偏离等情况的发生，导致公共服务在提供中的执行效率以及对需求满足的内容发生质量偏差。在近年来的政府职能发挥中，随着工作内容的增加，工作形式的丰富多样，对公职人员的要求更加严格，所采取的选拔方式更加严苛，制度的确立愈加严明，从而使得所挑选的人员自身素养不断提升，为组织充盈了更多优秀力量。然而，受历史等多方面原因的影响，公职人员组织并非没有"蛀虫"的存在，部分人员没有较高的素质修养，自身觉悟认知不高，无法对现代社会发展下所提出的建设需要进行更好地满足。导致公共服务实际执行者没有足够高的认知水平，自身修养对权力的执行产生制约，且针对一些具体事务会有不太明确的判断，需要注重对其能力的提升与工作的监督，强化对工作不良情况的修正。

二、我国公共服务监督机制存在的主要问题

1. 公共服务监督主体之间缺乏协调机制

通过分析公共服务当前运转下所出现的腐败情况，可以发现监督工作没有完善的体制运行，导致机制运转下无法形成完善的协调是其最为重要的因素。现阶段我国针对公共服务所做出的监督工作是以内部所进行为主要手段，在工作实施下重视，从上而下的体系化监督，但对政府内部而言，监督工作包含垂直于平行良这种有效的监督形式。立足于监督工作的整体，其主体分为上级政府监督行政机关，行政机关监督下级部门。在该种监督工作的实施下，会有明显的被动性存在以及事后性等不足，特征极为明显。第二是政府内部所采取的专业化监督，通过机构的形成进行监督审查，例如行政监察财政审计等监督等或是部门与部门之间的相互监督。该监督方法在实行下的优势十分凸显，不仅具有一定的时效性，且覆盖面较广。据不完全统计，我国当前各级政府针对财政部门与审计部门，并没有与公共服务作出独立的工作，区分导致相关领域下的项目受综合性等影响，监督工作并不具体，需要设定专业化的监督部门，此外监督部门作为机构的一种没有独立性，且在法律中所获得的支持较少，导致实际行使下的权力有限，在工作实行下职权会有较多限制因素导致工作的实时性较小。都无法获得应有效果。但是部门与部门双方之间的相互监督，会因为部门之间信息不互通，工作不联系，导致产生联系，B类以及体制体系等构建不完全产生障碍，无法保证效用价值的充分发挥第三方面是政府以下级对上级进行监督的部门管理，该监督对于我国整体而言没有较大的操作性，我国在该方面的机制仍旧没有推出有效的内容，特别是针对政府负责人与部门管理者这种监督过于虚假。而外部的监督是以人大常委会联合政治协商委员会，与司法共同进行，同时引入媒体，以社会公众为代表进行展开。就现阶段情况而言，我国各层级政府部门的人大委员会，政治协商委员会无法明确公共服务的价值要求。导致工作中公共服务属于综合性的工作内容，并非是专门的工作项目，在监督范围内没有明确的职责划分，根据相关法定所履行的职责以及程序要求，在监督中公共服务，没有保证自身职能的充分发挥，无法保证工作的全面性以及必要情况下的工作监督，缺少强制引导作用。整体监督工作所体现出的效果，一般受到监督者的认知以及被监督者所给出的工作态度。媒体作为新时代大数据社会下公共服务的重要，监督人是

社会大众的,另一形象代表在监督工作实施下的作用,无法替代。特别是在现代工作展开下,主流媒体如以人民日报为代表的大众认同的媒体组织,对公共服务具有较大的引导性作用,为此在监督工作下会对对方产生极大的实施压力与工作阻力。

2. 公共服务监督范围过窄

公共服务工作展开下所需要接受监督的。内容则主要是以服务项目服务预算与服务消耗为对象,其中预算则是核心。公共服务所体现出的价值,在目标落地下,能否保证其全面实现,需要确保预算使用的合理以及预算在项目投入中的科学,以此作为项目可行性的保证。目标的实现,受制于项目的运转,资金的使用,与工作的合力。现阶段我国整体预算机制并不完整,导致制度的构建仍有缺陷,在公共服务工作展开中针对其所作出的预算,没有明确划分范围,导致政府与相关部门针对公共服务提供下,没有明确自身责任所提供的预算没有较高的水平,实际执行力度较弱,无法保证监督的深入透彻。政府作为公共服务的供给者,其需要对种类内容加以明确,结合社会需求确定数量,以及社会发展形态确定提供方式,最终作出服务决策。在执行中。对全过程与最终结果进行监督,需要保证工作的有效性,是对政府工作能力的衡量标准之一。然而就现阶段公共服务的实际执行中,可以通过城市建设与社会发展情况体现出政府在该方面的工作没有足够的职能明确,导致监督无法发挥自身价值。大多数公共服务在呈现中没有与社会需求形成全方位结合,导致最终所提供的内容无法做到对大众真实需求的全面满足,一般服务决策是以政府部门管理者自身利益相结合,此外大多数部门在服务衡量中所提供的内容会出现大量的逐利现象,以获取更高的利益提升。导致社会最终所呈现出的服务没有公益性可言,以及公共服务这一工作结果成为无法追溯的政务问题。这一问题的存在,从侧面反映出,我国当前针对公共服务没有建立全面的监督机制,导致过程与结果一体化监督,工作执行力度受限。随着社会商品化服务能力的提升,政府通过购买服务的形式,借助社会组织为大众提供服务,受该趋势的推动第三部门作为监督主体受到了大众的重视,而现阶段我国借助企业或第三部门为大众提供服务产品整体监督仍有部分的不足。其一原因是因为在法律方面没有健全的服务体系,导致企业与第三方在服务提供下对自身职责会有一定的漏洞,质量缺乏衡量标准,规范化的工作服务没有严格要求。政府内部所采取的监督方式,只限于政府本身工作内容。在此之外的延伸服务并没有涉及,导致社会企业与第三方在供给服务下,可能有监督漏洞的存在。另一原因是大多数政府为减轻工作负担减缓工作压力,会将市场化服务转化为例行工作缺少公共内容,导致服务项目被丢掉,在移交第三方或社会部门之后,缺少了对其重视度与管理意识。最终社会企业或第三方会趁此机会意在提高自我需求,最终对公众利益产生损害。

3. 公共服务具体监督制度不完善

(1)缺少规范化考核,没有健全机制、评价方式过于落后。我国吸纳阶段,针对质量服务的评价没有做出规范的统一要求，导致评价方式多种多样，机制体系运行混乱，在现有的体系中，针对指标的设定没有一致要求，且政府对相关工作的监督意识不足，自身管理力度较低，对公共服务的实际需求没有充分了解，大多数会有支差应付的情况存在。刚性约束并没有成为工作管理，在公共服务中没有注重对大众的情况掌握，整体工作是与自身政绩无关，没有内在的动力趋势，且大众对相关工作情况的不清楚，导致外在压力的消失。至于相关企业和第三部门，其提供公共服务的质量如何保障？是否需要考核评价？由谁来考核评价？如何进行考核评价？这些问题都还没有得到有效的解决。

（2）没有完整的防控体系，风险预防力度不足，责任追究不到位，机制构建不成熟。风险防控的根本目的是通过多种措施方法对时间落实下所存在的风险隐患进行降低或避免消除事件过程中可能存在的不良可能性或是对风险发生之后产生的不利影响进行降低。在公共服务项目落实中，其所面临的主要风险是对利益产生影响，发生利益损失主要体现在决策发生失误权力垄断的。与风险防控相对应的管理机制是责任追究。风险的发生往往伴随着工作失误的存在，工作失误是由人为或不可抗力因素所造成，需要通过责任的确定以此对其情况进行判定，实际操作过程中一旦公共服务项目落地有风险的发生，政府一般会出现集体化行为，导致没有专人负责。且由下往上推导的追究方式，无法保证责任的落实，关于社会企业或第三方在工作实施下的情况需要对其工作责任加以明确，以及工作中所承担的义务以及在职能上市之后所承担的责任，并没有做出明确的规定。

（3）公共服务中由于监督管理体系的不完善，导致相关信息无法实现全面共享，机制运转受阻。现阶段我国政府在提供公共服务过程中，针对主体相关信息没有做到公开化、透明化，导致信息出现断层。其一方面是没有明确决策判定依据以及公共服务数量的投入依据，资金的分配方法使用方面，实际项目进展以及监督过程的公开化导致风险的发生，无法确定问题的所在。当风险出现之后，后续处理问题等等多方面内容对于大众而言一无所知。没有公开的信息，没有实现信息互通，导致监督者在工作过程中会闭目色听，最终造成公共服务中即使有不当等行为的产生，依旧无法实行问责。或是所牵涉程序过多，会导致监督过程的重复性形成资源浪费，对于基层干部而言大多数的资金使用并没有明确的指向性监督者，一次一次的问责在过程中只是呈现出了表面功夫，但实际上无法有所发现。反复多次的监督受信息闭塞等情况的影响，导致基层工作繁琐且无效，对公共服务实际运转效率产生直接影响。

（4）监督工作没有完整的体制保障，缺少足够的物力支撑。是公共服务，在实施监督作业时无法确保项目有效性的影响因素之一。规范化的管理，有序化的运转，科学的监督是保证公共服务效率的奠基，而这些工作的展开需要更多的资源投入。人力物力财力的提供是保障机制构建的基础，是实现公共服务效能的核心要求。现阶段我国受市场经济等多因素影响，在公共服务中针对监督工作展开所提供的财力等方面资源保障受到一定的限制，监督主体没有足够的资源支撑，被监督客体所制约导致主体活动实施，下客体对监督具有一定的掌控权,以及对主体产生影响,最终主体在执行监督活动下,无法保证行为的独立话语的权威最终监督活动没有做到有序展开,且最终获取结果的公正公平性有待商榷。足够的人力资源是以物质保障为支撑,缺少物质则人工展开下的行为实施过于传统,没有现代化技术,导致工作仍旧过于依赖工具,效用难以得到本质提升,最终监督工作的全过程没有采取实时监督,主体职责在履行中可能会有间断情况,无法及时发现,风险存在,工作隐患不断增大。

4. 公共服务监督规则尚不完善和配套

当前针对我国所提供的公共服务作出深入了解之后,可以发现现行的监督就规则体系的形成层次主要分为以下方面:第一层次,以《宪法》作为根本执行规则,即工作心脏;第二层次,基本法律是执行框架支撑,即工作骨架;第三层次,行政法规是实施的引导,即工作皮相;第四层次,规章制度是实际参考依据,即工作意识。另外,省级以下的政府可以结合当地实况,经过获得国家的授权之后,对本地区的相关规章制度作出细节化的调整。虽然我国已基本建立起有关教育、医疗卫生等公共服务的监督规则体系,但现阶段受经济市场的改革影响,我国处于转型体制的重要时期,公共服务作为经济形式的一种同样处于关键的改革阶段,在监督中整体规则的运转可以发现问题存在于以下方面:①部分法律法规过于陈旧,无法适应改革的工作内容,新时代监督工作应该以全新的工作制度为依据;②规则过于散乱,缺少一致性,不同阶层的法律会有一定的矛盾冲突存在,部门不同所考虑方面各有差异,但是在规章中会有一定的矛盾,导致制度执行无法合理协调,地方性法规需要与国家法规实行统一,避免机制矛盾。特别是我国的立法存在着较为严重的部门立法现象,在管办不分的情况下,监督规则的制定往往缺乏公平性,很多公共服务监督规则都存在着部门、所有制和地区歧视;除此之外,监督者没有明确与被监督者之间产生划分,导致监督规则会有混淆情况,制度的实施没有严格区分,执行效果并不理想。

第二节 权力制约理论与公共服务监督机制的构建

公共服务监督机制是具有内在联系的、规律性的监控方式的综合,也称为监督体系。公共权力制约的基本理论说明完善的公共服务监督机制包括权力制约、人民制约和道德制约机制。

一、基于分权意识、融合制衡策略,建立监督机制

分权制衡论对权力的制约最为直接有效。分权制衡理论的代表人物是英国的洛克、法国的孟德斯鸠、美国的杰弗逊和汉密尔顿。

洛克借助《政府论》这一将自我理论所呈现，在其理论认知中，国家权力主要分为三部分，立法、行政、外交。在其认知中，假设一个群体，在获得权力之后，能够对法律进行制定，同时可以将自己所制定的法律以自我方式去执行，则会对群体产生巨大的影响，群体中的弱点成为诱惑的关键，使得群体对权力产生依赖，享受由权力带来的便利性，甚至可能会通过权力的形式对自我提供优势，能够不必要行使自我制定法律内容，以及在法律的制定与后期执行中，对其中的内容制定会以自我需求为主满足私人，导致群体与社会公众产生了相悖利益，对社会组织的形成与群体的最初成立意义完全违反。受该情况的影响，洛克针对如何避免这种情况对权力做出了更加深入的规定，将立法至上设定为所有法律制定与执行根本原则，同时指出立法是以人民给予为主，将自我权力转移至组织或议会进行权力的形式，为此，人民对立法在权力的形式中具有绝对的监督权与最高制约效果。

孟德斯鸠作为18世纪中期法国代表人物，是著名的思想家，在法学领域中同样具有不可多得的成绩，同时作为近代著名人物，完成了权力制衡相关理论研究。在其理论学说中提倡的权力分衡，该理论最为注重是对权力进行制约与平衡，赌气重要价值与如何科学设置做出了明确的指导。《论法的精神》是孟德斯鸠的代表学作之一，其中针对法权与政治体系、自由三者之间的关系展开了深入的阐述，突出说明专制是与法律相违背的政治体系，在管理中会产生权力滥用等情况，为避免这种情况的诞生，提高对人民权力的保护，保障社会的和谐稳定，使得人民能够享受到应有的自由，应该借助权力对权力进行约束，即相互制衡。并在著作中理论制定了完整的权力体系结构：提倡立法应该以人民所选举的代表作为执行者，行政权作为管理依据，应该和和军队一起交由最高统治者一并掌握，司法则应该采取独立设定。

美国《独立宣言》的主要起草者杰弗逊，继承了洛克、孟德斯鸠的三权分立和权力的监督制约理论，并根据其长期执政的经验在实践中对这一思想理论作了进一步的完善。他特别强调，行政权失控的现象极容易发生，对行政权必须进行严格的制约。

美国建国初期的政治家、宪法学家汉密尔顿，对孟德斯鸠及以往的分权学说进行系统的解释、发挥和补充，他的分权制衡理论更加周密、实用且极富有实践性。根据分权制衡理论和我国的政治制度、政党制度，构建权力制约权力的公共服务监督机制主要以下几个方面：

1. 加强权力机关的监督

人民代表大会，作为我国最高的权力机关代表。对其进行监督的核心意义，是确保各级各州与各地区人民通过代表大会以及所组成的常务委员会能够针对政府在提供服务过程中，作为国家部门，能够针对人员需求做到真切保障，提高自身的监督地位。宪法，作为中国的根本法律，是国家治理依据，是权力机关行为实施的根据。在其中第2条针对权利作出了明确的说明与严格规定。中华人民共和国。是由人民所组成的国家，所有权利是人民所构成，人民在权力行使过程中是通过人民代表大会作为自我想法的代表而发表意见。在第3条中的规定下，人民代表大会是国家实现民主自由的根本代表更是民主制度的实施原则，机构需要贯彻执行。所有机构人员的产生是以民主为代表所选举其为人民所服务，由人民对其进行行为监督。国家机关同样是通过人民代表大会选举监督负责人。由此证明，机关所拥有的权力在监督方面是宪法所给予的权益性内容，以及机关在全力执行下，需要将监督这一基本职责充分贯彻，是机关工作义务之一。由此可见，机关作为人民代表与国家的形象代表在机关行为执行下，与人民代表需要承担相应的责任，履行一定的义务，以此体现对民众服务需求的满足。对人民想法的表达，对人民希望的传递信仰的坚持，是其核心责任。此外，机关所具有的监督权力受到最高层次的人民监督，监督是所有职责中最高职能，法律效力对其具有适用性。从而深入构建人民代表对公共服务的重视度，保证监督权力的贯彻执行。在西方大部分的发达国家中，专业化的监督机构，具有一定的权威性，是对公共服务进行质量监管的重要措施。就我国当前情况而言，是以人民为代表形成的组织，其性质与发展现状决定了各个人民委员会作为对公共服务所包含内容的监督执行者。同时可以针对政府在进行公共服务中所包含的各种活动内容展开深入了解与质询，针对其中存在的问题作出相应的解决策略。这种措施的采取：①能够强化监督工作的实施力度，保证权威，影响提高社会民众对公共服务的更大关注。②确保实现均等化目标过程中，基本服务内容不会发生改变以及过程的逐渐推动，同时监督计划方案的贯彻执行与有效完成。

2. 加强政党和政协的监督

（1）我国当前政府部门受党监督。政府在提供服务过程中，无论是部门组织或是人员行为都受到执政党的统一管理，需要强化其监督产生的效用提高工作地位。党章总纲中针对党的地位作出了明确的表示，中国共产党作为政治执行代表，是中国人民利益的代表，在社会建设过程中，为保证市场经济的有效发展，应该明确认知群众利益优先性的价值作用，以此拓展经济模式，改善经济发展方向，缩短贫富差距，优化工作效果。在此基础之上应该充分认知到民生重要性对其问题的改善结合经济发展同时促进二者的相应提升，以及根据问题的存在情况，制定针对性的解决措施，惠及更多民众，以优良方针指导政策改善。有效的举措对于国家发展具有重大意义，在极大程度上能够缩短贫富差距过大的情况，但同时可以在发展中发现其中问题的存在，民生工作中，公共服务作为基础内容，无法实现均等化是政策工程的重要改善项目。对于各级政府而言，在实现均等化的公共服务中，会有较大的工作压力现实情况下应该强化党的监督作用，借助政治引导，提高组织向心力，强化思想认知。以三种途径的综合结果，针对政府部门所提供的公共服务展开深入监督。确保政府工作能够将党和国家所制定的工作方针贯彻落实，有效维护国家发展方向，确保行政工作依法实施，做到对大众利益的根本保证。此外本文所提及的执政党，在监督工作实施下自身地位的提升，并非是指执政党通过党的影响代替政府执政，导致党政混淆。党政两者明确职责、清除划分界限，是权利实行下的根本原则。

（2）政协与民主党党派同样应该适当提高监督地位。当前我国党派执政是以中国共产党为领导多个民主党派共同进行合作，以此作为国家发展的基本方针。政治协商作为民主参政实现民主自由的核心要素，党派与政协的结合是实现民主自由监督，提高权力机关制约，优化执政党的监督效果的重要措施。与权力机关所实施的监督工作有所差异，党派与政协结合的监督更主要是以参与其中为主这种监督在根本意义上没有法律效力的约束性，但根本意见而言，其所提出的内容是参与过程中所发现的问题，以及所收集的观点，是立足于社会性的发展而做出的监督。这种监督管理的客观性较强且广泛，覆盖性较大，具有较为突出的科学性，是对民情考察的重要渠道，为此对党派与政协的管理强化，以及工作价值的加强，应该通过监督地位的提升而实现。

3. 加强司法机关的监督

立足于法理之上，司法机关具有法履约授权，通过合法程序监督部门与人员是正式管理方式之一。司法机关的监督主要体现在行为是否合法？服务是否合理？借助司法机关而实现法理监督，是因为当前我国在公共服务项目推动过程中针对其管理方面没有明确的责任问询制度导致司法机关在实际运行下，可能会有一定的掣肘。然而在近年来公共服务在社会大众的认知中产生了预高的影响，在社会范围内的接受程度也在逐渐提高国家为保证对大众基本需求的满足，公共服务的推广必须逐渐加快脚步。均等化的标准设定是对需求满足内容最低设定，通过考核评估等方式的采取能够明确指标体系，以此作为工作核定参考。

4. 提升政府的监督功能

行政机构所拥有的权利，对监督工作实施产生的制约，是我国权力构成的重要部分。就现阶段所存在的行政机构，在成立下所构建的内部监督，我国政府从中央开始，深入到各级地方政府，监督工作的展开已经逐渐走向成熟体系构建，更加完善行政内部工作的展开，十分顺利。完善的监督系统，在实施下以三种方式为主，第一是常规性的监督，第二是业务性的针对监督，第三种是专门监督。该监督系统的构成是以行政内部的管理为基础，实施自我管理，实际执行下覆盖范围较广，且可以实施的途径较多，是我国当前在提供公共服务过程中所主要使用的监督方式。

二、坚定人权，强化权利制提高监督力度

人权理论是人民主权的简称，最早提出于西方。该理论的核心是民主提倡，西方早期思想是以社会为基础，构建契约论结合主权论最终推导而得民主自由，在近代发展以来随着西方政治的丰富化，成为了重要的理论内容之一。在西方国家的认知中，人民作为国家构成是权力的主要拥有者，更是国家核心权力的诞生者。国家所获得的权利是通过人民所拥有的权利进行让渡，为此国家受制于人民，人民有与生俱来的监督权利。

人民权利的诞生，为政府的成立奠定基础，政府所获得的权利需要逻辑来源，因此无

法脱离人民。政府权力与民主权利紧紧关联。政府作为人民契约构建核心是权力转让，转移所获得的产物，权力来自人民政府是权力的执行者，是人民的发言代表者，为此需要对自我利益的核心加以维护，对人民利益的保证是存在意义，更是自我义务。人民对政府的工作监督，对政府的业务督导，是避免政府在获得权力之后出现滥用等不良情况。借助各种形式的实施操作，能够更好地对自我权益实现保护，目的就实践而言，当前是姐秉持的社会主义在意识形态方面没有充分融合政治义务导致资本主义在形式中产生的意识分歧，而资产阶级在秉持人民民主权利的号召之下，更加鼓动人民对专制进行改革。并在取得一定的胜利之后，资本主义宪政国家无不以人民主权为核心来强化以公民监督、社团监督为代表的社会监督。

依据人民主权理论，构建公共服务监督机制主要有三个方面。

1. 完善公民的监督

就我国现阶段政府与公众之间的关系而言，主要体现在民众出现事务第一时间是通过部门所解决，对政府具有较高的依赖，充分的依赖产生于无比的信任，是政府不断工作努力下所获取的结果，最终发展成为现阶段的普遍现象。由此在公共服务工作的实施下，所体现出的监督情况同样也是如此。因为民众对政府具有高度的依赖，所以对政府所提供的服务十分放心，对工作人员的工作情况十分信赖。综合多种情况，在监督工作的实施下，更会十分注重公共服务质量。公共服务作为民生工程之一，与大众生活具有密切联系，公众作为实际受益者是公共服务的根本创造者，也是其改革的推动者。

2. 完善社会团体的监督

在公共服务领域完善社会团体的监督主要是通过召开各种会议和开展各种方式的活动，收集人民群众对政府提供公共服务方面的建议、意见以及就某些公共服务问题对政府的询问，然后向政府反映、转达；鼓励更多的人民参与社会事务，提高团体的较高影响力群众，并选举代表组织参与在政策的调查与反馈之中；为人民提供更多的帮助与言论保护，以此保证民众敢于披露公共服务中的不法行为等；同时强化对民众个人利益的保证，以及加大对民众群益侵害行为的制裁。

3. 完善社会舆论的监督

舆论监督作为大数据时代的重要途径，可以借助各个社会团体或是群众自发所形成的组织，以及公民个人利用多种媒体渠道进行情况了解，对政务进行关注。这是因为在新时代发展下大数据促进了信息传输更加快速透明化的信息资源，使得大众对事物关注更加便捷，成为了监督渠道的重要途径。同时为我国在之后公共服务工作展开中，提供了更好的信息共享平台。

三、根据社会契约论，构建道德制约权力的公共服务监督机制

在自然状态中，人与人充满敌意和戒备，不存在是与非、公正和不公正等道德观念。但人类本身为保护自我生命，又会超越自然状态，制定和平与正义的自然法，并通过契约形式形成公共权力。对这个财产权界定和保护是政府的首要任务。政府实际上是社会权利和个人权利间的一种契约关系，政府行使权力绝不容许扩张到超出公众的公共福利之外，政府必须对公民负责。因此，政府行使权力必须要符合"公意"，并负有保护公民的行政道德。

不同的契约理论在形成中具有一定的形式差异，就契约所具有的价值而言，体现在两个相同方面。①第一方面，契约在签订下是保证契约落实的直接动力，双方为获取相同目的而达成一致意见。所谓社会契约论是以政府通过自身权利的获取，为公民提供更好的服务，二者之间通过契约签订所获得的结果，这便是工作的直接动力以及工作的核心目的对公民的大众利益起到更好地维护作用。基于此社会契约的形成，在理论方面对公共利益做到全面维护，成为了自身行为道德规定的内在体现。②第二方面契约表示双方权利表达，是对义务的承诺。政府作为社会机构的非利益性最大组织，是对其管理工作实施下掌握最高权力以及公共权益保护为此需要承担相应的义务，做到责任的贯彻履行。在该过程中，公民有义务需要对政府所发布的管理条例进行遵守，是契约履行的一部分，同时在过程中自身利益会得到一定的保护。以及对政府权益具有一定的制约性，在监督的过程中限制权力的胡乱使用，鉴于此，政府在使用公共权力过程中，能力的执行需要保证与行政要求相符合。

1. 加强公务员的道德建设

对公务员进行理性、信念的教育，进行马克思主义权力观教育，明确权力与责任间的关系，引导公务员树立正确的权力观、人生观、价值观、权力观。大力弘扬先进，加强正面典型的示范导向作用。通过道德观念的教育，使公务员树立爱岗敬业的奉献精神，形成道德内在约束机制，不断增强自我监督的自身动力资源。行政机构工作人员的自身修养建立在道德基础之上，为此需要强化理论认知，提高理论，保障其次是对道德的实践不断地进行深入锻炼，通过实践实现对自我道德理念的加深陶冶情操，对自我观念进行检验，对自我行为加以纠正，以此保证自己能够在面对金钱权力等资源诱惑时可以做出公平公正的行为。行政人员作为公务员是行政主体实施下的公共主体，应该针对行政领域作出管理活动的深入思考，确保其道德性的存在，以此提高对自我道德意识的判断能力，以保证行为的正确实施。首先明确自我责任，形成工作意识，确保行为履行符合条件。行为的产生是意识的结果，行政管理实施下，通过道德约束实行深入思考，能够强化意识。道德之外，更应该强化对机构的监督工作，以此提高对公务员的管理力度。借助机制的构建，强化行为约束，在道德之上遵守法律。同时应该设立相应的机构，监督其行为，审查其道德，保

证执行工作的顺利展开机构的设置，应该结合公务员道德思想要求，能够及时对公务员的不良行为与违法之事进行预防，将党的作用充分发挥，实施全方位监督。将公务员在工作中所接受的监督工作切实展开，构建科学的约束体系。对我国现行监督体系的双重领导加以改变，优化监督体系。使得监督机构在运转下能够具有自身独立性以及权威领导力。除此之外对于自我内部工作实施而言，需要提高对信息的公开透明化，适当公开政务，扩大群众渠道，提高监督影响力。

2.加强非营利组织自律

该监督方法在社会意义上而言，是组织内部成员通过自我监督实施，相互监督，实现行为约束。在宏观意义上而言，非营利性的组织在构建下自律行为，不仅要包括对自我行为的约束与彼此之间的行为监督，同时需要在内部构建相应的管理机构，确保行为规则的准效性。加大监督范围，扩大约束力度。非营利组织要通过完善自身的内部管理制度；行业监督和对从业人员的教育来完成公益使命。

除上述三个方面外，还要加强政府对非营利组织和提供公共服务的企业的监督。目前，政府对公共服务的监督主要是以价格监管为主，缺乏对公共服务质量和效率的有效评价，公共服务作为社会性的项目之一，在实施中没有提高社会的认知程度，导致社会公众没有足够的监督意识，对其缺少正确的评价，主要是多个组织行业中监督的效用价值没有充分发挥。适应公共服务市场化、社会化的需要，要不断创新公共服务监督制度。由此希望社会作为非公益性的组织对实际服务标准的准入原则作出明确的设定，以及对机构是否具有资格进行制度的相关检查；非营利的组织构建，通过报告等多种形式将所招收的资格准入进行公开告知，同时提高对制度的审查严格程度，促进对审计质量的关注度；建立公共服务决策的专家咨询制度和听证制度，建立政府购买公共服务备案制度和程序公开制度，完善公共服务绩效评价制度和服务后评估制度等。

第三节 完善公共服务问责机制

问责是公共服务过程中主体履行义务、承担责任的重要保障，可以对公共服务主体产生约束力量，有效避免和惩戒主体的失范行为。公共服务的主体设计三方利益，在运行中需要保证各方利益的同时确保对客体的需求满足。所谓的三方主体是以供给者为主体，即政府、制造者作为服务的生产者一般是以三方机构为主，客体则是服务的享受者，即服务使用人，则是社会大众。服务提供需要对服务的使用、服务制度以及相关政策作出明确制定，同时包含对服务资金的消耗服务方式等，政策是以需求结合确定质量标准与实际需求数量、在金额筹集之后制定针对性的管理措施，之后是联系生产者、规定生产标准规范生产行为、监督使用情况等；生产者作为服务的主要创造机构，承担生产过程的保障，即对服务质量的责任承担，最终形成公共服务，在该过程中，与提供者形成交易关系，服务作为产品交由提供者管理与支配；使用者对服务的享受并非是公益性，在一定程度上应该以一定的付出所获得、可能是资源、资金或是不同的服务标准要求。世界银行关于如何更好的提高公共服务质量展开研究，认为应该对其框架做出了解，构建完善的责任问询制度，张春霖在该分析基础上借用框架进行适当的调整，在其所获得的的理论研究中，公共服务包含三方主体，在提供、使用、生产等多个环节中已经成为产品的一种类型，客户即社会公众的使用应该与提供者做出一致化的管理监督政策，作为对自身利益的保护措施，完善的责任制度则具有较好的引导效果。当前常用的问责机制分为以下四种：公众与政府的沟通交流；政府与生产商签订契约；公众与供给者具有消费制约性，对提供者而言，公众作为客户可以在消费中具有一定的约束力；提供者的管理，提供者通常是以政府为主，在管理中是以自我内部行为实施为主。在以上所提及的四种渠道方式中，公民借助自身作为客户的身份，应用权力能够问责供给者，该行为属于"短途"形式的问责机制，公民以自我想法的表达或是在与政府交流中实施问责、之后政府凭借契约对生产者进行责任问询，这个过程属于"长途"形式的问责机制。

公共服务的问责制度主要包括两个方面：

①主体间的问责制度，主要包括短途和长途问责制度两个方面。短途问责制度是指公民在使用和享受公共服务的过程中，直接向公共服务生产机构（如学校、医院等）问责的制度；长途问责制度是指公民先向政府表达意见和问责，再由政府依据合同向公共服务生产机构问责的制度。长途问责制度主要涉及公民对政府的问责和政府对公共服务生产机构的问责两个环节，责任也相应地分为政府对公民的责任和公共服务生产机构对政府的责任两个方面。后者是前者派生的责任，因为政府只负责提供公共服务，而具体的生产责任则委托给了公共服务生产机构，只有公共服务生产机构履行其对政府的责任，政府才能履行对公民的责任。②主体内部的问责制度，主要包括政府内部和公共服务生产机构内部问责制度两个方面。政府内部问责制度主要包括三个方面即上级政府对下级政府的问责、政府对同级行政主管部门的问责以及上级政府和同级行政主管部门对下级行政主管部门的问责。公共服务问责制度是一个复杂的体系，既有短途问责制度，也有长途问责制度。两者的问责主体都是公民，区别只是问责途径的差异。但两者却是相辅相成，不可或缺的。短途问责制度主要体现了公民作为公共服务消费主体的客户权力，而长途问责制度体现的是公民的权利和主体地位，只有两者合为一体时，才能真正体现公民的主体性。在这样的认识基础上，我们可以对公共服务问责制度的三个基本问题做出回答。第一，为什么负责？主要有两个目的：a.满足公民的公共服务需求，b.维护公民各项权利。第二，对谁负责？这个问题的答案是唯一的，即公民。第三，如何负责？对公民负责的途径有两个：一是基于公民客户权力的短途问责，二是基于公民权力的长途问责。

一、构建公共服务消费者对生产者的"短途"问责机制

如果从理想化的角度思考,通过客户权力对公共服务生产机构问责是公民最经济、最便捷、最有效率的问责途径。但是,实现短途问责的前提条件是公民要有足够的客户权力。要实现公民通过客户权力对公共服务生产机构的问责,健全短途问责制度,必须着力于增加、扩大和维护公民的客户权力,为此,应当做好以下三个方面的工作。

1. 构建公共服务生产前的决策问责机制

在公共服务生产前,公共服务消费者应了解公共服务生产准备阶段的运作情况,发挥公共服务外部监督者的作用。具体而言,公共服务消费者针对公共服务生产者生产公共服务前的准备和决策情况,实时对公共服务生产者进行问责。完善公共服务生产前的问责机制可以从两个方面着手:一方面公共服务生产者应该完善信息公开机制,增强生产运作透明度;另一方面应当完善消费者参与机制,如消费者声音表达机制和对话机制。

(1)从事公共服务生产的各类生产机构运作应坚持开放透明原则,提高公共服务生产决策阶段的透明度。公共政策作为政府在社会管理中,根据公共服务需求,结合社会情况,针对具有价值性内容作出公正配比,制定的信息内容,具有重大的影响意义,决策在制定中,是立足于对公众利益保护的核心,首先需要对对象的权益做到全面维护,相关权力的告知以及参与,以此提高参与的认同感,保证监督的认可,公共服务需要机构的支撑实现科学管理,宏观角度下的服务提供需要具体实施而言结合服务内容,公开透明是保证社会公众对其接受的特征要求。

(2)完善公共服务生产部门的信息公开机制。在公共服务生产决策阶段,公共服务生产者与消费者之间存在着明显的信息不对称,在一定程度上影响了公民的客户权力。公共服务生产者在公共服务准备状况等方面享有充分的信息优势,作为接受公共服务的消费者可以针对生产者的生产公共服务能力和资金运作状况提出质询。为缩减公共服务生产者和消费者的信息鸿沟,使消费者更好地发挥问责职能,完善公共服务的信息公开机制尤为必要。第一,政府应当建立信息发布制度,定期将公共服务生产机构的考核情况,包括各种好的做法和存在问题等向社会发布,增加公民的信息量,扩大他们选择公共服务生产机构的权力。第二,公共服务生产机构应当重视信息发布。通过政策公示、宣传栏、发放宣传单等形式,广泛宣传相关政策,使公民准确、全面地了解某项公共服务的主要政策和流程,这样既保障和维护了公民的知情权,又能够有效增强他们的客户权力。

(3)参与过程适当优化,完善参与机制,提高参与感受,帮助消费者能够更好的感受公共服务质量,借助信息完善,提高机制的可行性,强化服务质量的同时保证公共效果,消费者在充分了解公共服务生产准备状况的基础上,可以通过畅通的沟通渠道,对公共服务生产前的准备状况作出回馈,表达自己的意见,具体而言,就是构建消费者表达机制和平等对话机制,消费者通过表达机制来激励和约束生产者。公民应当主动组织起来,

实现组织化参与。一方面，可以在社区设置专门机构，负责代表公民对公共服务生产机构问责；另一方面，公民可以自发组织成立合作组织，向公共服务生产机构问责。二是个体化参与途径。公共服务生产机构应设立专门管理部门或专人，负责接待和处理公民对公共服务生产机构的问责，以积极主动的态度接受公民的问责，及时解决问题，满足公民的需求。无论是组织化参与还是个体化参与，公民都应当在遵守国家的法律、法规和不影响社会正常秩序的前提下，理性参与。

2. 构建公共服务生产过程中的问责机制

在公共服务生产过程中，消费者可以根据公共服务生产运作现状，对生产者能力进行评估，实施对公共服务生产者的事中监督和问责，检测公共服务生产是否按决策目标运行。公共服务生产者能力是指公共服务生产者按原计划低成本、高效率的生产消费者所需要的公共服务的能力。消费者对所接受的产品质量评估可以通过多个渠道，政府管理部门、中介服务以及生产者等，都是对服务质量明确掌握的机构，借助中介部门对服务需求进行衡量，则公共服务作为产品的一种生产者会收取相应的资金、或是对更有价值的资源进行充分利用，中介部门对服务的质量衡量主要是对资金的使用以及资源配置等方面作为检查标准，对公共服务全过程的监督，是衡量服务准入资格的一项内容，为公众提供更多的方式，对公共服务做到全方位的深入掌握，促进生产中实际支出的信息共享效果提升，保证信息的透明度，尽自己所能承担相应责任，避免在过程中发生资金滥用或是其他不良情况，根据执行的主观意识对资源进行随意性的使用。此外，根据公共服务的产出价值、作用加以整合，作为综合评估依据制定衡量机制，对生产者实际能力加以判定，首先需要邀请更多专业机构的进入，提高公众的社会参与度，综合多方想法做出制度决策，对生产者在权力执行中所具有的权利加以明确，判定当前责任所处现状，对最终所提供的服务根据需求方的要求进行衡量，保证其根据规则要求所进行。其次应完善对公共服务生产方的权利和责任的监督机制，这有利于促进公共服务政策的透明化，有利于增强公共服务生产者的责任感，有利于提升生产者对公共服务消费者需求变化的应对能力。

3. 构建公共服务生产后的问责机制

公共服务生产后，公共服务消费者有权对公共服务生产者生产的公共服务质量和数量进行问责，公共服务生产者有义务作出回应。构建公共服务生产后问责机制，需要完善消费者参与机制和公共服务生产者回应机制。①完善消费者参与机制，要建立和畅通多元化的消费者利益表达的制度化渠道，建立公共服务生产者信息公开制和征求意见制，使消费者的知情权和参与权得到有效的保障。要健全公共服务生产者决策责任追究制度，完善消费者听证制度，加强消费者的实质性参与程度。②公共服务生产后回应机制是根据公共服务生产者与消费者的互动关系原理，为了保证公共服务生产在消费者正当要求的基础上运行，实现生产目标，对公共服务消费者进行回应而实施的有意识的组织设计和制度安排。

二、构建公共服务消费者对政府以及政府对生产者的"长途"问责制度

公共服务的长途问责主要包括两个阶段:一是公民向政府的表达,二是政府通过合约向公共服务生产机构问责。在政府对公共服务生产机构问责的阶段,突出问题是合约的约束力不足、问责力度不够,主要有两个方面的表现。①合约内容比较粗糙,没有充分反映公民的利益,合约偏重对服务数量的考察,相对忽视服务质量的评价;偏重对公共服务生产机构的原则性规定,相对忽视公民的满意度。②合约流于形式。合约内容是影响政府对公共服务生产机构问责效果的一个方面,更重要的是执行合约的力度。在实际运行过程中,执行合约成了政府的一项工作流程,走走就行;遵守合约成了公共服务生产机构的一项工作任务,说说就行。政府对合约执行的力度不够,对公共服务生产机构履约的考核停留在表面的数据汇总和工作汇报,没有真正对公共服务生产机构的服务质量和绩效进行全面评价和考核。即使在检查过程中发现了问题,也是口头批评居多,并没有进行实质性的问责,公共服务生产机构是否履约、履约的情况如何,并不影响自身利益和机构发展。在这种制度环境中,履约动力不足,违约约束力不够。

因此,要实现公民通过表达向政府问责并由政府通过合约向公共服务生产机构问责,必须着眼于改善公民的"表达"和完善政府与公共服务生产机构的"合约"两个方面。只有兼顾两者,共同推进,才能健全长途问责制度,实现长途问责的应有效果。为此,应当做好以下几个方面的工作。

1. 政府要加强引导公民参与

公民通过表达对政府问责,是以公民权利为基础的。而参与是表达的前提,正如新公共服务理论的倡导者所提出的,政府在公共服务的提供过程中,要实现公民有效的表达,首先应当培养和引导他们积极参与公共服务的运行过程。尤其是在我国的特殊发展阶段,由于公民的参与能力不足,更需要政府加强引导。一方面,政府要重视公民参与,将其视为改进政府和公务员责任的有效途径;另一方面,政府应当根据公民在参与过程中表达的需求调整自身的责任履行,及时回应公民的问责。

2. 疏通公民表达的渠道

在引导和重视公民表达的同时,政府应当致力于疏通表达渠道。①构建协商对话机制。政府应当建立协商对话平台,定期召集有关职能部门和随机选择的公民代表参加的恳谈会,面对面地听取公民对政府履行公共服务职责的评价。②建立需求表达制度。在公共服务运行过程中,公民的需求表达制度处于空缺的状态,在一定程度上影响了政府、公民和公共服务生产机构之间的良性关系。政府应当建立制度化的渠道和途径,以此敦促政府履行维护公共利益的责任,最大限度地避免和减少因政府人员变动带来的影响和干扰。③实行公共服务事项报告卡制度。可以借鉴印度班加罗尔市公共服务中的市民报告卡,由政

府部门或委托相关学术研究机构设计公民对某项公共服务的期待、满意度等方面的量化指标，以及对此项公共服务过程中的主观感受和客观现象的描述，每季度由政府或独立的学术研究机构上收，进行数据分析和意见汇总并形成报告，为政府及时改进履行责任的内容和方式提供依据。

3. 构建政府提供公共服务的回应机制

政府应对消费者所提供的公共服务的建议作出回应，并使其回应行为规范化、定期化和制度化。回应机制构建需要从两方面着手：①构建公共服务消费者的意见表达机制，建立消费者投诉制度。让政府充分了解消费者的意见。②政府设立专门部门对消费者质询进行合理解释，并提出改进措施，不断提升政府提供公共服务的能力和效能，提高城市消费者对公共服务的满意度。

4. 完善公共服务合约

尽管合约是政府与公共服务生产机构签署的，但是政府应当代表公民的利益而不是自身的机构利益，特别是不能袒护公共服务生产机构和体现公民的各项权利。政府在合约内容的设计上，应当坚持一个重要原则即将公民对政府和公共服务生产机构的角色期待、责任期盼、利益限制以及政府对公民的责任承诺体现为合约具体细则。政府应当以维护公民权利为出发点和落脚点，尽可能地在合约内容上充分体现公民的利益需求，关注公民的满意度，而不应当以方便政府管理为出发点设计合约。

5. 强化合约执行

在合约内容合理的前提下，政府应当加强执行合约的力度。①必须严格执行合约内容，因为合约是公民权利的集中体现，政府执行合约的决心和力度实质上体现了政府维护公民权利的理念和程度。政府只有严格执行合约内容，才能真正对公民负责。②兼顾合约外内容。有些问责内容属于公共服务生产机构的天然和份内职责，可能没有明确写在合约的条款上，政府对公共服务生产机构的问责应当兼顾此类内容。③明确履行合约的奖励和违反合约的处罚。政府应当明确规定履行合约的奖励和违反合约的处罚措施，将公共服务生产机构履约情况与其自身发展和利益联系起来。例如，可以根据履约情况和公民的满意度，区别政府拨款的额度，或者采取在主要媒体通报表扬等多种不同形式的精神奖励，敦促公共服务生产机构积极履行合约，约束其失约行为，有效地保护公民的权利。

三、构建公共服务中的政府内部问责制度

公共服务的长途问责是连续的链条，政府是这个链条上的关键环节，政府的立场和态度决定了长途问责的成效。世界银行经过相关调查对所收集的数据展开研究发现，亲贫型作为政府建设模式之一，一般在公众的认知中是为贫困人民提供更多的服务作为主要的工作目标，偏袒型作为不成功的工作模型，在政府管理中，借助公共服务之名，采取偏袒、

拉拢等行为为自我党派获取更大的经济利益。尽管这是两种极端形式的描述，大多数政府是介于两者之间的状态，但是，如果政府在公共服务的提供行为上接近于后者，那么长途问责制度的链条就会在此断裂。这一思路同样可以用以分析我国政府公共服务的行为取向，只是具体的含义要加以修正。在我国，同样存在着上述两种类似的取向，①亲民型政府，维护和增进公共利益，为全体人民特别是弱势群体提供公共服务是此类型政府的最高追求；②袒护型政府。漠视公共利益，在提供公共服务的过程中袒护地方利益、小团体利益等局部利益，袒护与民争利的部门利益，袒护本任期的政绩，袒护特殊群体或人员的特殊利益是此类政府的主要表现。因此，在政府这个关键环节上，应当通过建立内部问责制度，约束政府的袒护性倾向，将其行为引导至维护公共利益的亲民取向。

由于公共服务具有技术和价值双重维度，因此，政府在提供公共服务的过程中，必然集主观责任与客观责任于一体。如果只有单方面的责任，那么只能体现公共服务的单一维度，不可能体现其双重维度。因此，负责任的政府和公务员对于优化主体间关系和提高公共服务质量都是不可或缺的，政府更应当重视主观责任的履行，并以制度建设加强客观责任。

1. 加强伦理建设，实现主观责任

在实际运行过程中，参与公共服务的职能部门尤其是基层政府把大量精力都放在了技术环节上，相对忽视了工作人员的伦理建设。但是，无论是主体间的长途问责制度，还是政府内部的管理和运行，都必须强调政府履行主观责任。加强伦理建设的主要途径是学习和培训。一方面，从事服务的人员应当加强伦理知识的学习。通过主动学习，更新观念，自觉加强职业道德建设，提高以价值观和伦理准则约束自身行为的内部控制能力。另一方面，政府应当加强培训。当前，政府相对重视逐步使他们的价值观和伦理准则与公共服务应有的价值维度一致和契合起来，更加注重在提供服务的过程中，是否实现了公平、正义，是否维护和增进了公共利益。

2. 强化制度建设，实现客观责任

公共服务是政府基于增进公共利益的考量，在政府的行政动员和行政力量推动下提供的，政府对公民首要的责任就是政治责任。政府应当遵守法律规则，依照法定程序行使法定权力。公民以付费的方式享受某些公共服务，政府还负有经济责任。但是，从实际情况来看，有关政府责任的规定散见于一些文件中，没有一个专门的制度明确规定政府责任。政府一旦出现失责行为，都是由上级政府做出行政处分。因此，需要在明确政府责任类型的基础上，将之具体化、制度化，应当明确政府的责任细则。除此以外，还应当明确规定如果政府违反了这些细则，问责主体不仅包括上级政府，而且应当包括同级人大；政府需要承担的也不仅仅是政治责任，还有法律责任和经济责任，应当根据造成的损失，作出经济处罚或由主要责任人赔偿。

一方面，应加强上级政府对下级政府的问责制度。在这方面的制度中，应当突出强调省级、县级和乡级政府的责任。另一方面，强化政府对同级行政主管部门的问责制度。一般来说，公共服务由某个政府职能部门主管，主管部门履行责任的状况对公共服务的正常运转起着决定性作用。因此，政府应当加强对同级行政主管部门的问责，以制度的形式明确规定其在具体业务特别是监督公共服务生产机构方面的责任，并明确失职行为的惩处方式和力度。

四、构建公共服务生产机构内部问责制度

政府不可能与每一位一线服务人员签约，而是和公共服务生产机构签约。政府主要对机构问责，而机构的责任是通过机构内部每一位一线服务人员实现的。因此，要实现政府对公共服务生产机构的问责，必须首先实现公共服务生产机构内部的问责，也就是管理层对一线服务人员的问责。一线服务人员面对公民直接从事公共服务，政府对管理层的问责是否能在管理层与一线服务人员之间的责任得以延续，以及在什么样的范围和程度得以延续，决定了管理层对一线服务人员问责的主要内容。在公共服务生产机构内部，管理层服务人员问责的责任来源于两个方面：①来自政府对管理层问责的责任链条延续，只有一线服务人员在从事公共服务的过程中，对公民负责，管理层才有可能对政府以及合约负责；②来自特殊的伦理考量，公共服务绝不是单纯地进行技术性挑选，而是在一线服务人员价值观、利益观的复杂背景下的技术选择。对于公共服务生产机构而言，责任与声誉一样，也是公共资源。两者之间最大的区别是，一线服务人员往往愿意享用声誉，而不愿意承担责任。因此，两者可能都面临着枯竭的风险，只不过声誉是由于过度使用而造成的，而责任是由于过度推卸而造成的。因此，维护声誉难，承担责任是难上加难。但是，如果没有管理层对一线服务人员的问责，那么公共服务生产机构就无法向政府负责，维护公民权利也就成了泡影。因此，从这个意义上来说，公共服务生产机构的管理层必须把政府的问责分解到每一位一线服务人员。构建公共服务生产机构内部问责制度依赖于一个关键问题即公共服务生产机构的内部治理机制。在目前"政事不分、管办合一"的体系下，政府与公共服务生产机构之间实际上难以分清责任归属，从某种意义上说，公共服务生产机构的责任就是政府的责任。这种含糊不清的责任划分，无法被管理层再细化至一线服务人员并对他们的公共服务进行问责。同时，公共服务生产机构履行责任的状况并不决定着他们得到政府补助金额的差异，"干好干坏一个样"的问责制度缺失使公共服务生产机构与政府之间的责任关系十分松散，一线服务人员履行责任的状况也与他们的个人利益毫无关系。在这样的制度环境中，既不具备问责的可能性，也缺乏问责的可行性。因此，需要改革内部治理结构，明确公共服务生产机构的责任，实现管理层对一线服务人员的问责。

一定程度上改变当前许多公共服务生产机构"有独立法人之名、无独立法人之实"的尴尬局面一方面，有利于实现公共服务生产机构和管理层责任的清晰化。在法人治理结构

中，公共服务生产机构的责任来源于政府的合约，而且政府责任与公共服务生产机构的责任是明晰的，互不交叉的；管理层的责任来自于机构责任的具体化。在这种治理结构中，管理层有了实现专业化和职业化的可能性，类似企业的职业经理人的管理者有可能出现，这对提高公共服务生产机构管理水平是大有裨益的。而且，管理层的核心也可以实现职业化和专业化，取代现行的公共服务生产机构负责人由某些职能部门行政领导或一线服务人员兼任的体制。在法人治理结构中，管理层主要的责任就是专注于谋划机构的发展和良性运转，以此实现政府的问责。另一方面，在法人治理结构中，独立的人事权和分配权都有了实现的可能性。一线服务人员的物质报酬可以实现与其工作业绩挂钩，再加上配套的相关改革措施，就可以逐步为管理层对一线服务人员的问责打开制度空间。

参考文献

[1] 严雅娜著.财政视角下的基本公共服务均等化研究[M].北京：中国财政经济出版社.2017.

[2] 促进基本公共服务均等化的财政理论与实践[M].北京：经济科学出版社.2017.

[3] 王丽娅,吴伟雄著.海南省城乡统筹基本公共服务均等化问题研究[M].北京：中国经济出版社.2017.

[4] 朱艳茹.基于公共服务均等化的苏北农村居民出行服务体系构建[M].南京：东南大学出版社.2017.

[5] 刘惠林著.提高农村人口素质的公共财政政策研究[M].哈尔滨：黑龙江人民出版社.2017.

[6] 沈亚平主编；朱光磊总策划.中国城市化进程中公共服务供给研究[M].天津：南开大学出版社.2017.

[7] 何颖著.中国西部民族地区体育公共服务研究[M].成都：四川大学出版社.2017.

[8] 金莹著.基层政府购买公共文化服务的理论与实践以重庆市为个案的研究[M].武汉：武汉大学出版社.2017.

[9] 何佳晓著.区域发展与财政政策研究以重庆为例[M].成都：西南交通大学出版社.2017.

[10] 沈亚平.服务型政府及其建设路经研究[M].天津：天津人民出版社.2017.

[11] 周琛影,田发著.区域基本公共服务均等化一个财政体制的分析框架[M].上海：上海人民出版社.2018.

[12] 王华春著.民族地区转移支付财力均等化和收支稳定效应研究[M].北京：中国经济出版社.2018.

[13] 孙刚著.公共文化新视觉公共文化服务体系建设中的政府主导作用研究[M].武汉：中国地质大学出版社.2018.

[14] 刘惠林著.中国地方教育财政问题研究[M].哈尔滨：黑龙江人民出版社.2018.

[15] 甘藏春,张义珍主编.人力资源市场暂行条例释义[M].北京：中国法制出版社.2018.

[16] 陈宗胜著.中国居民收入分配通论由贫穷迈向共同富裕的中国道路与经验三论发展与改革中的收入差别变动[M].上海：格致出版社.2018.

[17] 贾康等著. 深化收入分配制度改革研究 [M]. 北京：企业管理出版社.2018.

[18] 魏礼群主编. 当代中国社会大事典 1978-2015 第 2 卷 [M]. 北京：华文出版社.2018.

[19] 黄国平. 学者文库城市化进程中的基本公共服务财政保障研究 [M]. 长春：吉林大学出版社.2019.

[20] 项波，孟春阳著. 区域经济协调发展的经济法保障研究 [M]. 北京：知识产权出版社.2019.

[21] 孙全胜著. 百家文库中国特色城市化道路的历史透视和现实选择下 [M]. 北京：中国书籍出版社.2019.

[22] 孙全胜著. 百家文库中国特色城市化道路的历史透视和现实选择上 [M]. 北京：中国书籍出版社.2019.

[23] 詹祥著. 农村基本公共卫生服务均等化评价 [M]. 科学出版社.2019.

[24] 龚锋著. 财政激励、机会平等与公共服务均等化研究 [M]. 北京：科学出版社.2019.

[25] 杨永森著. 地方政府转移支付、县际间财力差异与基本公共服务均等化 [M]. 北京：中国农业科学技术出版社.2019.

[26] 付文林主编.2018 中国财政发展报告 [M]. 北京大学出版社.2019.

[27] 付文林等著. 财政政策要素流动与经济发展 [M]. 北京：经济科学出版社.2019.